复杂装备系统多分辨率建模与评估方法

徐一帆　吕建伟　著

科 学 出 版 社
北　京

内 容 简 介

复杂装备系统全寿命管理是一项高技术、高投入、高风险的系统工程，其风险组成和动态演化具有高度的复杂性和不确定性。本书以复杂装备系统多分辨率建模、仿真方法及其评估应用为研究对象，介绍多分辨率建模的通用性建模方法，实现具有不同系统分辨率的系统要素关联分析、模型分辨率转换、模型综合集成及层次化融合仿真，为包括风险评估在内的系统分析问题提供一种“系统观察多视角、结构描述网络化、演化过程动态分析、多分辨率模型集成”的分析和评估方法。

本书可作为高等院校系统建模与仿真、风险分析、可靠性分析与管理等专业的参考书，也可作为国防工业部门、国防装备发展规划及技术管理部门的参考资料。

图书在版编目（CIP）数据

复杂装备系统多分辨率建模与评估方法/徐一帆，吕建伟著.—北京：科学出版社，2021.11

ISBN 978-7-03-067814-0

Ⅰ. ①复… Ⅱ. ①徐…②吕… Ⅲ. ①武器装备管理-系统建模②武器装备管理-评估方法 Ⅳ. ①E145.1

中国版本图书馆 CIP 数据核字(2020)第 265677 号

责任编辑：张艳芬 纪四稳 / 责任校对：王 瑞

责任印制：吴兆东 / 封面设计：蓝 正

科学出版社出版

北京东黄城根北街 16 号

邮政编码：100717

http://www.sciencep.com

北京建宏印刷有限公司印刷

科学出版社发行 各地新华书店经销

*

2021 年 11 月第 一 版 开本：720 × 1000 1/16

2025 年 5 月第三次印刷 印张：11 1/2

字数：217 000

定价：128.00 元

（如有印装质量问题，我社负责调换）

序　一

当今中国正在从制造大国向制造强国，更是向创造强国的方向迈进，以实现中华民族的伟大复兴。舰船作为一类典型的复杂装备系统，是现代工业的缩影，不仅是综合国力的象征，而且是强国军事实力的重要标志。舰船设计利用系统工程的方法，综合考虑各种要素，应用计算、仿真、试验等手段，进行多学科、多目标优化的创新活动。然而这一过程将充满来自复杂性、风险性的巨大挑战，特别是在创新技术的首次工程化应用之中。

“致广大而尽精微”，宏观与微观的比较权衡、整体与局部的和谐辩证，一直都是系统思维的追求和化境。好的顶层设计并非“高高在上”，而是能做到不失细节的务实和超越局部的优化。由于现代舰船装备复杂，知识密集，要在舰船研制的工程设计和管理中既把握总体、又掌控细节，统一和协调这一看似矛盾的需求，需要对系统具有出色的分析建模方法和计算工具。该书通过“分辨率”这一核心概念，研究和发展了多分辨率建模方法，在关注分辨率对系统结构性影响的同时，分析随时间推进而不断演化的动态特征。多分辨率建模方法提供了可供标记、扩展和追溯的模型化线索，打通了连接局部细节和系统整体的集成脉络。

当前，智能化、数字化、网络化等新技术变革，正在为复杂装备系统从设计制造到运行维护的全寿命管理，提供新的时代机遇，需要众多智慧的汇集和富有成效的努力。该书作为系统科学在实际工程领域的交叉性研究成果，希望能给包括船舶工业在内的设计者和科研人员提供有益的借鉴和启发。

中国工程院院士

序　二

随着科学技术的进步、社会经济的发展，构成客观世界的三个基本要素——物质、能量和信息不断丰富，使得事物之间的相互联系日益加强，整个世界朝着复杂性不断增加的方向发展。这是不以人的主观意志为转移的客观规律。如何构想、设计、实现和运行复杂系统？是否满足利益相关者的需要？是否容易进行综合集成？是否能够灵活地演进？是否能够有效且可靠地运行？这些问题的解决都需要良好的系统结构描述和多视角的分析方法。

中国系统科学与系统工程的奠基人钱学森曾指出，系统科学是从事物的整体与部分、局部与全局以及层次关系的角度来研究客观世界。不论是客观上真实存在的，还是认识层面上构建的，系统层次性造就了局部所具有的不同粒度或尺度。这种粒度或尺度，在该书中被称为分辨率。从不同分辨率、不同视角、不同层次，分析和处理复杂问题，并将这些观察、分析和计算通过科学、系统的方法综合起来，这种思路符合系统科学与系统工程的认知逻辑和实践要义。多分辨率建模既强调系统层次化带来的多分辨率差异，又重视跨越系统层次的多分辨率综合集成。多分辨率建模作为一种系统综合集成方法，提供了研究复杂系统结构、行为、演化及其运用规律的一种极佳视角。尤其在当前人工智能、大数据、知识网络等新理论、新技术浪潮的推动下，多分辨率的系统层次化综合分析和计算，在复杂系统科学研究与工程实践领域拥有广阔的用武之地。

该书在研究多分辨率建模一般性方法的同时，结合复杂装备全寿命风险领域的相关问题开展了针对性研究。无论从系统复杂性与风险的深刻联系，还是多分辨率的层次化系统集成分析视角，都很切中当下复杂系统分析与管理的理论和现实需要。该书作者长期从事系统综合集成与优化、可靠性与风险分析等领域的科研工作。近年来在多分辨率建模方法及其应用中，开展了诸多有益的探索性研究。相信该书的问世，能够成为复杂系统分析与管理众多探索中的一个良好开端。

谭跃进

国防科技大学教授

前　言

模型的分辨率是指模型对现实世界细节描述的详细和精确程度。多分辨率建模的概念来源于建模仿真技术，主要应用在计算科学及仿真领域。多分辨率建模按照人们从不同分辨率、不同角度、不同层次分析问题的思维方式处理复杂问题。随着装备系统复杂程度的提高，建模与计算难度增大，系统分析工作面临新的挑战。虽然面向复杂系统的建模与评估方法种类很多，在各自应用领域中呈现不同的优势和特色，但随着多分辨率建模思想和技术的兴起及引入，分析多分辨率条件下的系统行为和不确定性或将展现值得期待的一面。

本书旨在建立一种"系统观察多视角、结构描述网络化、演化过程动态分析、多分辨率模型集成"的分析和评估方法，探索其在风险分析领域的针对性建模与仿真技术，主要开展以下方面的研究：

(1) 介绍多分辨率建模方法。多分辨率建模主要表现为一种建模思想，依赖于研究对象的具体模型。以设计结构矩阵为基础性的描述工具，以"多视角、多属性、多粒度"的模型分辨率，构建系统结构、过程模型及模型集成，设计多分辨率模型交互的协调机制，综合形成多分辨率建模的一般步骤和通用性的建模技术。着重探讨基于设计结构矩阵的关联推理和分辨率变换方法，用以描述、转化和跟踪系统结构、过程关联关系，实现随系统演化过程对系统模型的更新和分析粒度的转换。

(2) 基于多分辨率建模的各类风险评估，其中包括进度、费用、技术和保障性风险。利用多分辨率建模对复杂系统结构、过程的描述和分析能力，较好地处理系统模型与风险度量之间的关系，降低主观性、经验性因素的影响，提供更高可信度的风险估计，验证多分辨率建模及其仿真方法的有效性。其中，进度、费用风险是最常规的风险类型；技术风险不易量化评估，通过关联关系推理将系统组成的技术成熟度与系统过程建立内在联系，采用系统过程建模仿真的间接途径加以量化评估；保障性风险则通过反映系统通用质量特性的系统任务可靠性等基础性指标加以度量，由多分辨率融合仿真模拟系统的动态过程，在高层仿真中实现任务、系统和维修保障活动的综合集成，在低层仿真中实现对应模型的数值计算，并确保不同分辨率模型之间的一致性问题。

(3) 对风险演化机理的研究。复杂装备系统结构及过程呈现网络化特征。在基于复杂网络模型的静态类指标评估中，通过设计结构矩阵建立描述系统内在关联的网络模型，运用复杂网络特征指标值评估网络节点重要度。在基于贝叶斯网络的动态类指标评估中，通过系统建模仿真提供的数据样本，运用贝叶斯推断提炼风险演化网络，识别风险演化关键节点和传播链路，降低构建风险传播网络的主观性缺陷。节点在网络中的重要性以及对风险传播的影响力由网络结构性因素和系统动态性因素共同作用，风险演化关键节点须结合网络结构特征和风险传播动态特性共同确定。

本书获得国家自然科学基金项目(71401171)、中国博士后科学基金项目(2019M653925)、军委装备发展部装备预研领域基金项目(6140002050101)的支持。

在成书过程中，感谢中国工程院徐青院士、国防科技大学谭跃进教授给本书提出宝贵建议并作序。特别感谢我的博士后合作导师熊鹰教授的关怀和帮助，感谢杨皓洁、文昊林、谢经伟等同学在问题研讨、技术实现等方面提供的宝贵协助。感谢科学出版社张艳芬老师及其他编辑的辛勤工作。最后，本书的完成离不开家人幕后的支持和辛劳。

囿于作者知识水平和经验，本书内容难免挂一漏万，疏漏之处敬请读者指正，本人的联系方式为 boat_xu@ nudt.edu.cn。

徐一帆

2021 年 6 月

目　录

第1章　绪　　论

1.1　研究背景和意义

"忒修斯之船"的古老悖论曾指出，船的局部被不断替换后，这条船是否还是最初的整体？这一问题原本是探讨个体的同一性，但从今天的工程角度来看，它还揭示出对事物局部的计算和对其整体的计算并非完全同质。这种差异体现在系统不同层次具有不同的分辨率。从不同层次、利用不同分辨率开展观察和研究活动，是人脑思维认识世界、分析问题、创造事物的重要认识特征和实践方法。以自然系统为例，天文学家观察宇宙天体，会根据研究对象将天体结构放在特定规模和尺度上加以考量。若研究太阳系，则应具体考察八大行星；若研究太阳系在银河系中的位置，则应将太阳作为标识物，太阳系的其他天体则作适当简略。以人工系统为例，将系统比作一幅油画，将系统开发的动态演化比作作画的过程，系统如同油画，从粗略的底稿、框架到大面积的构图分区和色块，最终成为细节丰满、有血有肉的完整画作，不同阶段的细节分辨率不尽相同。

实际工程系统通常涉及复杂的系统结构和过程，其复杂性对系统分析的建模与评估工作提出了更高的要求。不论是装备研制与生产，还是使用与维修保障，对这些复杂工程系统本身的研究及其方法的创新，蕴含巨大的理论和应用价值。然而，认识和分析这类系统，做到"既见树木，又见森林"并非易事。对于复杂系统的研究，在大尺度、粗分辨率上观察，只能看到整体概貌；在小尺度、高分辨率上观察，只能看到局部细节；只有多尺度、多分辨率综合使用才能进行全面认识和掌控。

多分辨率建模正是按照人们从不同分辨率、不同角度、不同层次分析和处理问题的思维方式处理复杂问题的。虽然这种思路自然且古朴，但要真正以科学方式予以实现，还需依赖现代数学分析工具和计算机技术的发展及应用。在复杂装备系统的实际应用背景中，本书着眼于多分辨率建模方法的研究，主要有面向问题和面向方法的两方面动因。

1. 面向问题的研究动因

1) 随着装备系统复杂程度的提高，分析建模和计算难度进一步增大

装备系统在技术驱动和军事需求驱动的作用下，尽管性能和效能不断提升，

但系统复杂化已成为难以回避的显著特征，集中体现在复杂的系统结构、动态的行为过程、多样的不确定性因素等方面。特别是在装备全寿命管理涉及的系统分析问题中，不仅建模与计算的规模及难度不断提升，而且上述复杂性对建模与计算的影响不断变化，需要建立一种遵循系统演化机理、随系统结构与流程分解细化、建模粒度可调的系统性分析方法。

2) 随着装备系统高技术需求的提升，技术风险成为影响装备研制的关键因素，风险演化的传递影响不容忽视

在装备全寿命风险管理中，费用、进度、技术、计划及保障性因素是主要的风险源类型。除去计划等外部风险，以往研究中费用、进度风险已有大量相关成果。对于高技术复杂装备系统，技术风险已成为风险的核心构成和驱动力。此外，各类风险并非孤立存在，风险演化呈现复杂的层次网络化特征，风险能够通过关联网络产生传播性影响。研究多分辨率条件下风险演化网络的结构特征和动态行为，将有助于深入了解、预测和控制这些风险演变影响的实体、事件及过程，从而获得装备系统在技术性能、用时和费用等方面的可观增益。

3) 从装备全寿命视角来看，可靠性等质量特性作为使用阶段保障性风险的重要构成，难以从不同系统层次的局部信息获得系统整体的综合评估

可靠性等质量特性是装备性能的体现,反映装备性能在使用阶段的固有能力。虽然可靠性分配和设计工作在研制阶段就已实施开展，但其最终目标是确保使用阶段系统达到和保持目标性能的能力、降低性能风险。在可靠性分析领域，虽然可由设备级、部件级综合到系统级，然而一旦需要考虑复杂系统结构、多状态性能输出、复杂任务剖面以及相关的不确定性因素，低系统层次的高分辨率模型和高系统层次的低分辨率模型往往难以整合成为有机整体。系统层次之间的界限和数据信息的不完整性,制约了复杂装备系统可靠性等质量特性指标评估的有效性。

2. 面向方法的研究动因

复杂装备系统研制成本高、规模大、技术密集，具有并行开发、反复迭代、自上推进、自下集成的特点，需要研究能够描述复杂系统结构、过程及其关联关系的相关方法，用以辨识和分析复杂系统演化过程中不同种类、不同层面的系统对象及其相互关联关系。由于复杂系统具有丰富的层次性及层次内外的关联关系，因此通常采用层次化的模型和分析方法。尽管很多情况下并非实际存在系统层次的清晰界线，只是为方便分析而人为划分的，但层次性真实地造就了系统描述的分辨率差异。因此，面对复杂系统，往往需要采用多种精度、多个角度分析处理问题。

1) 从结构上看源自系统构成的复杂性

复杂装备系统规模庞大，系统内部和外部的关联关系复杂。例如，舰船等大

型复杂装备往往包含多项平台及载荷系统，系统构成及关联关系呈现出多层次的网络化结构。

2) 从过程上看源自系统需求和演化的不确定性

复杂装备系统的需求在研制前和研制初期可能十分模糊、难以明确和细化。研制阶段存在大量不确定性，工程研制过程需要逐步细化、反复迭代。这些不确定性源自相关技术的成熟度以及人们对系统理解和认识的程度。

3) 从分析技术上看源自建模技术的实际需要

对复杂系统的观察、测量、分析，需要在不同分辨率或计算尺度上进行。高分辨率模型往往由较小尺度的变量构成，可以用来对问题的深层现象进行解释，是对现实世界的逼近和仿真，但细节信息的需求量和计算量较大。低分辨率模型往往由较大尺度的变量构成，可以用来对问题进行更高层次的总体性分析，跳出问题的局部或细节，全面理解问题整体，反映问题的整体性规律，但难免会损失细节信息。因此，建模过程中需要同时在小尺度和大尺度层面进行描述，通过特定的建模方法，实现不同分辨率模型的协同优势。

3. 研究意义

1) 建立描述复杂系统结构、过程及动态演化的一种通用性建模方法

不同层次的系统组成之间具有复杂多样的关联和影响关系，清晰描述系统、任务、性能、状态之间交织形成的系统行为和关联关系，建立具有可扩展性的随系统演化对系统模型更新和模型分辨率变换的多视图层次化建模方法，用于描述、转化和跟踪系统结构、过程关联关系，实现不同层次、具有不同系统分辨率的系统要素关联分析与集成，为复杂装备系统建模及仿真提供通用建模方法和结构化建模工具，并为风险评估等相关领域的针对性建模仿真方法研究及应用创造条件。

2) 实现系统在多分辨率条件下的层次化融合仿真技术

模型分辨率是模型对分析对象细节描述的详细和精确程度。由于复杂系统往往具有层次化网络结构，因此不同系统层次的模型具有不同的模型分辨率。系统在不同层次的属性和表现既有差异，又相互关联。对系统不同层次信息的认识，造就了系统描述的多分辨率特征。若要将仿真运行在多个不同分辨率的系统层次，则需要恰当处理不同层次仿真之间的融合问题，确保仿真数据的交互性和一致性。在复杂系统多分辨率建模的基础上，通过蒙特卡罗仿真方法模拟系统演化过程：一方面，不同层次、不同分辨率模型的分层分治仿真方法可以减少计算开销、提高仿真效率；另一方面，通过建立层次化的仿真策略，处理描述不同系统层次、不同分辨率的数据，在层次融合仿真中建立信息交换及随机事件冲突消解的一致性协调机制，实现随机事件及其对应数据在不同分辨率模型之间的传递、交换和匹配。

3) 运用多分辨率建模方法处理风险评估中的难点问题

风险分析中经常需要评估来自费用、进度、技术(性能)、保障性和计划等方面的风险水平。除去受政治、经济、社会环境等因素影响的计划风险，技术、保障性风险是对系统优劣影响或成败具有决定性影响的风险类型，而费用、进度风险则是上述风险的量化表现形式。对于复杂系统，除费用、进度风险评估本身具有相应的复杂性，技术风险难以量化分析，是风险评估的传统难点问题。以可靠性为代表的保障性风险，虽有可靠性分析方面的理论方法，但由于系统演化过程中系统不同层次的不确定和不完整信息，保障性风险评估仅由单纯的可靠性分析方法难以处理。通过开展多分辨率建模、仿真方法及相关领域评估问题的应用研究，探索切实有效的理论方法和解决途径，将有助于复杂装备系统风险及可靠性分析的工程应用实践，为复杂装备系统风险分析与控制，提供基于计算仿真验证的参考依据。若能进一步结合历史数据、试验数据或现场监测数据，则可提供复杂装备系统风险及可靠性预估，为装备维修、健康管理等相关保障活动提供决策支持，从而提高装备完好性和维修保障的综合效益。

4) 分析系统风险演化网络结构特征及演化机理

在复杂系统中，不同风险之间存在广泛关联和网络化特征。传统的风险分析往往是还原论的，这可能割裂风险之间的关联，忽视风险的积累和传递效应，不足以完整体现风险网络对节点的整体性影响以及节点对风险演化的影响方式和程度。可以预见，风险网络具有复杂网络的某些典型拓扑结构和动态演化特征。运用和构建复杂网络拓扑结构特征的度量指标，可以获得网络及网络节点的结构特征值，辨识出对改进风险水平有潜在价值的重要节点，刻画风险演化链路的形态、结构、路径和统计特征。通过基于仿真数据的风险网络学习及其灵敏性分析，可以获得重要节点在风险权衡后的探索性结果，揭示风险在演变过程中的依赖程度和网络对风险演变的动态影响，归纳风险节点、风险链路类型及其表现的风险演化模式和规律，为有效降低关键节点风险水平、阻断关键风险传播的风险控制方法提供理论依据。

1.2 研究现状综述

由于研究内容涉及的相关领域较广，本节着重对多分辨率建模、风险分析与评估、系统/工程/产品复杂性研究等方面作简要评述。考虑到内容上的侧重点以及阅读上的方便，将其他相关研究留待后续各章做针对性的综述或补充。

1. 多分辨率建模

多分辨率建模(multi-resolution modeling)按照人们从不同分辨率、不同角度、不同层次分析和处理问题的思维方式处理复杂问题。其概念来源于建模仿真技术，模型分辨率反映模型描述现实世界的详细程度。还有一些与多分辨率建模名称相近、内涵相关的概念，如可变分辨率建模(variable-resolution modeling)、混合分辨率建模(mixed-resolution modeling)、跨分辨率建模(cross-resolution modeling)和多粒度建模(multi-granularity modeling)。

多分辨率建模有面向实体和面向参数两大类：前者是一种实体的层次分解与聚合方法，模型中包含基元实体(不再细分的模型实体)及其各种聚合程度的实体；后者是一种面向参数的层次分解与聚合方法，参数按层次变化，高层参数既可直接输入，也可通过底层参数聚合。多分辨率建模是一个专门的研究课题和方向，这里主要评述其中有代表性及与本书相关的研究。

1) 理论方法

早期的代表性研究有 Davis 等对多分辨率建模的开创性研究[1, 2]以及 Zeigler 基于系统实体结构及模型库(system entity structure/model base, SES/MB)的多分辨率建模方法[3]。20 世纪 90 年代中期至今，随着复杂系统研究的深入，作为重要技术手段的分布交互式仿真迅速兴起，多分辨率建模技术及其一致性问题解决方法的相关研究不断发展。根据多分辨率建模的特点，人们提出了多种多分辨率建模方法，其中代表性的有视点选择(selected viewing)[1, 2]、替代子模型(alterative sub-model)[1]、聚合解聚(aggregation-disaggregation)[4]、一体化层次可变分辨率(integrated hierarchical variable-resolution，IHVR)建模[2, 5]、UNIFY 方法。Hong 等提出多分辨率建模空间(multi-resolution modeling space)等新概念和描述方法[6]，为多分辨率系统仿真中的多分辨率建模空间给出一种规范性描述，对动态改变仿真模型结构的分辨率转化方法、不同分辨率条件下事件之间分辨率匹配接口等问题提出实现途径。

视点选择[4, 7]是多分辨率建模的传统方法。该方法以运行高分辨率模型为主，在低层次运行高分辨率模型的基础上，通过选择信息提供不同分辨率的输出。当需要以低分辨率与其他实体交互时，运用系统辨识等模型抽象技术获得低分辨率模型，然后与外界进行交互。该方法的优点是实现起来比较简单，模型间的一致性容易维护。视点选择始终执行最详细的模型，只是在输出时提供低分辨率信息，因此模型的复杂性和消耗的系统资源较高。

替代子模型[2, 8]针对具体问题，提供两种或多种分辨率层次的模型，以便建模和计算时适时采用。该方法通过多个不同的子模型实现多分辨率。分辨率层次固定，对子模型接口的要求较高。多个不同分辨率的子模型可接收相同的输入。该方法便于定义良好接口的现有模型实现模型连接，可提高模型的重用性。

聚合解聚[7, 9]是目前普遍使用的方法。聚合解聚又可分为完全聚合、完全解聚、动态聚合解聚及伪聚合解聚等。通过对低分辨率模型进行解聚，或者对高分辨率模型进行聚合，以确保模型在同一层次上进行交互。模型运行时，通常运行低分辨率模型，当需要更多的细节时，触发模型解聚，执行高分辨率模型；当不再需要细节时，触发模型聚合，执行低分辨率模型。该方法可生成从现实世界到模型世界的直观映射，易于理解。由于聚合解聚适时选择合适的分辨率模型，可节省系统资源。其不足之处是不同分辨率模型结果的一致性难以保证。

IHVR[2]是一种面向过程的参数层次分解方法。模型输入参数可以按层次变化，高层参数既可直接输入，也可由低层参数的聚合运算获得。在模型构建时，对决定问题的关键效能函数进行参数的层次分解，由高层到低层，逐步细化，形成一个内在统一且具有层次性的多分辨率模型。该方法本质上是一种效能函数的多分辨率建模，不足之处体现在模型计算的单向性上，其分辨率变化只能从高到低(从系统或问题的低层次向高层次)，只有聚合，没有解聚(解聚仅在建模过程中，模型一旦确定，计算则为单向聚合)。聚合一般采用函数关系进行，故一致性较好。

UNIFY 方法[4, 10]则更具分布式仿真的特征，建模时采用多个并发表示的模型实现多分辨率建模。在处理不同分辨率的模型属性时，通过不同分辨率模型间设计的特定映射函数，实现模型的属性变换。在确保并发交互的一致性问题时，构建特定的消解策略，处理不同分辨率模型间存在依赖关系的并发交互冲突。通过属性关系图(attribute relation graphic，ARG)、与具体应用相关的映射函数及一致性增强器(consistency enforcer)来确保不同分辨率模型之间的一致性。该方法的主要不足是其执行效率低及资源占用量大，这一不足在复杂系统的多分辨率建模问题中更为突出。

2) 应用研究

多分辨率建模在复杂系统建模分析、作战模拟、军事装备效能评估等方面已获得若干成功应用。这些研究的核心思想是在多个层次上建立不同分辨率的模型，并实现模型融合，解决模型的一致性问题。在不同的研究领域和问题中，多分辨率建模与仿真方法更多地表现为一种方法论层次的建模仿真思想，运用该方法很大程度上取决于具体的研究对象。目前，多分辨率建模仿真已在作战仿真[11, 12]、武器装备体系对抗效能评估[13]、装备维修保障仿真[14]、装备研制风险分析[15]、系统集成制造及资源管理决策[16, 17]等方面得到不同程度的应用。具体来看，国外的相关研究包括：源自美国军方军事作战及装备发展的需求背景，Davis 等发表的一系列基于多分辨率建模的探索性分析研究[1, 18]；Bowers 等基于多分辨率建模技术实现高层体系架构(high level architecture，HLA)的战术级仿真(joint conflict and tactical simulation，JCATS)和战役级仿真(joint theater level simulation，JTLS)的集成[19]。国内的相关研究包括：程旺迟等[20]和马欣明等[21]在多分辨率建模早期的探索性研究及综述；刘宝宏等关于多分辨率建模关键技术及其作战仿真的应用研究[11, 12]；华玉光等基于多分辨率建模的航空武器装备体系对抗效能评估[13]；张伟等运用聚合方法对装备保障仿真实体属性、行为、保障关系建立的多分辨率模型[14]；Yang 等基于多分辨率建模的应急疏散仿真研究[22]。

3) 多尺度建模

与多分辨率建模在概念和思想上相通的还有多尺度建模或多尺度分析(multi-scale analysis，MSA)。这两类建模对系统结构、过程和行为上的观察及测量处于不同尺度或分辨率，尺度之间或者层次之间存在相互作用及耦合机制。不同尺度(分辨率)的模型各有优势，它们有机结合才能实现计算精确性和便捷性的统一和兼顾。

多尺度分析由 Mallat 在研究图像处理问题时提出。多尺度分析是指，在不同尺度上观察和分析事物，以尽可能全面掌握事物的整体面貌和细节信息[23]。很多自然科学和工程的问题都具有多尺度的特征。以战斗机机群的作战仿真为例，在微观尺度，考虑的是单机机体的各项几何尺寸和航速、高度等物理参数；在中观尺度，考虑的是机群构型等编队级参数；在宏观尺度，考虑的是编队所处空域、环境及与其他作战单位的关联等战场级参数。以舰船设计为例，在舰体局部需要考虑流体、结构等微观层次的物理模型，在中观或者宏观层次，则经常借助经验模型生成舰体设计参数。设计工作需要在宏观层次的经验模型与微观层次的物理模型之间反复迭代进行，最终达到均衡协调。

多尺度建模主要用于流体、材料、分子化学、信号及图像处理、工程设计等领域的计算数学中[24-27]，分层的多尺度建模将力学、数学、材料科学和物理学通过特定方法结合在一起。多尺度建模与本书中建模与评估方面的多分辨率问题虽有差距，但可作为研究思路上的借鉴。

2. 风险分析与评估

风险是工程、管理及社会科学中内涵丰富、研究广泛的领域，其普遍性的含义是潜在的威胁、损失或损害与其发生可能性的综合。在装备系统的全寿命管理中，风险是这一过程和活动的固有属性。

1) 风险的分类

风险类型主要包含五种：费用风险、进度风险、技术风险、保障性风险、计划风险。费用风险与进度风险是最基础的风险类型，几乎所有系统、项目、工程活动都存在这两类风险。技术风险和保障性风险均与系统性能相关。计划风险主要与项目、工程活动所处的环境相关(主要是社会环境)。各类风险的典型示例如表 1.1 所示[28]。

表 1.1　各类风险典型示例

费用风险	进度风险	技术风险	保障性风险	计划风险
技术风险敏感性	技术风险敏感性	物理特性	可靠性	材料可用性
计划风险敏感性	计划风险敏感性	材料特性	维修性	人员不可用性
保障性风险敏感性	保障性风险敏感性	辐射特性	训练	人员技能
进度风险敏感性	费用风险敏感性	测试/建模	保障性设备	安全性
估算错误	任务并发程度	综合/接口	人力因素	环境影响
	关键路径项目数	软件设计	设施因素	通信问题
	估算错误	安全性	通用性/互用性因素	劳动力问题
		需求更改	运输性	需求更改
		故障检测	系统安全性	政治主张
		使用环境	技术资料	承包商稳定性
		成熟/不成熟工艺		投资剖面
		系统复杂性		条例更改
		独有/专属资源		

费用风险和进度风险是最常见、研究历史最长的风险类型。然而，在工程实践中，纯粹的费用风险和进度风险并不多见。费用和进度的不确定性更为常见的是技术风险、计划风险和保障性风险的衍生与反映。

技术风险是系统性能未达到期望水平的风险，往往是对新系统提出前所未有的性能要求造成的。在不同文献或应用环境中经常出现技术风险、性能风险、技术性能风险等相似的称谓。从本质上看，它们之间没有实质区别，在不引起歧义的情况下，本书将它们统称为技术风险。随着装备系统复杂程度的不断提升，技术风险越来越成为最核心的影响因素。一项研发上毫无技术风险的装备系统，费用和进度上的不确定程度通常很低。

保障性风险是指与系统部署和维修保障有关的风险，这些系统是指正在研制或研制已完成正在部署的系统。除去部署和保障活动中可能存在的计划风险，保障性风险包含技术风险的特征。例如，保障性风险中经常需要考虑的可靠性问题，可靠性反映了系统保持指定技术性能状态的能力。可靠性、维修性作为装备系统的通用质量特性，也可视作系统技术性能的一部分。因此，从广义上来看，保障性风险中来自系统自身固有的技术性能部分，可以纳入技术风险的范畴。剩余的保障性风险主要源于保障活动的管理因素，如表 1.1 保障性风险中的训练、设施因素、运输性和技术资料等。

计划风险来自若干不受工程项目控制但又可能影响工程项目方向的可用资源和活动。由于计划风险往往受国家、地域、政策、宗教、经济条件等外部宏观因素及社会政治经济方面的不确定性影响，与国家发展战略、政策体制、经济形势、管理机构等方面的系统外部变化相关。

上述风险类型之间的关系如图 1.1 所示。技术风险、计划风险和保障性风险是起决定作用的因素，它们主宰费用风险和进度风险。进度风险和费用风险是风险指示信号。由于计划风险不在系统、项目、工程活动的主要考虑和控制范围内，本书后续章节的内容不考虑计划风险，主要考虑其他四种类型的风险。图 1.1 中，虚线是风险类型的划分，实线表示具有影响关系。

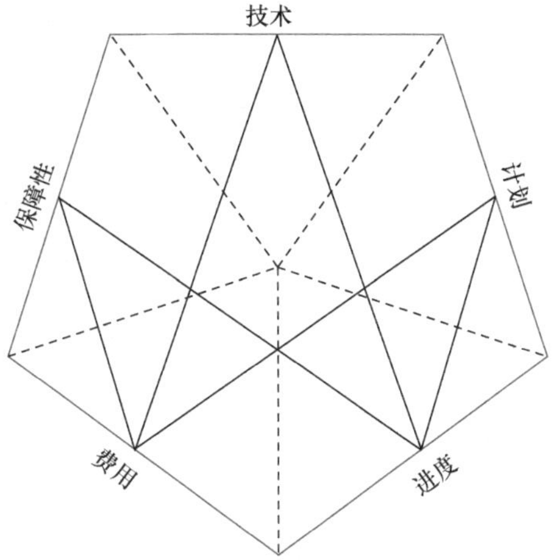

图 1.1　不同类型风险的影响关系

风险研究及应用范围十分广泛，以下评述主要针对装备系统全寿命管理中的风险研究及应用，这些通常是以活动、过程或项目为导向的。

2) 风险分析与评估的主要方法

风险管理活动的阶段包括风险管理规划、风险辨识、风险分析与评估、风险缓解、风险控制、风险处理等。限于篇幅，这里重点讨论风险分析与评估的相关研究及应用。风险分析与评估方法按技术路线划分，主要包括基于表(table)的风险分析、基于树(tree)的风险分析、基于图(graph)的风险分析，近年来还产生了基于模型的风险分析。基于表的风险分析包括危险及可操作性分析(hazard and operability analysis，HAZOP)[29]、故障模式影响分析/故障模式影响及危害性分析(failure mode and effects analysis/failure mode effects and criticality analysis，FMEA/FMECA)[30]；基于树的风险分析方法包括故障树、事件树、决策树等[31-33]；基于图的风险分析方法包括因果分析(cause-consequence analysis，CCA)方法、贝叶斯网络、Petri 网、马尔可夫方法等[33-36]；基于模型的风险分析也称为模型驱动的风险分析[37, 38]，是使用统一建模语言(unified modeling language，UML)来支持和指导风险评估的方法，与其他方法的根本区别并不在于是否建模，而在于是否形式化地建模，即建模的过程和方法是否有形式化的，特别是面向计算机程序化的规范和标准。

3) 风险分析与评估的研究与实践

风险相关研究自出现以来，就具有很强的领域特色和实践导向。脱离载体和应用场景的风险是没有意义的。自 1969 年美军率先提出装备研制风险概念至今，以美国为代表的欧美发达国家在军品研制风险领域开展了形式丰富的相关研究，主要涉及理论框架建立与分析、各类风险评估技术及其针对不同装备研制领域的应用研究。目前国外舰船领域较有影响的成果之一是 Mierzwicki 提出的海军舰船总体风险度量指数以及在此风险度量指数基础上提出的多目标遗传优化算法[39]。美国兰德公司、美国海军研究生院等研究机构自 20 世纪 70 年代中期以来进行了一系列装备研制风险的案例研究，研究对象包括各类海空军装备，研究和应用涉及面十分广泛[40-45]。美国海军研究生院的 Wheeler 对技术风险管理进行了较为系统的研究[46]，涵盖自 80 年代中期以来美军装备风险管理的演变和发展，展望了作为重点研究方向的技术风险量化研究，是该领域较为全面的综述性文献，但主要着眼于装备采办过程。Komoroski 等研究了降低研制阶段风险的信息化技术[47]。Kujawski 等研究了海军舰船费用风险的动态评估问题，将舰船研制费用风险分为微观、宏观两类，认为后者是前者的一种叠加组合[48]。Angelis 等在舰船研制费用风险的类似研究中增加了一个关联风险[49]。Largent 以美国国家航空航天局为背景，针对研制类项目提出了一种技术研制规划和管理框架[50]，综合研究了研制类项目的风险组成、技术成熟度等级(technology readiness level，TRL)的判据使用、改进型贝叶斯方法等，阐述了技术、费用和进度三类风险之间的关系，但没有涉及各类风险之间的演变和影响问题。Sauser 等针对装备研制技术风险评估问题，在技术成熟度等级和系统传递矩阵的基础上，提出了系统成熟度等级(system readiness level，SRL)判别模型[51]。美国政府问责局(Government Accountability Office, GAO)在考察美军 38 个采办项目的基础上，认为其中大部分项目仍未就技术风险问题进行多方案选择和评估，并认为这是造成项目采办后期进度拖延和费用超支的主要原因之一[52]。Kwak 等对美国国防部风险管理理论与方法的发展趋势进行了较为全面的总结，认为对风险识别、动态变化等问题要给予足够重视，表现出对风险动态分析的特别关注[53]。在国内方面，相关研究大多针对军用系统(包括舰船、军机及其他武器系统)研制技术风险的评估、建模及其影响分析，内容繁多，不逐一列举，其研究途径主要包括：经验建模(层次分析、模糊评估、神经网络等)、借代分析(通过费用、进度风险仿真替代指标度量)、尺度分析(通过技术成熟度等级、风险评估矩阵)等；除此之外多集中于费用、进度风险及各类管理风险(如财务、物价、人员等)的应用研究；民用系统多以预先危害分析(preliminary hazard analysis，PHA)、FMEA 及项目风险管理的应用研究为主。

风险分析与评估的思想和方法不仅局限于理论和应用研究，还深入影响行业标准和规范。在民用领域，2009 年国际标准化组织(International Organization for Standardization，ISO)发布了《风险管理——原则与实施指南》(ISO 31000)[54]、《风险评估技术指南》(ISO/IEC 31010)[55]，并于 2018 年再次发布了该标准的更新版。目前世界范围内已有 50 多个国家采纳该标准并在此基础上发布了各自国家的风险管理标准，如我国国家标准《风险管理 原则与实施指南》(GB/T 24353—2009)[56]、《风险管理 风险评估技术》(GB/T 27921—2011)[57]、《项目风险管理 应用指南》(GB/T 20032—2005)[58]等。

在装备管理、装备采办领域，许多国家对风险管理也极为重视。美国国防部制定的系列规定、武器装备采办(国防采办)工作手册中均对风险管理及其技术活动做了相关规定，对国防采办制定了详细的采办过程[59, 60]，风险管理作为采办工作的一部分[61]，完全融入整个采办过程，成为采办项目管理不可缺少的有机组成部分。美军风险管理理论方法集中体现在《国防采办风险管理指南》中[62]。我国参照相关标准，发布了国军标《武器装备研制项目风险管理指南》(GJB/Z 171—2013)[63]，在《质量管理体系要求》(GJB 9001C—2017)中还进一步强化了更为严格的风险管理实施要求[64]。

3. 系统/工程/产品复杂性研究

航天器、舰船、飞机、武器系统、汽车、复杂机电产品等都是典型的复杂系统(产品)。复杂系统(产品)涉及多种学科技术，质量、可靠性要求高，复杂系统(产品)构成复杂，产品各子系统之间、各零部件之间存在复杂的约束关系。系统复杂性往往取决于以下因素产品涉及的学科领域范围，组成成分的层次数、规模、个数，子系统之间相互关联的数量、影响程度等。系统复杂性加剧了研制复杂性，使得复杂系统(产品)研制具有开发难度大、协作面广、周期长、投入大等特点。复杂系统研制过程往往具有网络层次结构。不仅任务相互关联，而且其技术成果、信息系统也关联紧密[65, 66]，研制过程需要实现各性能指标间的平衡改进和整体协调[67]。

1) 系统/工程/产品复杂性建模

Steward 提出设计结构矩阵(design structure matrix，DSM)的概念和方法，DSM 成为建立和分析系统设计过程的重要工具[68]。DSM 衍生出一系列基于矩阵的系统建模方法，其中域映射矩阵(domain mapping matrix，DMM)、多域矩阵(multiple domain matrix，MDM)可将系统研发涉及的不同领域要素联系起来进行整体描述[69]。Malmqvist 研究综合了各类基于矩阵的系统结构建模方法[70]。Ware 提供了一种以点和边为基础的描述系统结构的图论式视图方法[71]。Battista 等采用能够反映连接方向和连接强度的有向图，针对内部关联关系复杂的系统结构建立了一种表达力很强的描述方法[72]。Sharman 等比较分析了用矩阵和图论方法描述系统结构的各自优势[73]。其他相关研究还有采用模块化、层次结构、网状结构等方式进行系统建模[69, 74, 75]。

2) 系统/工程/产品复杂性评估

Kreimeyer 等研究了工程设计中基于矩阵分析的复杂性评估方法[76]。

Lindemann 等基于图论的树形、网状结构建立了复杂性度量方法，并将复杂性度量指标大体划分为两个阶段，分别用于初期的概念需求阶段和后期的详细设计阶段[77,78]。Reed 基于复杂性度量指标，采用帕累托准则评估、识别系统结构复杂性的异常部分[79]。Lindemann 等分别采用系统复杂性建模中扇入、扇出和反馈环长度等度量指标，衡量系统节点的相互影响程度，进而评估系统复杂性[80,81]。Boushaala 认为系统(产品)技术复杂性来自系统研发的困难程度及环境适应性，而管理复杂性则来自进度、成本、风险和信息传递，并针对这两类复杂性建立了评估复杂性的网络复杂性系数(coefficient of network complexity)方法[82]。Caprace 以舰船研制为应用背景，结合舰船性能、费用等方面的具体指标，在宏观和微观层面对舰船复杂性进行了评估[83]。

基于矩阵、图论的方法在产品(系统)设计的信息获取、描述和分析等研究和应用中占有重要地位，然而目前对包含多重、并行技术领域的复杂系统适用方法的研究则相对较少，尤其是对研制阶段系统组成、关联关系数量大、关系复杂的武器装备系统，复杂性评估和管控非常必要，但目前对这部分的针对性研究不多。

1.3　主要研究内容

本书以复杂装备系统风险演化的建模方法和评估技术为研究对象，组织结构、内容的逻辑关系及涉及的相关技术支撑如图 1.2 所示。

后续章节的主体内容可归纳为三部分：第一部分是关于多分辨率建模的主体框架和通用性方法，第二部分和第三部分是从复杂装备系统全寿命阶段划分的视角，基于多分辨率建模方法研究装备系统研制及使用中涉及的风险问题。从全寿命风险构成的视角来看，第二部分和第三部分则是针对进度、费用、技术、保障性等不同类型风险评估的应用研究。

第一部分(第 2 章)。第 2 章运用多分辨率建模的思想，采用基于 DSM 的矩阵化建模技术，建立通用性的建模方法，并着重探讨基于 DSM 的关联推理和分辨率变换方法，以实现随系统演化过程对系统模型的更新和分析粒度的转换。

第二部分(第 3～5 章)。第 3、4 章分别研究研制阶段的各类风险，其中包括进度、费用风险(第 3 章)、技术风险(第 4 章)。第 5 章探讨风险演化机理和规律，分别基于复杂网络和贝叶斯网络，对网络静态和动态分析结果进行比较，识别风险演化关键节点和传播链路。

第三部分(第 6、7 章)。第 6、7 章为面向系统使用阶段的保障性风险。第 6 章基于多分辨率建模与仿真，给出系统任务可靠性、成功性评估问题的一般数学模型，建立层次化多分辨率融合仿真方法，实现多分辨率条件下的加速仿真抽样及数值计算。第 7 章结合舰船系统航渡任务的应用背景，考虑装备系统性能的多状态输出和舰船航渡任务成功性判定规则，提供详细的案例研究及分析。

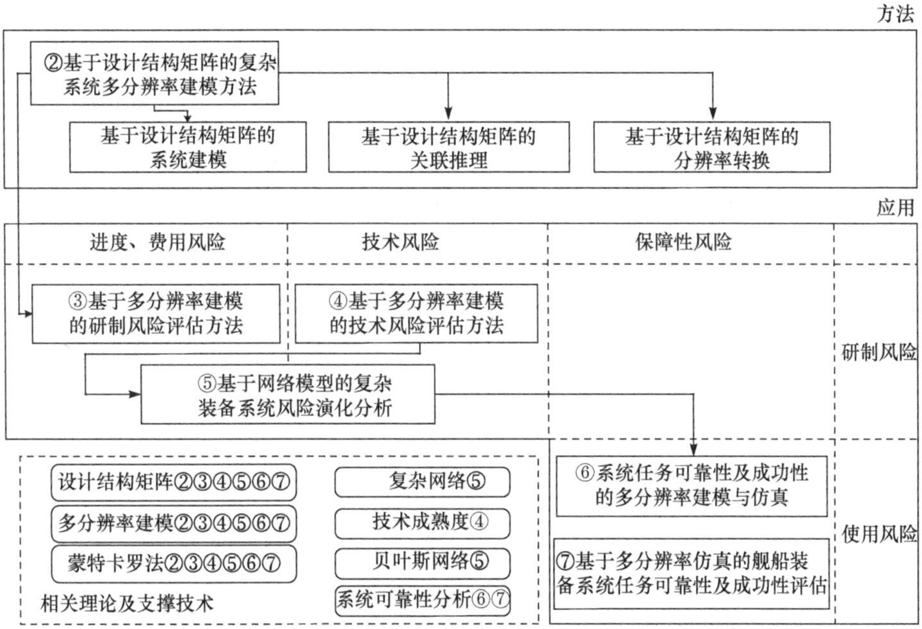

图 1.2 本书内容结构图

本书希望通过以下方面突出研究特色和创新性：

(1) 建立基于 DSM 的多分辨率建模方法，该方法作为一种开放式、可扩展的系统建模方法，提供了一种具有“系统观察多视角、结构描述网络化、演化过程动态分析、多分辨率模型综合集成”特点的系统性建模技术。

(2) 采用多分辨率建模方法，建立技术成熟度与系统仿真模型动态参数的量化关系。通过系统过程建模仿真的间接方法，以进度、费用为指标间接评估技术风险，计算进度或费用超出可承受范围的不确定性，处理技术风险难以量化的评估问题。

(3) 并非由专家经验、因果分析等传统的风险辨识和分析方法构建风险网络，而是以系统结构、过程、行为的仿真结果为样本，学习网络结构，提炼风险网络，并在此基础上辨识关键节点和风险传播链路，降低经验方法构建风险网络和风险传播分析的主观性。

(4) 通过逐层触发随机事件的分辨率解聚机制和基于重要性抽样的抽样分布重构方法，实现不同系统层次多分辨率数据的融合仿真，并将该方法用于评估系统任务可靠性、成功性等面向系统使用的技术和保障性风险。

参 考 文 献

[1] Bigelow J H, Davis P K. Implications of multi-resolution modeling (MRM) and exploratory analysis for validation[R]. Santa Monica: Rand, 1998.

[2] David K, Bigelow J. Experiments on multi-resolution modeling (MRM)[R]. Santa Monica: Rand, 1998.

[3] Zeigler B P. A systems methodology for structuring families of models at multiple levels of resolution[C]//Variable Resolution Modeling Conference, Washington, 1992: 1-34.

[4] Natrajan A. Consistency maintenance in concurrent representations[D]. Charlottesville: University of Virginia, 2000.

[5] Davis P K, Tolk A. Observations on new developments in compensability and multi-resolution modeling[C]//The 2007 Winter Simulation Conference, Washington, 2007: 859-870.

[6] Hong S Y, Kim T G. Specification of multi-resolution modeling space for multi-resolution system simulation[J]. Simulation: Transactions of the Society for Modeling and Simulation International, 2012, 89(1): 28-40.

[7] Natrajan A, Nguyen-Tuong A. To disaggregate or not to disaggregate, that is not the question[R]. Charlattesville: University of Virginia, 1995.

[8] Davis P K. Dealing with complexity-exploratory analysis enabled by multiresolution, multiperspective model[C]//Winter Simulation Conference, Orlando, 2000: 293-302.

[9] Paul R L, Nunes R C, Oliveira V D. Doctrine based multi-resolution HLA distributed simulation[C]// The 32nd ACM SIGAPP Symposium on Applied Computing, Marrakech, 2017: 59-64.

[10] Natrajan A, Reynolds P F J, Srinivasan S. MRE: A flexible approach to multi-resolution modeling[J]. ACM Sigsim Simulation Digest, 1997, 27(1): 156-163.

[11] Liu B H, Huang K D. The design and implement of multi-resolution federation with an air-ground combat federation as example[C]//Spring Simulation Interoperability Workshop, Orlando, 2002: 1-26.

[12] 刘宝宏. 多分辨率建模的理论与关键技术研究[D]. 长沙: 国防科学技术大学, 2003.

[13] 华玉光, 徐浩军. 多分辨率建模航空武器装备体系对抗效能评估[J]. 火力与指挥控制, 2007, 34(1): 8-10.

[14] 张伟, 聂成龙, 于永利, 等. 装备保障仿真实体聚合模型[J]. 火力与指挥控制, 2013, 38(4): 145-149.

[15] 徐一帆, 吕建伟, 谢宗仁, 等. 计及技术风险的复杂系统多分辨率风险评估方法[J]. 国防科技大学学报, 2018, 40(5): 161-170.

[16] Davis E R, Eckhause J M, Peterson D K, et al. Exploring how hierarchical modeling and simulation can improve organizational resourcing decisions[C]//Winter Simulation Conference, Washington, 2013: 2496-2507.

[17] Zülch G, Jonsson U, Fischer J. Hierarchical simulation of complex production systems by coupling of models[J]. International Journal of Production Economics, 2002, 77(1): 39-51.

[18] Davis P K. Introduce to multi-resolution modeling with an example involving precision fires[J]. Enabling Technology for Simulation Science, Orlando, 1998: 1-8.

[19] Bowers A, Prochnow D L, Roberts J. JTLS-JCATS: Design of a multi-resolution federation for

multi-level training[C]//Simulation Interoperability Workshop, Orlando, 2002: 1-12.
[20] 程旺迟, 许瑞明, 张最良. 多分辨率建模理论方法研究的现状与发展[J]. 军事运筹与系统工程, 2003, (3): 58-61.
[21] 马欣明, 张最良. 可变分辨率建模[J]. 系统工程与电子技术, 1997, (12): 43-46.
[22] Yang B, Wu Y G, Ren B. Application of multi-resolution modelling in emergency evacuation simulation[J]. International Journal Simulation and Process Modelling, 2012, 7(1-2): 89-97.
[23] 文成林, 周东华. 多尺度估计理论及其应用[M]. 北京: 清华大学出版社, 2002.
[24] Steinhauser M. Computational Multiscale Modeling of Fluids and Solids—Theory and Applications[M]. Berlin: Springer, 2008.
[25] Horstemeyer M F. Multiscale modeling: A Review[M]//Leszczyhski J, Shukla M K. Practical Aspects of Computational Chemistry. Dordrecht: Springer, 2010: 87-135.
[26] Barth T J, Chan T, Haimes R. Multiscale and Multiresolution Methods: Theory and Applications[M]. Berlin: Springer, 2002.
[27] Lu Y M, Do M N. Multidimensional directional filter banks and surfacelets[J]. IEEE Transactions on Image Processing, 2007, 16(4): 918-931.
[28] Defense Systems Management College. Risk Management: Concepts and Guidance Defense Systems Management[M]. Fort Belvoir: Defense Systems Management College, 1989.
[29] International Electrotechnical Commission. Hazard and operability studies (HAZOP studies) — Application guide[S]. IEC 61882. Geneva: International Electrotechnical Commission, 2001.
[30] Haimes Y Y. Risk Modeling, Assessment and Management[M]. Hoboken: John Wiley & Sons, 2009.
[31] Shrestha A, Xing L, Dai Y. Decision diagram based methods and complexity analysis for multi-state systems[J]. IEEE Transactions on Reliability, 2010, 59(1): 145-161.
[32] 刘东, 张红林, 王波, 等. 动态故障树分析方法[M]. 北京: 国防工业出版社, 2013.
[33] Faulin J, Juan A A, Martorell S, et al. Simulation Methods for Reliability and Availability of Complex Systems[M]. Berlin: Springer, 2010.
[34] Bjorkman K. Solving dynamic flowgraph methodology models using binary decision diagrams[J]. Reliability Engineering & System Safety, 2013, 111: 206-216.
[35] Chew S P, Dunnett S J, Andrews J D. Phased mission modelling of systems with maintenance-free operating periods using simulated Petri nets[J]. Reliability Engineering & System Safety, 2007, 93(7): 980-994.
[36] Wu X, Hillston J. Mission reliability of semi-Markov systems under generalized operational time requirements[J]. Reliability Engineering & System Safety, 2015, 140(3): 122-129.
[37] Aagedal J O, Braber F D, Dimitrakos T, et al. Model-based risk assessment to improve enterprise security[C]//Enterprise Distributed Object Computing Conference, Lausanne, 2002: 1-12.
[38] Mass S L, Bjørnar S, Ketil S. Model-driven Risk Analysis—The CORAS Method[M]. Berlin: Springer, 2011.
[39] Mierzwicki T S. Risk index for multi-objective design optimization of naval ships[D]. Blacksburg: Polytechnic Institute and State University, 2003.
[40] Bodilly S J. Case study of risk management in the usaf B-1B bomber program[R]. Santa Monica:

Rand, 1993.
[41] Camm F. The F-16 multinational staged improvement program: A case study of risk assessment and risk management[R]. Santa Monica: Rand, 1993.
[42] Mayer K R. The development of the advanced medium-range air-to-air missile: A case study of risk and reward in weapon system acquisition[R]. Santa Monica: Rand, 1993.
[43] Whitworth L R. Software risk management: A case study of the V-22 program[R]. Monterey: Naval Postgraduate School, 1996.
[44] Springsteen B. Integrated product and process development case study: Development of the F/A-18E/F[R]. Santa Monica: Rand, 1999.
[45] Bailey R O. Analysis of current department of defense risk management practices in weapon system acquisition: A case study of the advanced amphibious assault vehicle (AAAV) PDRR and SDD risk management practices[D]. Monterey: Naval Postgraduate School, 2003.
[46] Wheeler M A. The evolution and application of technical risk management within the united states navy[D]. Monterey: Naval Postgraduate School, 2002.
[47] Komoroski C L, Housel T. A methodology for improving the shipyard planning process: Using KVA analysis, risk simulation and strategic real options[R]. Monterey: Naval Postgraduate School, 2006.
[48] Kujawski E, Angelis D. Dynamic cost risk assessment for controlling the cost of naval vessels[R]. Monterey: Naval Postgraduate School, 2009.
[49] Angelis D, Dillard J. Exploring the implications of transaction cost economics on joint and system-of-systems programs[R]. Monterey: Naval Postgraduate School, 2008.
[50] Largent M C. A probabilistic risk management based process for planning and management of technology development[D]. Atlanta: Georgia Institute of Technology, 2003.
[51] Sauser B, Ramirez-Marquez J E, Magnaye R, et al. A systems approach to expanding the technology readiness level within defense acquisition[J]. International Journal of Defense Acquisition Management, 2008, 1: 39-58.
[52] US Government Accountability Office. Many analyses of alternatives have not provided a robust assessment of weapon system options[R]. Washington: Government Accountability Office, 2009.
[53] Kwak Y H, Smith B M. Managing risks in mega defense acquisition projects: Performance, policy and opportunities[J]. International Journal of Project Management, 2009, 27: 812-820.
[54] International Organization for Standardization. Risk management — Principles and guidelines[S]. ISO31000-2009. Geneva: International Organization for Standardization, 2009.
[55] ISO International Electrotechnical Commission. Risk management—Risk assessment techniques[S]. IEC 31010. Geneva: International Electrotechnical Commission, 2009.
[56] 中华人民共和国国家质量监督检验检疫总局, 中国国家标准化管理委员会. GB/T 24353—2009. 风险管理 原则与实施指南[S]. 北京: 中国国家标准化管理委员会, 2009.
[57] 中华人民共和国国家质量监督检验检疫总局,中国国家标准化管理委员会. GB/T 27921—2011. 风险管理 风险评估技术[S]. 北京: 中国国家标准化管理委员会, 2011.
[58] 中华人民共和国国家质量监督检验检疫总局,中国国家标准化管理委员会. GB/T 20032—2005. 项目风险管理 应用指南[S]. 北京: 中国国家标准化管理委员会, 2005.

[59] US Department of Defense. Dodi 5000.02 operation of defense acquistion system[R]. Washington: US Department of Defense, 2017.
[60] US Department of Defense. Dodi 5000.75 business system requirements and acquisition[R]. Washington: US Department of Defense, 2017.
[61] US Department of Defense. Risk management guide for dod acquisition[R]. Washington: US Department of Defense, 2006.
[62] Defense System Management College. Risk management guide for defense acquisition[R]. Fort Belvoir: Defense System Management College, 2006.
[63] 中国人民解放军总装备部. GJB/Z 171—2013. 武器装备研制项目风险管理指南[S]. 北京: 中国人民解放军总装备部, 2013.
[64] 中央军委装备发展部. GJB 9001C—2017. 质量管理体系要求[S]. 北京: 中央军委装备发展部, 2017.
[65] Burr H, Deubel T, Vielhaber M, et al. Challenges for CAx and EDM in an international automotive company [C]//The 14th International Conference on Engineering Design, Stockholm, 2003: 1-10.
[66] Eppinger S, Salminen V. Patterns of product development interactions[C]//The 13th International Conference on Engineering Design, Glasgow, 2001: 283-290.
[67] Karniel A, Reich Y. Managing the Dynamics of New Product Development Processes[M]. London: Springer, 2011.
[68] Steward D V. The design structure system: A method for management the design of complex system[J]. IEEE Transactions on Engineering Management, 1981, 28(3): 71-74.
[69] Eppinger S, Browning T. Design Structure Matrix Methods and Applications[M]. Massachusetts: MIT Press, 2012.
[70] Malmqvist J. A classification of matrix-based methods for product modeling[C]//The 7th International Design Conference, Cavtat-Dubrovnik, 2002: 1-10.
[71] Ware C. Information Visualization: Perception for Design[M]. San Mateo: Morgan Kaufmann Publishers, 2012.
[72] Battista G D, Eades P, Tamassia R, et al. Graph Drawing: Algorithms for the Visualization of Graphs[M]. Upper Saddle River: Prentice-Hall, 1999.
[73] Sharman D M, Yassine A. Characterizing complex product architectures[J]. System Engineering, 2004, 7(1): 35-60.
[74] Marti M. Complexity Management: Optimizing Product Architecture of Industrial Products[M]. Wiesbaden: Deutscher Universitäts-Verlag, 2007.
[75] 孙亚东, 张旭, 宁汝新, 等. 基于层次化设计结构矩阵的复杂产品研发过程研究[J]. 机械工程学报, 2011, 47(16): 166-175.
[76] Kreimeyer M, Lindemann U. Complexity Metrics in Engineering Design[M]. Berlin: Springer, 2011.
[77] Lindemann U, Maurer M. Early evaluation of product properties for individualised products[J]. International Journal of Mass Customization, 2006, 1(2-3): 299-314.
[78] Schuh G, Schwenk U. Product Complexity Management[M]. Munich: Hanser, 2001.
[79] Reed W J. The Pareto, Zipf and other power laws[J]. Economics Letters, 2001, 74(1): 15-19.

[80] Lindemann U, Maurer M, Braun T. Structural Complexity Management[M]. Berlin: Springer, 2009.
[81] Maurer M. Structural awareness in complex product design[D]. Munich: Technical University of Munich, 2007.
[82] Boushaala A A. Project complexity indices based on topology features[J]. World Academy of Science, Engineering and Technology, 2010, 69: 49-54.
[83] Caprace J D. Cost effectiveness and complexity assessment in ship design within a concurrent engineering and "Design for X" framework[D]. Liege: University of Liege, 2010.

第 2 章　基于设计结构矩阵的复杂系统多分辨率建模方法

本章给出复杂系统多分辨率建模的界定、内涵及核心要素，并基于 DSM 建立多分辨率建模的一般步骤和通用性的建模技术，着重探讨基于 DSM 的关联推理和分辨率转换方法，为后续章节提供理论基础和技术支撑。

2.1　复杂系统多分辨率建模的界定和内涵

不论是多分辨率建模，还是多尺度建模、可变分辨率建模等其他相似概念和称谓，从不同层次、不同粒度对复杂系统进行描述、分析是它们的共同目标和开放性课题。

1. 复杂系统多分辨率建模的界定

第 1 章综述探讨了多分辨率建模的主要思想和相关技术方法。采用多分辨率建模往往是针对复杂系统；对于简单系统，通常无须采用多分辨率建模。从名称到定义，多分辨率建模都具有开放性，这里希望提供一个涵盖多分辨率建模核心思想、但又不仅限于此的概念界定。

1) 复杂系统多分辨率建模

本书将复杂系统多分辨率建模界定为：描述系统、组织、过程及其关联关系，根据复杂系统分析需要，调整转换建模对象的模型分辨率，用以描述、转化和跟踪不同层次或粒度的建模对象及其关联关系的系统性方法。其中，调整转换模型分辨率包括分辨率的提升和降低：提升分辨率包括扩展、分解、细化等，通过模型解聚实现；降低分辨率包括合并、归类、集成等，通过模型聚合实现。

换而言之，在不同系统层次建立并运行不同分辨率模型，即多分辨率建模。虽然建模过程中对系统层次的规定是相对的，带有模型构建者人为设定的主观认识，但这并不能消除系统存在分辨率差异的现实问题。多分辨率建模将针对具有分辨率差异的系统模型，提供处理不同分辨率模型之间转换或交互作用的建模方法。

2) 基于复杂系统多分辨率建模的评估方法

在模型的基础上进行求解或计算，预测研究对象的系统行为、估计相关指标评估值，这就是基于多分辨率建模的评估或预计问题。求解或计算过程可以通过解析方法实现，也可以通过蒙特卡罗仿真方法等数值计算方法实现。对于复杂装备系统，在系统状态数量大、动态行为复杂、状态性能演变历程难以解析表达的情况下，仿真方法是较为可行、有时甚至是唯一可行的有效途径。

2. 复杂系统多分辨率建模的要素

多分辨率建模方法的本质是以多视域、多属性、多粒度的方式分析复杂系统。多视域、多属性、多粒度构成多分辨率建模的核心要素。

1) 多视域

多视域是根据系统组成、过程流程、任务模块、人员分组、多学科领域、信息管理、配套资源等不同角度描述层次结构和关联关系。在此基础上，还可以根据研究问题的需要，设置具有特定含义的研究视角。

2) 多属性

系统中各元素之间的联系是多样的，为了对不同类型的关联加以区分，可以根据关联的物理属性或价值属性，将元素之间的关联属性划分为四类，如表 2.1 所示。还可在此基础上根据研究需要，增加新类型的关联属性。

表 2.1　关联属性的类型及含义

关联属性的类型	关联含义
空间联系(spatial relation)	元素间的联系依赖物理空间和位置排列关系
物料联系(material relation)	元素间的联系依赖物质、材料的输入输出或资源限制关系
信息联系(information relation)	元素间存在信息交流或数据、信号的传递关系
能量联系(energy relation)	元素间存在能源、能耗的交流、传递或限制关系

3) 多粒度

分辨率是模型对现实世界细节描述的详细和精确程度。复杂系统内部具有层次性，各层次之间相互联系和影响。低层次模型通常由微观变量构成，模型具有高分辨率，低层次的微观变量通过系统结构和过程，影响高层次的宏观变量，从而影响系统整体性能和行为，对问题的深层现象进行解释。高层次模型往往具有低分辨率，低分辨率模型用来对问题进行全局性、概括性、宏观性分析，跳出问题细节，全面理解问题整体，且低分辨率模型通常能够快速计算，具有计算上的经济性和便捷性。

2.2　复杂系统多分辨率建模方法架构

复杂系统多分辨率建模的主要工作包括辨识系统结构和过程，选取分析问题剖面，实现对多分辨率差异的比较和集成，并通过模型协调机制使不同分辨率模型形成有机整体。

2.2.1　多分辨率建模空间与分析剖面选择

在复杂系统分析中，模型通常是有针对性的，不可能涵盖系统的所有方面，用于分析系统的所有问题。明确的分析目标通常需要指向系统的某个分析剖面。模型应有针对性地建立在所选的分析剖面内，是确保模型的合理性和有效性、保障特定计算方法正确和高效的前提。

以复杂系统的风险分析为例，在多分辨率条件下，研究系统结构、组织、过程中的费用、进度、技术、保障性等方面的不确定性问题，可以抽象到风险类型(费用风险、进度风险、技术风险、保障性风险等)、域类型(结构、组织、过程等)、模型分辨率(模型描述的精细程度)为维度的建模空间，如图 2.1 所示。复杂系统的风险分析需要根据分析目标，在整个建模空间中选择特定的分析剖面。有时甚至需要选择某几个分析剖面，并研究它们之间的影响关系及影响程度。这里所说的剖面是抽象意义的超平面，并非局限于二维平面。

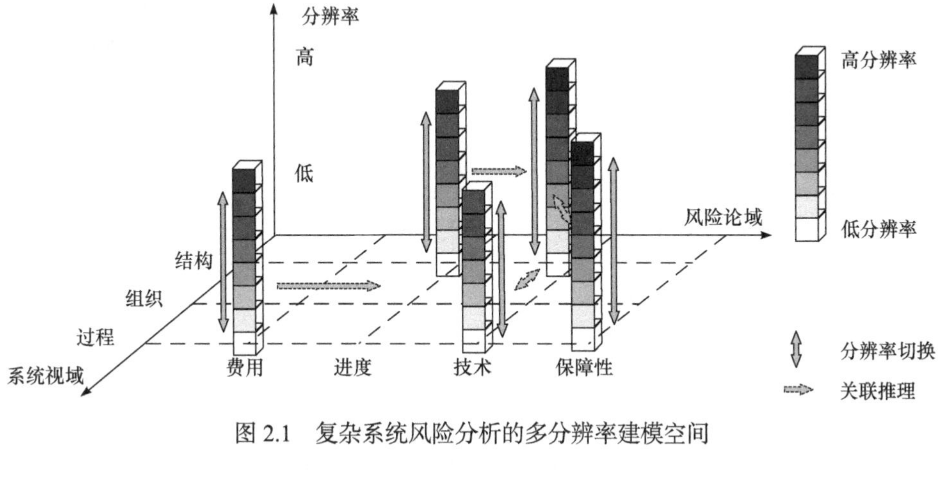

图 2.1　复杂系统风险分析的多分辨率建模空间

2.2.2　系统结构、过程建模及多分辨率集成

结构模型以多视域、多属性、多粒度的方式，描述系统组成、任务模块、人员分组、多学科领域、信息管理、配套资源等方面的层次结构和关联关系。结构建模将多视域、多分辨率的系统构成转化为以矩阵为基础的规范化描述(图 2.2)，明确高分辨率模型与低分辨率模型之间信息的分解与聚合关系，并实现对复杂系统的结构性辨识与描述。

复杂系统的发展和演化通常是多学科领域和高迭代性的，包含不同系统组成和活动之间的关联或耦合。这些关联或耦合关系取决于工程的物理要求、过程要求、信息接口和任务结构。多分辨率过程模型辨识和描述复杂系统演化中存在的各类过程，将动态过程转化为特定形式的结构化模型，为建模和分析计算提供基础和便利。

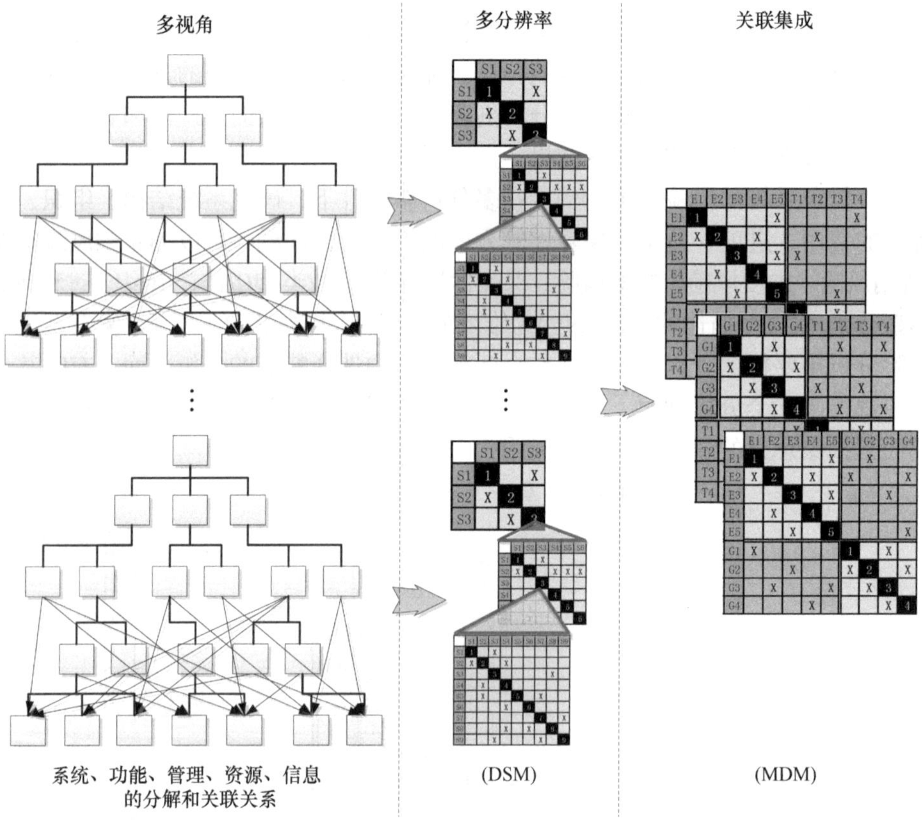

图 2.2　层次结构和关联关系的结构建模

针对问题对象选择合适的分析剖面，构建分析剖面内涉及的系统结构模型和过程模型。将多分辨率结构模型嵌入过程模型，构建描述过程复杂性的层次化网络结构(图 2.3)，识别过程及系统构成之间的关联关系，分析和评估网络节点之间的关联影响。

在上述结构、过程建模及模型集成中，往往需要借助一些更为基础的建模方法和工具，可采用(但不限于)以下方法：基于矩阵的建模方法(DSM、域映射矩阵、风险矩阵等)、基于图论的建模方法(贝叶斯网络、复杂网络、关键路径法等)、基于逻辑关系的建模方法(故障树、动态故障树、决策树、Petri 网、IDEF 方法等)、基于对象的建模方法(多智能体建模、UML 建模等)、基于系统动力学的建模方法，以及上述方法的组合运用等。上述各种建模方法从不同角度或不同实现途径，对相同问题进行系统建模，有时相互之间具有替代性和互补性。使用时应针对具体问题，结合建模方法的优势加以选择。本书主要采用基于矩阵和基于图论的建模方法，具体方法和运用详见 2.3 节及后续各章。

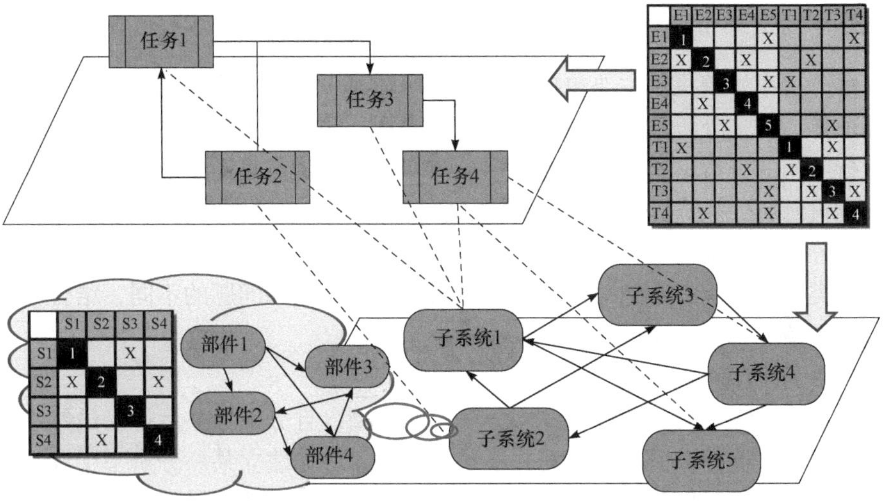

图 2.3　复杂系统多分辨率建模的综合集成

2.2.3　多分辨率模型构建及协调机制

系统建模是受到广泛而深入研究的领域，但具有不同系统描述分辨率的系统建模仍是一个发展中的课题。概括来看，多分辨率建模给传统意义的系统建模增设了两个主要问题：一是多分辨率条件下的系统描述问题；二是系统分辨率的共存、转换和交互问题。不论系统描述方法的选取，还是多分辨率模型之间相互作用机制的效率和一致性问题，这些都是后续章节重点研究的内容，本质上都包含在上述两个主要问题内。这两个主要问题需要通过下列三方面提供支撑：系统要素、系统要素关联及多分辨率协调机制。

1. 系统要素

系统要素包括不同系统层次，具有不同分辨率的系统结构、过程、组织、数据集等，在 2.2.2 节系统结构、过程的多分辨率建模中已做了概括性论述。

2. 系统要素关联

根据系统要素是否跨视域、是否处于相同系统层次，可将其组合成四种关联类型：视域内同分辨率要素关联、视域内不同分辨率要素关联、跨视域同分辨率要素关联、跨视域不同分辨率要素关联。在系统建模早期，关联识别的依据主要是系统要素隶属关系、功能关系、过程次序关系、系统行为逻辑关系。除此之外，潜在的关联关系在建模早期往往不被重视或难以察觉，还需通过特定方法进行推理、挖掘和辨识。

3. 多分辨率协调机制

多分辨率协调机制主要包括模型分辨率转换、多分辨率模型交互、数据一致性保证等。在多分辨率建模的界定中已经提到，该方法需要在不同系统层次建立并运行不同的分辨率模型。因此，多分辨率建模的难点是需要设计特定的多分辨率协调机制，在系统总体模型内妥善处理不同分辨率模型之间的转换和交互影响。对于多分辨率协调机制，本书主要设计下列三种类型，并在后续章节中加以运用。这三种类型没有优劣的绝对区分，主要根据研究对象和问题的不同，结合应用背景和运用条件具体选择。

1) 关联构建与独立运行

在不同系统层次分别构建不同分辨率的模型，且分别独立运行。虽然不同分辨率模型独立运行，但模型之间并不是孤立的。首先建立某一分辨率层次的系统模型，然后在此模型基础上关联构建另一分辨率层次的系统模型。由低分辨率建模开始，通过模型解聚，将其扩展到与其关联的高分辨率模型。这种方式不是简单地独立运行不同分辨率的模型，高分辨率模型需以低分辨率模型为基础，低分辨率模型通过特定映射扩展为高分辨率模型，从而确保不同模型的系统要素及关联关系严格对应，避免产生不同分辨率条件下系统结构、过程及其关联关系不一致的情况。该特定映射须妥善处理关联推理及分辨率转换的问题。

建立具有关联的不同分辨率模型后，分别独立运行这些模型，并比较不同分辨率下的分析结果。低分辨率模型描述的系统对象往往较为粗略，涵盖范围较大，因此准确获得低分辨率模型的相关参数往往较为困难。即使已知或设定了这些参数，参数的可信程度仍难以保证，这可能导致数据的不确定和不完整程度过高。但在高分辨率模型中，估计和设定相关参数则相对容易，可信度通常也可以达到较高水平。即使不能获取，也可以通过不同风险等级设定相关参数，从而反向估计系统总体的相关估值。通过比对不同分辨率模型的结果，调整其对应的相关参数，并重复迭代这一过程，使不同分辨率模型的结果趋同，从而提升低可信度模型(通常是低分辨率模型)的结果可信度。例如，在设计阶段，模型分辨率的提升需要对系统细节情况做出预设。当系统细节的详细程度得到提高的同时，也将面临所得分析结果的可信性问题。需要对不同分辨率下的分析结果进行对比研究，评估不同分辨率结果的可信度。

本协调机制适用于能够获得问题的低分辨率模型和高分辨率模型，但模型参数(特别是低分辨率模型)不完整、不确定程度较高时需要做探索性分析的情况。

通过对比不同分辨率模型的计算结果，多次迭代修正后，获得估值的可接受水平或期望值。此类多分辨率协调机制如图 2.4 所示。

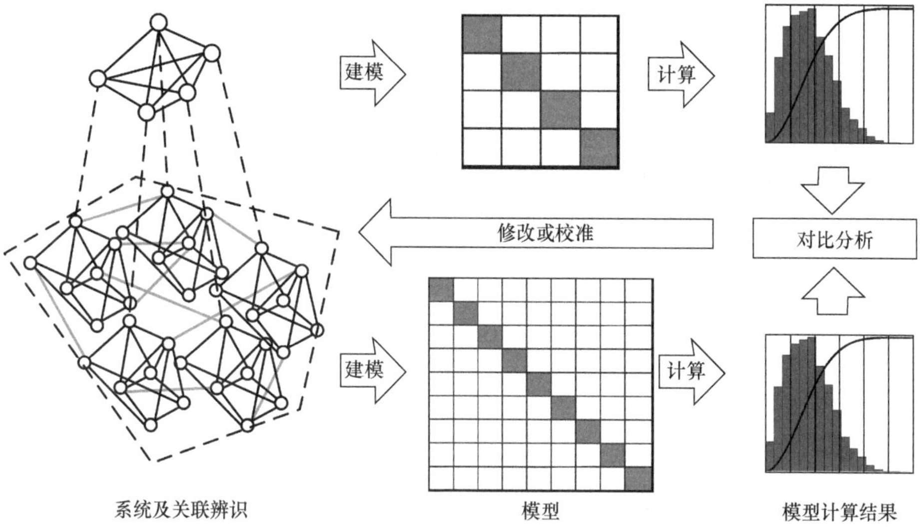

图 2.4　关联构建与独立运行的多分辨率协调机制

2) 混合构建与交替运行

混合构建多分辨率模型与关联构建多分辨率模型较为相似，均以低分辨率模型为基础和出发点。随后，混合构建多分辨率模型针对系统的目标对象或已明确的系统局部，通过关联推理及分辨率转换方法(详见 2.3 节中具体论述)，对低分辨率模型的局部进行模型解聚，从而使高分辨率模型嵌入原有的低分辨率模型中。这一过程的难点是需要明确不同分辨率模型中系统要素的匹配和关联关系，并较好地估计或设定不同分辨率模型中关联要素之间相互作用的模型参数。

构建兼具不同分辨率的混合模型，模型在不同系统层次交替运行，涉及系统行为、状态、参数的随机事件根据其发生的系统层次，交替触发随机事件，影响对应的不同分辨率模型。本协调机制适用于能够具备系统总体级别的低分辨率模型及系统局部的高分辨率模型的情况。具体分为两种：一种是低分辨率模型的计算精度和可信度有限，但又尚未获得全系统的高分辨率模型；另一种是需要在已有的低分辨率模型上，仅对关注的系统局部建立高分辨率模型。上述情况均需要构建一种混合不同分辨率的系统模型，并使不同分辨率模型能够根据随机事件交替触发、同步运行。例如，在设计阶段，技术风险较低的局部系统采用低分辨率模型描述设计流程，不会产生显著的预计偏差，但对高技术风险的关键部分则应采用高分辨率模型，这样才可能获得不被放大也不被忽视的预估值。将高分辨率模型有机地嵌入低分辨率模型中，构建混合的多分辨率模型便可兼顾不同分辨率模型的优势。此类多分辨率协调机制如图 2.5 所示。

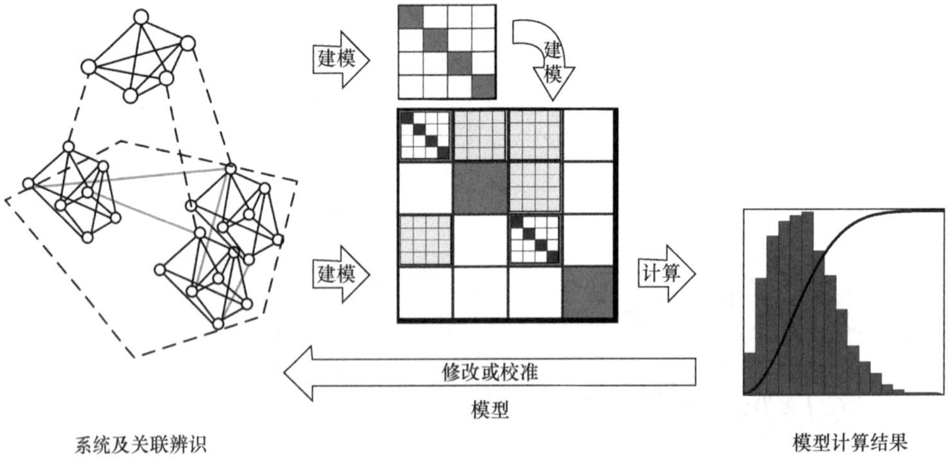

图 2.5　混合构建与交替运行的多分辨率协调机制

3) 并行构建与融合运行

在不同系统层次同时构建不同分辨率的模型，即描述同一系统结构或过程的低分辨率模型和高分辨率模型同时存在。系统演化是逐步由低分辨率向高分辨率的发展过程，系统总体的低分辨率模型与系统局部的高分辨率模型相结合，是系统演化初期和中间阶段系统描述分辨率能达到的常态。因此，这里的高分辨率模型不要求必须是涵盖系统全体细节的高分辨率模型，可以是系统局部的高分辨率模型，而且后者在实际应用中更为常见。

对于模型的求解计算，特别是在基于仿真方法的计算过程中，不同分辨率模型在不同的描述层次上并行执行。由于系统内部和外部的随机事件或规则的作用范围需要针对特定的系统层次和模型分辨率，仅作用于某一系统层次及其对应的分辨率模型，可能破坏与其他系统层次和关联分辨率模型的数据一致性。因此，需要不同分辨率模型之间存在相互作用的触发机制，一方面需要实现模型间相互触发的响应方式，另一方面需要在数据转换方面确保数据的一致性，实现不同分辨率模型在不同系统层次的融合运行。并行构建多分辨率模型同样涉及关联推理及分辨率转换的问题。

与第二种协调机制相似，本协调机制适用于能够获得系统总体级别的低分辨率模型及系统局部的高分辨率模型的情况。略有不同的是，前者只需要研究重点关注的局部系统的高分辨率模型，后者也适用于具备所有局部系统的高分辨率模型(即完整的全系统高分辨率模型)。与第二种协调机制之间最主要的区别在于，在并行构建、融合运行的机制下，不同分辨率模型驱动产生的系统随机事件之间可能存在不一致的情况。换言之，不同分辨率模型的影响尺度不完全匹配，需要通过特定方法确保一致性，这也是本协调机制的难点所在。例如，在系统可靠性预计问题中，不同系统层次的可靠性参数不同，依照不同参数随机生成的随机事件在时域尺度上不完全一致，采用仿真方法统计特定随机事件则需要在不同分辨率之间进行折算和修正。此类多分辨率协调机制如图 2.6 所示。

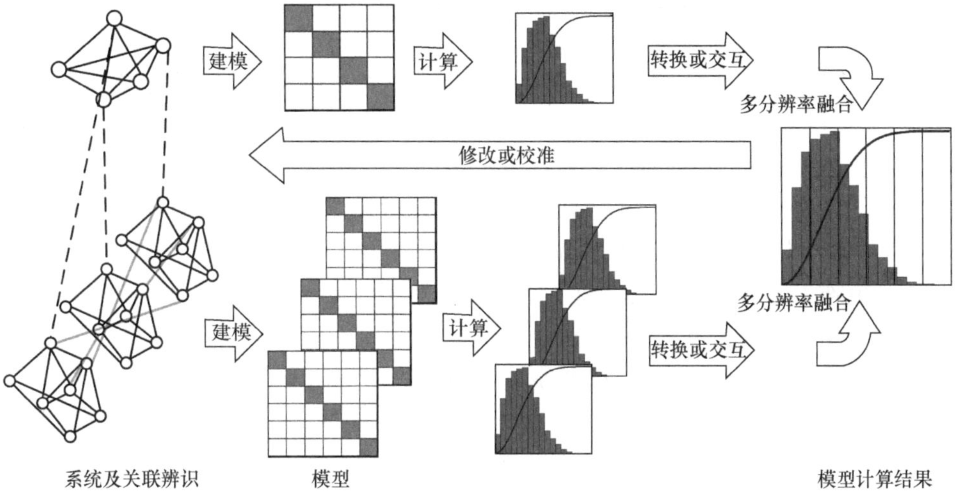

图 2.6　并行构建与融合运行的多分辨率协调机制

针对以上三种协调机制，做以下补充：

(1) 选择多分辨率模型及其协调机制通常以具体问题为导向，根据问题的实际条件和研究侧重点而选择合适的形式。重要的是，不同分辨率模型之间应有清晰准确的接口和数据一致性保证机制，确保信息在不同分辨率模型之间正确传递、交换和匹配。

(2) 在多分辨率建模中，模型的形式不是固化的、一成不变的，多模型也不是必需的，可以是单独的集成化模型(图 2.5 中模型)，也可以是结构合理的一组关联模型(图 2.6 中模型)。

2.3　基于设计结构矩阵的多分辨率建模

2.3.1　基于设计结构矩阵的系统建模

1. 设计结构矩阵

描述和分析复杂系统的工具种类多样，基于矩阵、图论的方法在系统(产品)设计的信息获取、描述和分析等研究及应用中占有重要地位。借鉴多尺度建模及仿真领域多分辨率建模的思想理念，采用以 DSM 及其衍生矩阵为基础的建模和分析方法作为多分辨率建模的主要实现技术，实现多视角、多学科、多领域的分解和集成，集中而清晰地描述复杂关联关系，通过模型拓展和粒度细化实现模型的多分辨率，为复杂系统相关评估和优化提供建模支持。

DSM 理论是将系统内外各种实体、对象、信息、过程的关联关系通过矩阵形式进行描述，并能对这些矩阵做进一步分析处理的建模方法。DSM 是一个 $n \times n$ 的方阵。每行和每列对应系统的某个元素，该元素可以表示系统内外各种实体、对象、信息、过程等任何一种需要描述的对象。矩阵中每个元素表示它所在行和列对应系统单元之间的关联关系。因此，DSM 有时也称为关联结构矩阵(dependency structure matrix)。DSM 通过在矩阵中嵌入系统内外元素及其相互关系，给出了一个矩阵化的系统架构，从而实现对系统结构、功能和行为的描述。

与其他网络建模方法相比，DSM 的一个突出优势在于矩阵形式的图形化表达。该矩阵为系统体系结构提供了一种高度紧凑、便于扩展、直观易读的表达形式。图 2.7(a)显示了包含 7 个系统元素的简单 DSM 模型，图 2.7(b)为该矩阵的等效有向图表示。标有“X”的元素表示所在列对应的系统单元对所在行对应的系统单元存在某种关联影响，或者反过来表述，所在行对应的系统单元受到来自所在列对应系统单元的影响。其中，系统单元可以是某个系统、子系统、设备或部件等任何一种系统的组成部分。以上述方式描述单元影响关系，在 DSM 中简写为 IR/FAD(inputs in rows/feedback above diagonal)形式。与其对称的描述方式简写为 IC/FBD(inputs in columns/ feedback below diagonal)形式。两种方式等价，并无实质区别，本书默认采用前者。

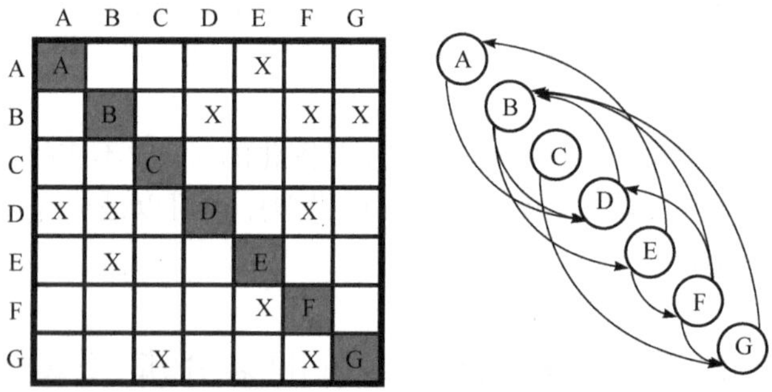

(a) 基于矩阵的一般形式　　(b) 基于图论的网络形式

图 2.7　DSM 的一般形式和网络形式

DSM 还能简便地表达行或列对应的任务、活动或流程之间存在的序关系。根据上述 IR/FAD 形式对应的“X”含义，对角线以下的“X”表示顺序的、前馈的影响，对角线以上的“X”表示逆序的、反馈的影响，矩阵对角线单元通常略去不计。“X”可以是 0 或 1，也可以是能描述不同影响程度的实数值，还可以是包含多属性取值的数值向量。

在复杂系统建模中特别重要的两类关系是层次关系(垂直)和横向关系(水平)。层次关系源于系统分解。对于大型或复杂的系统，分解可能会重复进行多个级别。横向关系源自元素之间的交互，如同一级别上的物料或信息传递。层次关系通常使用分解结构图建模，如采用工作分解结构(work breakdown structure，WBS)的树形图描述系统层次和系统组成，如图 2.8(a)所示。WBS 表达方式突出的是垂直的系统层次化描述，不能体现层次结构内部及层次之间的关联。DSM 主要用于表示特定分解级别上元素之间的横向关系，但它也可以显示元素在层次结构中的位置，如图 2.8(b)和(c)所示。因此，在系统描述功能上，DSM 完全可以代替 WBS。图 2.8(c)中的 DSM 显示了层次结构较低级别中元素之间的横向关系；图 2.8(b)中的 DSM 仅显示了层次结构中较高级别元素之间存在的关系，很多高分辨率的关联细节被省略。同时还应注意到，DSM 如同一个可以调节系统结构分辨率的矩阵容器，图 2.8(b)和(c)之间存在一定的转换关系。这种分辨率的转换将在本章的后续部分加以探讨。

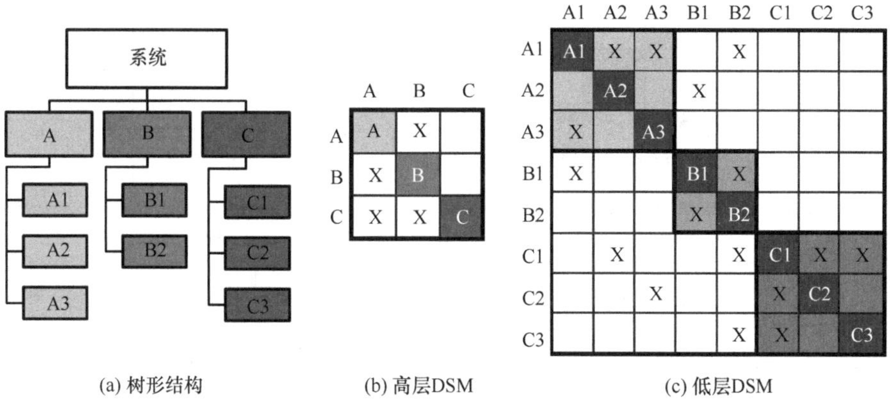

图 2.8 系统 WBS 与处于不同系统层次的 DSM

2. 基于设计结构矩阵的矩阵变换与计算

前面提到 DSM 的相关分析包括排序(sequencing)、聚类(clustering)、划分(partition)、撕裂(tearing)、绑定(banding)、特征值分析等。通过这些算法，可以优化设计过程中的任务次序和划分，减弱设计任务间的耦合依赖、信息传递依赖，从而降低设计过程、设计部门或系统组成之间关联的复杂程度。

(1) 排序：该方法是按行(列)对 DSM 的元素重新排序，将其变换为下三角矩阵，从而尽量减少矩阵模型中的信息反馈，如图 2.9(a)所示。

(2) 聚类：该方法是将矩阵中联系紧密的行(列)元素归入对角线上的若干方

阵，从而使聚类内部元素的关联强度更高(关联强度与符号“X”的数量或者“X”对应数值之和有关)，而聚类之间的关联强度较低，如图 2.9(b)所示。

(3) 划分：该方法是结合排序方法和聚类方法，通过改变元素顺序，不但减少对角线以上的反馈关联，而且使关联尽量向对角线靠拢，形成若干沿对角线排列的矩阵分块。

(4) 撕裂：该方法是将多项任务中包含的反馈迭代最小化并对其解耦，从而降低信息反馈量，如图 2.9(c)所示，去掉圆圈中的关联。

(5) 绑定：该方法是在不考虑反馈的情况下，根据相邻元素信息关联情况，将其固定在对应的相邻矩阵行(列)，从而识别并行关系和瓶颈元素，如图 2.9(d)所示，由于圆圈中的两项关联，将任务 2、任务 3 绑定。

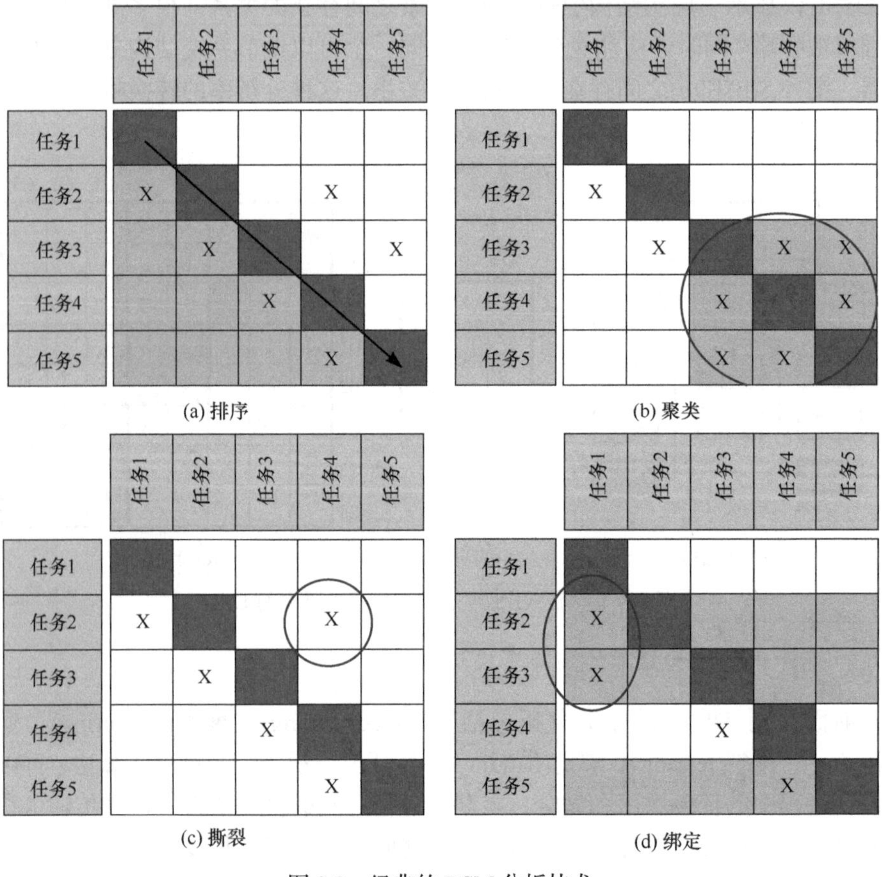

图 2.9 经典的 DSM 分析技术

(6) 特征值分析：在特征值分析中，由于矩阵的特征值和特征向量反映了元素及其关联在空间中的差异化程度及其分布特征，通过计算 DSM 对应数值矩阵的特征值和特征向量，可以得到元素在系统中重要程度的一种度量。

相关的具体算法详见文献[1]。另外，特征值分析将在第 5 章的网络模型中加以研究。上述方法可以通过启发式算法进行手动排序和计算，目前已通过软件工具实现自动化计算[2-5]。

3. 结构设计矩阵的衍生矩阵

最初，DSM 通常在同一系统、领域或视域之内考察元素及其关联。随着 DSM 的需求和应用的不断扩展，研究者希望寻求一种表示不同领域中元素之间关联的方法。除了系统结构、过程内在的关联关系，结构与过程之间也存在特定的关联。识别这些跨领域、跨视域的关联，需要对系统结构与过程模型进行集成，从而产生了 DSM 的衍生矩阵。

DSM 的衍生矩阵主要包括域映射矩阵(domain mapping matrix，DMM)、多域矩阵(multiple domain matrix，MDM)。这些衍生矩阵可将系统分析涉及的不同领域要素联系起来，进行综合描述。例如，Browning 研究了产品组件 DSM、组织单元 DSM、流程活动 DSM 三者之间的映射[6]。Maurer 提出的 MDM 模型[7]，可基于 DSM 模型扩展到两个域或多个域。此外，DSM 框架之外的很多应用程序都利用各种类型的矩形矩阵来实现跨域映射。例如，质量功能部署(quality function deployment，QFD)能将客户需求以矩阵形式映射到产品规格[8]；Axiomatic 设计能将产品需求映射到组件[9]；责任分配矩阵(responsibility assignment matrix，RAM)能将活动映射到人员[10]等。相关研究甚至通过 DSM 的衍生矩阵引入元素对关联的影响[11](区别于 DSM 仅描述元素与元素之间的影响)、元素之间以某种逻辑关系对其他元素施加影响等[12]。这些方法的基本共同点是需要对不同类型、不同系统元素之间的各种关联关系进行建模。

1) DMM——实现不同域之间的关联映射

域是相对的、可人为规定的论域、范围或观察视角。例如，系统结构域、系统功能域、任务过程域等。每个单独的域都可用 DSM 建模，DSM 可以描述元素之间的内部关联(根据需要还可以描述对元素构成影响的外部关联)，但不能描述其与其他域中元素的关联。DMM 是两个不同域之间的矩形($n \times m$)矩阵映射，对不同域中 DSM 包含的元素建立关联，如图 2.10 中的各 DMM。与 DSM 相似，DMM 可以由 0 或 1 表示，仅表示是否存在直接关联关系，也可以是数值、多属性向量或其他符号，用以表示跨域关系的存在性、强度或类型。

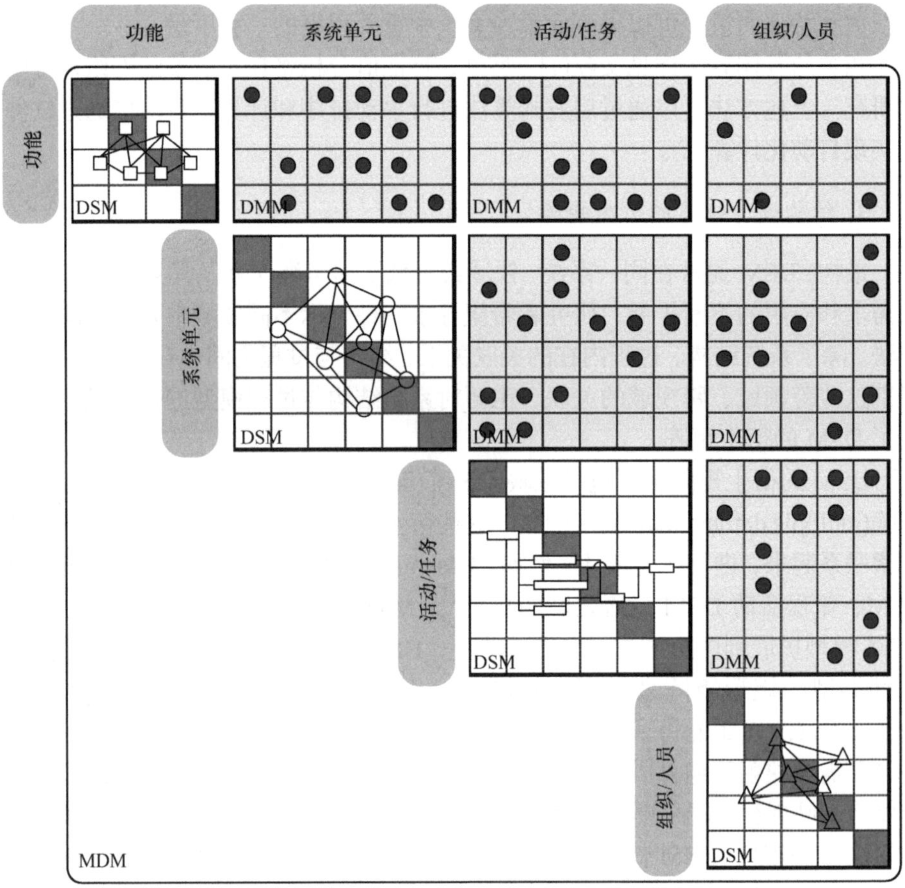

图 2.10 复杂系统建模的 MDM

2) MDM——实现在多域之间的建模集成

DSM 和 DMM 可以结合使用，以分析一个系统域对另一个系统域的影响，或从一个系统推断另一个系统中元素和关联关系的存在。将若干这样的 DSM 和 DMM 组合起来，形成一个更大的包含矩阵的矩阵，如图 2.10 所示。MDM 为跨域、跨系统地推理和挖掘元素关联创造了条件。MDM 与 DSM 均为方阵，MDM 可以借用 DSM 的分析和计算方法。元素可能是跨系统、跨域的，可能同时具有静态和动态元素，因此不适合采用 DSM 的排序、划分、聚类等方法对 MDM 的整体矩阵进行处理和计算，但在 MDM 局部范围内采用排序、划分、聚类等方法，仍然是可行的。

4. 设计结构矩阵及其衍生矩阵的建模优势

采用 DSM 作为多分辨率建模的工具具有(但不仅限于)以下优势。

1) 便于描述系统结构、过程及关联关系

对于系统结构，通过 DSM 可描述系统构成之间多种属性的关联关系，用以反映系统构成之间的空间、物料、信息、能量等类型的多种联系。

对于系统过程，通过 DSM 可描述多种关联影响的序关系，由这些基本的序关系组成复杂的系统过程。通常有序贯(依赖)型、并行(独立)型、耦合(互相依赖)型。以图 2.7 给出的 DSM 为例，A 和 D 属于序贯(依赖)型关系，D 和 E 属于并行(独立)型关系，B 和 D 属于耦合(互相依赖)型关系，如图 2.11 所示。

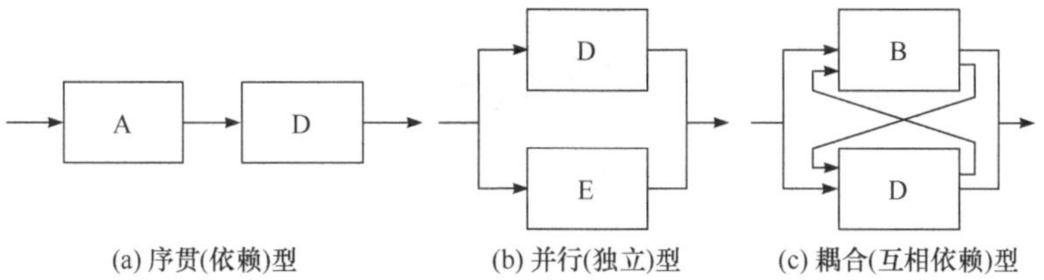

图 2.11　关联影响的序关系类型

2) 便于调控模型分辨率

如何调控模型分辨率需要在下列两个方面之间做出权衡：是分解成更细小元素以增强模型的精细程度，还是通过控制模型的粒度以简化建模、便于理解和计算。建模通常会从较小的系统描述规模开始，在此基础上沿着 WBS 等系统结构、过程的层次性关系，添加和细化关注的模型细节。这些细节应有助于观察和评估系统状态和行为、支持特定的决策环节等，同时也应考虑是否具备这些模型细节的信息和计算条件。

DSM 及其衍生矩阵提供了描述对象构成元素及其关联的矩阵化图谱，模型分辨率如同图谱中的矩阵粒度。当需要模型分辨率时，每个对角线元素都可以根据研究需要作进一步分解，由一个分辨率更高的 DSM 代替，如图 2.12 所示，从而能够不断细化、扩充研究对象，实现模型分辨率的调控。同时，该单元所在行和列也需要相应分解成多行和多列，扩展后需要明确的关联关系也应由更高分辨率产生的系统元素加以详细确定，具体方法将在 2.3.2 节内容中详细讨论。

3) 便于简洁地描述系统的层次性和复杂性

DSM 中元素和关联关系的结构化排列提供了紧凑的表达。与许多其他网络建模方法相比，DSM 及其衍生矩阵可以在相对较小的空间中，完整、准确地表示一个复杂系统。特别是在计算机计算和存储时，矩阵通常较为便捷。只要正确地构建系统的 DSM 模型，就能够快速理解复杂系统的基本结构、过程和行为。系统的层次结构和复杂性能够得到更为合理的展现和表达，并作为进一步分析的基础。

4) 便于多学科跨领域表达

不同学科领域、任务类型、工作阶段可能涉及不同的划分和组成，通过在 DSM

基础上扩展出的 DMM、MDM 等衍生矩阵，可将多学科、跨领域的工作任务与系统构成建立联系，将系统涉及的不同学科领域要素联系起来，通过矩阵形式进行整体描述。

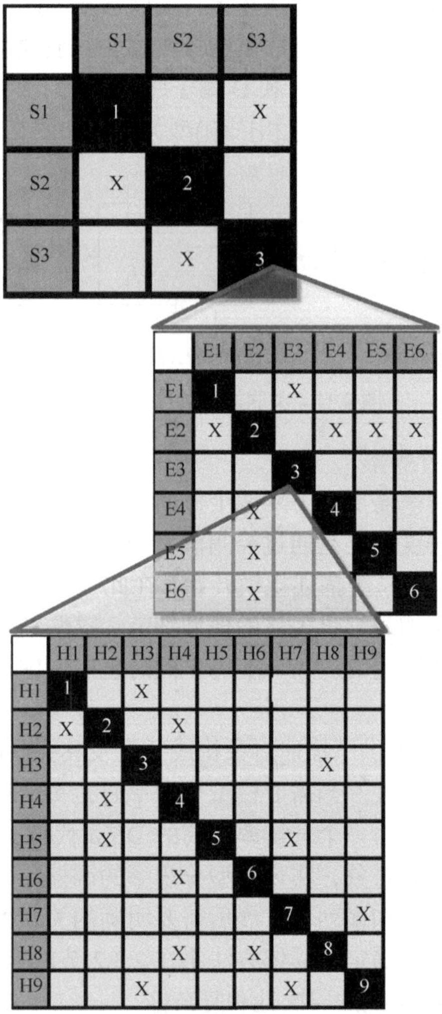

图 2.12　基于 DSM 的分辨率扩展

5) 便于使用成熟、丰富的分析方法

图论、矩阵数学及专门的 DSM 分析方法，为研究和揭示关于 DSM 描述对象蕴含的价值信息提供了方便之门。通过排列、聚类、划分、撕裂、绑定、特征值分析等相关算法，可以优化系统结构、过程涉及的分组、排序，减弱元素间的耦合依赖、信息传递依赖，降低系统元素之间关联的复杂程度，展现间接关联、变更传播、过程迭代、模块化及其他重要的模式和影响。

2.3.2 基于设计结构矩阵的关联推理

1. 结构建模

为了便于直观描述，这里以某型舰船为例进行说明。该舰船由 10 项分系统组成，每个分系统对应 DSM 的行和列。图 2.13 中标有“1”的矩阵元素表示所在列对应分系统对所在行对应分系统施加特定的关联影响，其他空缺的矩阵元素(包括对角线元素)均为 0。DSM 元素除了 0 或 1 的二值表示，还可以是描述不同影响程度的实数值，本书中均采用二值表示。具体而言，存在关联关系的分系统之间可能具有多种属性的关联，主要包括：表示物理空间或排列关系的空间联系；表示能量交流或传递的能量联系；表示数据信号交流或传递的信息联系；表示物资物料交流或传输的物料联系等。这里省略了分系统之间多属性关联的详细分析，系统 DSM 示例如图 2.13 所示。

	S01	S02	S03	S04	S05	S06	S07	S08	S09	S10
S01										
S02	1			1						
S03		1						1		
S04					1				1	
S05	1		1			1				
S06	1			1				1		
S07				1	1				1	1
S08					1	1	1			1
S09							1			1
S10			1				1			

图 2.13　系统 DSM 示例

2. 过程建模

DSM 除了可以表示系统静态的结构性关系，还可以描述系统过程的动态模型。装备系统从概念、需求出发，划分为方案设计、技术设计、施工设计等若干阶段。以上述某型舰船为例，在设计各阶段中，方案设计阶段周期相对较短，却是舰船总体设计的关键阶段，对后续的技术设计和施工设计具有重要影响。采用 DSM 模型，舰船方案设计各项任务及其关联关系如图 2.14 所示。

3. 集成建模与关联推理

除了系统结构和过程内在的关联，结构与过程之间也存在特定关联。识别这些跨视域的关联，需要对系统结构与过程模型进行集成。DSM 的衍生矩阵包括

DMM、MDM，可将系统涉及的不同领域要素联系起来进行整体描述[1]。建模的集成可通过上述衍生矩阵获得。DMM 的行与列对应不同视域中的系统对象。与 DSM 相似，DMM 的矩阵元素表示所在列对应对象对所在行对应对象施加影响。

	101	102	201	202	301	302	303	401	402	403	501	502	503	504	505	601	602	701	702	703	704	705	706
101 分析研制任务书																							
102 母型舰选取	1																						
201 平台系统布置规划	1	1		1																			
202 载荷系统布置规划	1	1	1																				
301 排水量分析计算	1	1	1	1		1	1				1												
302 主尺度分析计算	1	1	1	1	1		1				1	1	1	1									
303 船型系数分析计算		1				1		1			1												
401 中部型线设计	1		1		1	1			1	1	1	1			1	1							
402 首部型线设计	1			1		1	1	1			1		1		1	1							
403 尾部型线设计	1		1	1		1	1	1			1		1	1	1	1							
501 航行性能分析					1	1	1	1	1	1		1				1							
502 排水量分析					1	1	1	1			1				1	1							
503 重量重心分析						1	1				1	1		1		1		1	1	1			
504 完整稳性分析						1					1	1	1			1			1	1			
505 结构强度分析												1	1						1	1			
601 型线方案优化						1	1	1	1	1							1						
602 裕量设计					1	1	1				1	1		1	1	1							
701 功能区域划分	1	1	1	1		1										1			1	1			
702 重要舱室布置	1	1	1	1		1							1	1	1			1		1			1
703 舰面设施布置	1	1	1	1									1	1	1			1	1				1
704 制作总布置图																		1	1	1			
705 主要横剖面结构设计						1	1								1	1	1		1	1	1		1
706 总体建筑造型设计	1	1	1	1		1	1						1	1	1				1	1	1	1	

图 2.14　过程 DSM 示例

仍以上述某型舰船设计为例，系统组成、各项任务分别对应 DMM 的行和列，如图 2.15 所示。DMM 标记为“1”的矩阵元素表示相应任务负责相应分系统的全部或部分设计工作。分系统可能由多项任务共同完成，某项任务也可能对多个分系统的设计工作均有贡献。

	T101	T102	T201	T202	T301	T302	T303	T401	T402	T403	T501	T502	T503	T504	T505	T601	T602	T701	T702	T703	T704	T705	T706
S01					1	1						1	1	1		1							
S02						1	1	1			1				1		1					1	
S03					1	1		1	1			1		1	1							1	
S04					1	1	1	1		1		1								1			1
S05											1								1	1			1
S06								1								1			1				
S07													1		1			1				1	
S08					1													1	1		1	1	1
S09													1					1		1			1
S10													1			1			1	1	1		1

图 2.15　DMM 示例

将不同视域的多个 DSM 与 DMM 组合起来，可以得到 MDM，如图 2.16 所示。DSM 和 DMM 是 MDM 的分块矩阵，其中 DSM_S 和 DSM_P 分别表示系统结构 DSM 和过程 DSM，且根据 IR/FAD 规则，DMM_{SP} 描述系统过程受系统结构影响的关联关系，DMM_{PS} 描述系统结构受系统过程影响的关联关系。

对于复杂装备系统，系统结构内各项元素之间的关联关系往往并不是一次就可以辨识清楚的，随着系统全寿命周期的推进，系统结构分辨率逐步提高，潜在的关联关系才有可能加以明确。系统过程内各项任务也存在相似的情况。有时这种辨识过程在各自论域中(如系统域、过程域)不易察觉，需要通过跨论域的关联推理加以辨识。例如，在复杂系统研制设计中，任务(过程)的产出是相应分系统的完整或局部设计成果。通过不同任务所涉及的分系统之间的关联关系，可以推导这些任务存在特定关联。这种关联主要有 6 种类型，如图 2.17 所示。

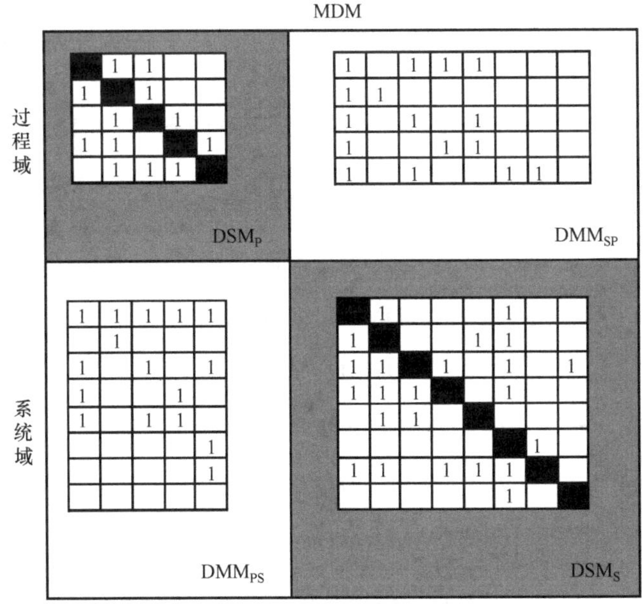

图 2.16　系统结构建模与过程建模集成的 MDM

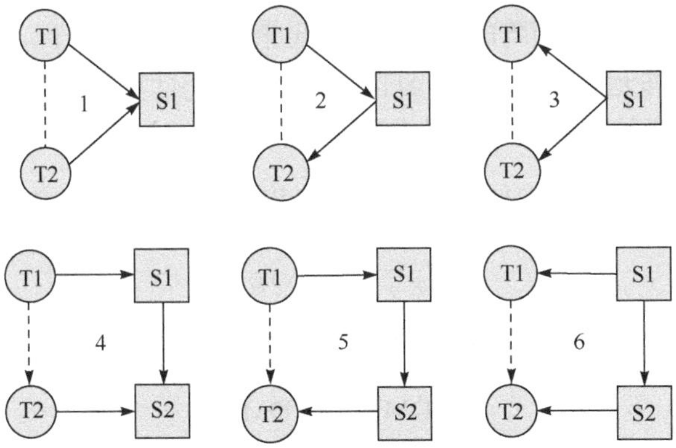

图 2.17　系统元素的关联类型

(1) 类型 1：当任务 T1 和 T2 均对分系统 S1 的设计构成影响时，T1 和 T2 存在关联。

(2) 类型 2：当任务 T1、分系统 S1 及任务 T2 构成序贯影响时，T1 和 T2 存在关联。

(3) 类型 3：当分系统 S1 的设计对任务 T1 和 T2 构成影响时，T1 和 T2 存在关联。

(4) 类型 4：当任务 T1 和 T2 分别对分系统 S1 和 S2 的设计构成影响时，且 S1 对 S2 存在关联影响时，T1 和 T2 存在单向关联。

(5) 类型 5：当任务 T1、分系统 S1、S2 及任务 T2 构成序贯影响时， T1 和 T2 存在单向关联。

(6) 类型 6：当分系统 S1 和 S2 的设计分别对任务 T1 和 T2 构成影响，且 S1 对 S2 存在关联影响时，T1 和 T2 存在单向关联。

根据矩阵运算规则，上述关联推理过程的表达式为

$$P_1 = \mathrm{DMM}'_{\mathrm{PS}} \otimes \mathrm{DMM}_{\mathrm{PS}} \tag{2.1}$$

$$P_2 = \mathrm{DMM}_{\mathrm{SP}} \otimes \mathrm{DMM}_{\mathrm{PS}} \tag{2.2}$$

$$P_3 = \mathrm{DMM}_{\mathrm{SP}} \otimes \mathrm{DMM}'_{\mathrm{SP}} \tag{2.3}$$

$$P_4 = \mathrm{DMM}'_{\mathrm{PS}} \otimes \mathrm{DSM}_{\mathrm{S}} \otimes \mathrm{DMM}_{\mathrm{PS}} \tag{2.4}$$

$$P_5 = \mathrm{DMM}_{\mathrm{SP}} \otimes \mathrm{DSM}_{\mathrm{S}} \otimes \mathrm{DMM}_{\mathrm{PS}} \tag{2.5}$$

$$P_6 = \mathrm{DMM}_{\mathrm{SP}} \otimes \mathrm{DSM}_{\mathrm{S}} \otimes \mathrm{DMM}'_{\mathrm{SP}} \tag{2.6}$$

$$P = P_1 \oplus P_2 \oplus P_3 \oplus P_4 \oplus P_5 \oplus P_6 \tag{2.7}$$

式中，P_i 为关联结构类型 i 推理获得的过程关联关系矩阵；P 为总的关联关系矩阵；“$\oplus$”“$\otimes$”分别表示矩阵的逻辑和、逻辑乘运算。具体而言，当 $Z = X \oplus Y$ 时，按式(2.8)计算矩阵元素；当 $Z = X \otimes Y$ 时，按式(2.9)计算矩阵元素。“$\wedge$”“$\vee$”分别表示 0-1 矩阵元素的逻辑与、逻辑或运算。

$$z_{ij} = x_{ij} \vee y_{ij} \tag{2.8}$$

$$z_{ij} = \underset{k}{\vee}\left(x_{ik} \wedge y_{kj}\right) \tag{2.9}$$

与此类似，需要挖掘系统域中的潜在关联时，采用以下关联推理表达式：

$$S_1 = \mathrm{DMM}'_{\mathrm{SP}} \otimes \mathrm{DMM}_{\mathrm{SP}} \tag{2.10}$$

$$S_2 = \mathrm{DMM}_{\mathrm{PS}} \otimes \mathrm{DMM}_{\mathrm{SP}} \tag{2.11}$$

$$S_3 = \mathrm{DMM}_{\mathrm{PS}} \otimes \mathrm{DMM}'_{\mathrm{PS}} \tag{2.12}$$

$$S_4 = \mathrm{DMM}'_{\mathrm{SP}} \otimes \mathrm{DSM}_{\mathrm{P}} \otimes \mathrm{DMM}_{\mathrm{SP}} \tag{2.13}$$

$$S_5 = \mathrm{DMM}_{\mathrm{PS}} \otimes \mathrm{DSM}_{\mathrm{P}} \otimes \mathrm{DMM}_{\mathrm{SP}} \tag{2.14}$$

$$S_6 = \mathrm{DMM}_{\mathrm{PS}} \otimes \mathrm{DSM}_{\mathrm{P}} \otimes \mathrm{DMM}'_{\mathrm{PS}} \tag{2.15}$$

$$S = S_1 \oplus S_2 \oplus S_3 \oplus S_4 \oplus S_5 \oplus S_6 \tag{2.16}$$

式中，S_i 为关联结构类型 i 推理获得的系统结构关联关系矩阵；S 为总的关联关系矩阵。

若存在 $\mathrm{DMM}_{\mathrm{PS}}=\mathrm{DMM}'_{\mathrm{SP}}$、$\mathrm{DMM}_{\mathrm{SP}}=\mathrm{DMM}'_{\mathrm{PS}}$，则式(2.1)～式(2.3)、式(2.4)～式(2.6)、式(2.10)～式(2.12)、式(2.13)～式(2.15)分别等价。这表明在此情况下，类型 1、2、3 等价，类型 4、5、6 等价。不过在多数实际情况中，$\mathrm{DMM}_{\mathrm{PS}}=\mathrm{DMM}'_{\mathrm{SP}}$ 通常不成立，即结构对过程的影响与过程对结构的影响并不对称。

关联推理获得的关联关系在复杂系统研制中有其实际含义。例如，对于关联类型 1，任务 T2 的变更会导致与其共同设计 S1 的任务 T1 可能做出相应的变更和调整；对于关联类型 4，任务 T1 发生变更会影响 S1 的设计，受 S1 影响的 S2 可能需要做出相应的变更，进而系统集成的传递影响可能导致任务 T2 也需要做出相应的变更和调整。原有的过程 DSM 虽然给出了任务之间的关联关系，但主要是从工作流程、工序的角度加以识别的。上述推理为识别和挖掘系统结构与系统过程中的潜在关联提供了更为丰富的信息。

2.3.3　基于设计结构矩阵的分辨率转换

复杂系统的发展和演化通常是多学科交叉的，具有高迭代性。不同系统结构和过程之间的复杂关联和耦合，涉及工程实践过程中的物理关联、流程关联及接口关联等。模型分辨率的高低反映了系统描述粒度的详细程度。在系统结构或过程的不同层次级别，模型可以以不同的模型分辨率分解成不同的系统粒度。

分解详细程度的权衡依据主要取决于系统演化的不同阶段、分析需要达到的精度和可信度、分析的可行性、经济性等因素。一方面，分辨率的提升有助于系统模型更好地描述系统行为、获得更为准确的估值和预计，这需要将粗粒度的系统模型分解为分辨率更高的精细粒度模型。另一方面，在考虑信息完整性、建模时间、费用及计算代价等制约因素的情况下，可能需要将高分辨率模型细节做一定程度的归并。需要指出的是，前者是分辨率转换的重点，后者虽有可能带来信息和细节方面的损失，但也具有化简冗余细节、降低系统耦合程度等方面的优点。而且在某些情况下，为匹配系统高层次模型的输入时，在不显著降低模型精度的条件下，仍可有条件地运用。

1. 提升系统分辨率的转换方法

以复杂装备系统设计为例，随着设计阶段的推进，总体设计要求通过若干关键性能参数贯穿整个设计过程，而设计诸元的规模由小到大，精细程度由粗略到详细。为符合系统不断分解细化、设计要素粒度不断提升的分析需要，下面以 DSM 作为实现系统分辨率提升的技术途径，给出提升系统分辨率的转换方法。

DSM 是 n 维方阵。当系统分辨率较低时，逐一根据系统组成之间的关联关系确定 n^2 个矩阵元素，其工作量相对可控。如果系统分辨率大幅提升，确定 n^2 个矩阵元素所需的信息收集和建模工作量将十分庞大和烦琐。但如能合理运用 DSM 元素的稀疏性和矩阵运算，则可大幅降低这一工作量。例如，图 2.14 所示的设计过程，DSM 包含 529 项(23^2)，其中仅有 161 项存在实际关联关系。在较低分辨率 DSM 的基础上，通过矩阵运算可有效降低那些需要明确是否存在关联关系的矩阵元素数量。

如同网格化的图像像素，粗粒度的像素被精细粒度的一组像素代替后，“图像”的清晰程度得以改善。当系统分辨率提升时，DSM 的某一矩阵元素由新的 DSM 替代，如图 2.18 所示。图中，L 表示原有的低分辨率 DSM，L 划分为 9 个区域，L_{bb} 表示需要提升分辨率的系统组成。G_{aa} 表示分辨率提升后的 DSM，G_{ab} 和 G_{ba} 表示高分辨率系统组成与其他系统组成之间的关联矩阵。由于构成规模相对较小，确定 G_{aa} 内部及与外部的关联关系相对易于实现，而且 L 的 9 个区域中 4 个灰色区域均无须变动，这将减少大量不必要的分析工作，使研究重点更为明确。

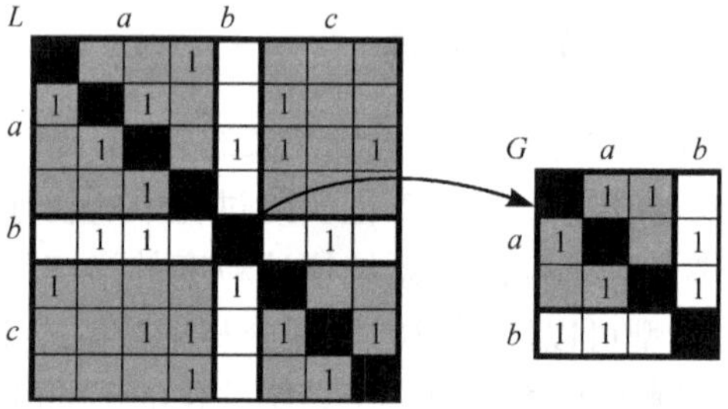

图 2.18 系统分辨率的提升转换

此外，还需要确定 L_{ab}、L_{ba}、L_{bc} 和 L_{cb} 随分辨率提升后如何扩充的问题。将 G_{aa} 代替 L_{bb} 后，待确认的高分辨率 DSM 如图 2.19 所示。图中，H 为系统分辨率提升后的 DSM，H 的 9 个区域分别通过矩阵计算，由式(2.17)～式(2.25)确定。其中，分辨率提升区域为

$$H_{bb} = G_{aa} \tag{2.17}$$

分辨率提升后待确认区域为

$$H_{ab} = L_{ab} \otimes G_{ba} \tag{2.18}$$

$$H_{ba} = G_{ab} \otimes L_{ba} \tag{2.19}$$

$$H_{bc} = G_{ab} \otimes L_{bc} \tag{2.20}$$

$$H_{cb} = L_{cb} \otimes G_{ba} \tag{2.21}$$

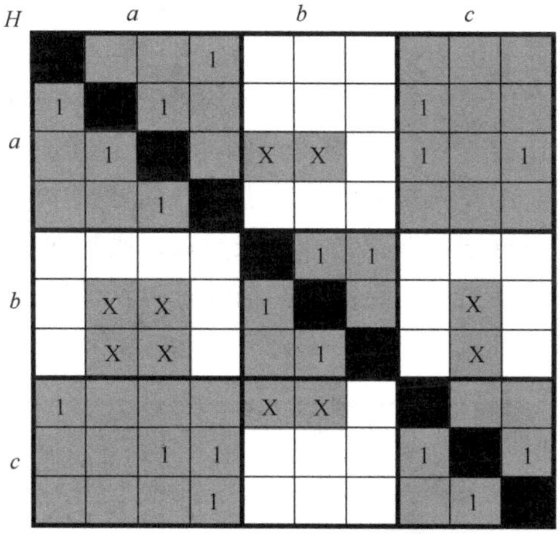

图 2.19　系统分辨率提升后待确认的 DSM

不变区域为

$$H_{aa} = L_{aa} \tag{2.22}$$

$$H_{ac} = L_{ac} \tag{2.23}$$

$$H_{ca} = L_{ca} \tag{2.24}$$

$$H_{cc} = L_{cc} \tag{2.25}$$

图中，“X”表示待确认是否存在关联关系的矩阵元素，而其他矩阵元素则无须考察，从而进一步缩小建模工作的考察范围。通常经由信息收集、专家意见或专业领域相关知识，确定标有“X”的矩阵元素取值，系统分辨率提升后最终确认的 DSM 如图 2.20 所示。

理论上，任务、过程、系统结构或参数可以不断分解为分辨率更高、数量更多的细节或分量，这一过程可使系统描述更为精细化的同时，降低高层级、粗粒度描述的不精确性和不确定性，还可以降低系统耦合程度，在更细小精确的范围内辨识系统的耦合关联。例如，图 2.18 区域 L_{ab} 中的“1”表示两个具有耦合关联的任务。该任务实际上是更细小任务的聚合体，如图 2.19 区域 H_{ab} 中的“X”所示。

采用多分辨率建模中“聚合解聚”的概念，将分辨率提升和下降的过程分别称为分辨率解聚和分辨率聚合。分辨率解聚以后，可以在更低的系统或任务层次估计这些较高分辨率任务的相关参数，比估计高层次、低分辨率的任务相关估值更为精确。在此基础上，进行任务顺序调整等优化和改进，也将更为方便。换而言之，当将某系统结构或过程解聚成多个组成部分，并在该系统分辨率级别上更具体地探讨关联影响时，通常可以在较低的系统级别(较高的分辨率级别)中找到耦合程度更小、更为线性的系统结构或序列。可以剥离出若干线性非耦合关联任务，识别具有耦合关联的高分辨率任务，并获得更为灵活的优化调整，而不是调整一个较低分辨率的任务聚合体(相对高分辨率任务)。这一现象将在第 3 章中结合具体案例加以分析。虽然解聚并不一定能够在高分辨率条件下消除耦合，但是在较小的系统结构或过程中获取或估计相关参数，则相对容易实现，其参数估值的不确定性更低、可信度更高。这就如同估计某分系统的建造时间比估计整艘舰船的建造时间更容易、也更可信。

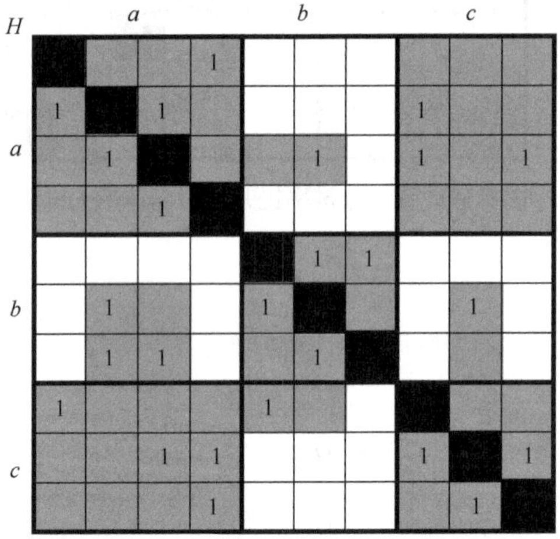

图 2.20　系统分辨率提升后确认的 DSM

2. 降低系统分辨率的转换方法

系统分辨率具有相对性，对高层系统结构或过程加以解聚，便产生了更高分辨率的系统描述和模型。反之，将当前分辨率的系统结构或过程加以聚合，系统描述粒度和模型分辨率则相对降低。正如本节开始指出的，分辨率降低的聚合过程虽会带来信息和细节方面的损失,但在一定条件下也有其优点和存在的必要性。其一，能够简化不影响分析目标的局部细节，有助于对系统结构或过程的理解。该过程是提炼而不是简单地简化。其二，能够减少高分辨率系统结构和过程所需的大量参数，这些高分辨率模型需要的数据信息有时在系统演化初期很难获得。

其三，分辨率降低的聚合过程，通过减少耦合关联，将其合并为单个系统结构或过程，从而降低了系统耦合关联影响。其四，有时系统行为需要通过低分辨率模型加以描述和分析，高分辨率数据不能作为计算尺度相对宏观的低分辨率模型输入,必须将高分辨率模型提供的数据转换为低分辨率模型可以接受的形式和数值。

聚合过程选择的对象往往可侧重于具有较强耦合关系、关联内聚紧密且不确定性较小以及那些必须提供相对宏观计算尺度数据的系统结构或过程。这里仍以 DSM 的描述形式，给出降低系统分辨率的转换方法。降低分辨率的聚合过程需要结合 DSM 的排列、撕裂、绑定、聚类等方法(参见 2.3.1 节)，在此基础上做分辨率提升的反向计算，如图 2.21 所示。具体计算表达式为

$$L_{ab} = H_{ab} \otimes I_{R(H_{ab})} \tag{2.26}$$

$$L_{ba} = I'_{C(H_{ba})} \otimes H_{ba} \tag{2.27}$$

$$L_{cb} = H_{cb} \otimes I_{R(H_{cb})} \tag{2.28}$$

$$L_{bc} = I'_{C(H_{bc})} \otimes H_{bc} \tag{2.29}$$

式中，I 表示元素为 1 的列向量，向量长度由其下标数值决定；$R(\cdot)$和 $C(\cdot)$分别表示矩阵的行数和列数。

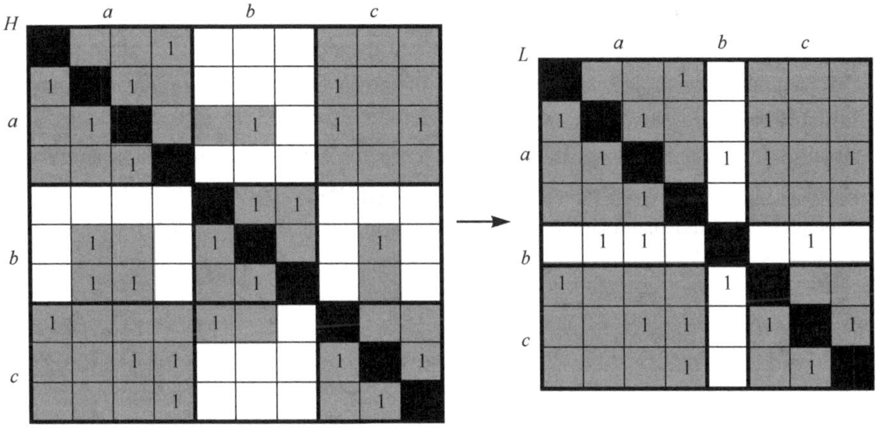

图 2.21　系统分辨率的降低转换

相对于原有模型，降低分辨率可以获得更高层次的系统模型，特别是在减少系统耦合关联方面发挥作用。例如，DSM 描述系统过程时，对角线上方的矩阵元素对应于系统过程中的反馈影响。分辨率降低的聚合过程隐藏了反馈节点，从而减少了 DSM 的耦合关联。这几乎等同于采用“撕裂+合并”或者是“撕裂+聚类”的 DSM 变换。虽然降低分辨率有时可以获得前面论述的优点，但需要谨慎采用这种处理方式。合并后的 DSM 元素分辨率降低，损失了其涵盖的高分辨率元素

之间相互关系的细节。除非对低分辨率 DSM 元素的相关估计较有把握，否则可能降低系统相关估计的可信度。

参 考 文 献

[1] Eppinger S D, Browning T R. Design Structure Matrix Methods and Applications[M]. Commonwealth: MIT Press, 2012.

[2] Mirshekarian S. DSM excel macro version 2.1[EB/OL]. http://www.dsmweb.org/en/dsm-tools/research-tools/excel-macros-for-partitioning.html[2017-7-11].

[3] Engineering Design Center. Cambridge advanced modeler[EB/OL]. https://dsmweb.org/cambridge-advanced-modeller[2017-7-11].

[4] Neto A. Antares DSM[EB/OL]. http://sourceforge.net/projects/antaresdsm[2017-7-11].

[5] Thebeau R. Matlab macro for clustering DSMs[EB/OL]. https://dsmweb.org/matlab-macro-for-clustering-dsms[2017-7-11].

[6] Browning T R. Applying the design structure matrix to system decomposition and integration problems: A review and new directions[J]. IEEE Transactions on Engineering Management, 2001, 48(3): 292-306.

[7] Maurer M S. Structural awareness in complex product design[D]. Munich: Technischen Universitat Miinchen, 2007.

[8] Akao Y. Quality Function Deployment: Integrating Customer Requirements Into Product Design[M]. Cambridge: Productivity Press, 2004.

[9] Suh N P. Axiomatic Design[M]. New York: Oxford University Press, 2001.

[10] PMI. A guide to the project management body of knowledge[R]. Delaware: Project Management Institute, 2008.

[11] Braun S C, Lindemann U. A multilayer approach for early cost estimation of mechatronical products[C]//International Conference on Engineering Design, Paris, 2007: 1-10.

[12] Kreimeyer M, Lindemann U. Complexity Metrics in Engineering Design[M]. Berlin: Springer, 2011.

第 3 章　基于多分辨率建模的研制风险评估方法

从本章开始，将基于多分辨率建模方法，研究复杂装备系统全寿命周期涉及的风险分析与评估问题。本章结合舰船设计研制工作，通过对设计过程的多分辨率建模，为舰船等复杂系统设计进度、费用提供更为合理、可信度更高的估计。在进度、费用评估的基础上，评估复杂系统研制风险水平，识别高风险任务，优化改进流程，降低设计流程的复杂性。

3.1　相关研究及问题分析

现代舰船是典型的复杂装备系统，其研制过程通常需要经过需求论证、设计、建造、试航和交付等多个阶段。舰船设计是其中的关键一环。复杂系统的设计研制一直是学术界和国防工业界的热点研究课题，大型、复杂舰船研制是其中的代表之一。由于系统结构和设计流程的高度复杂性，舰船设计成为一个综合集成规模大、过程迭代复杂、耦合程度高的演化过程。因此，建立描述、分析舰船设计流程的建模方法，将对深入理解、合理优化设计流程，评估和管控舰船研制风险，具有指导和借鉴意义。

因便于描述系统结构、过程及关联关系，便于调控模型分辨率，DSM 作为多分辨率建模实现方法具有较好的潜力。以舰船设计为例，美国海军在舰船设计流程开发的决策活动中，探索并逐步实施基于 DSM 的设计工具路线图方法[1]，为舰船设计提供综合目标需求及工程开发环境。该文献虽未列出详细的 DSM 及分析结果的完整数据，但从其结论来看，基于 DSM 的相关方法实现了对特定系统层次、粒度的设计流程辨识与集成，协助研制相关方理解和优化设计流程。经过优化的设计流程更加符合工程实际，但从中也反映出详细程度高、模型粒度精细的设计流程存在建模工作量巨大的问题。其他相关研究[2, 3]也表明，DSM 建模在诸如舰船设计的复杂系统工程中对识别和降低系统复杂性具有突出优势，通过对 DSM 的优化可有效降低系统复杂性。国内方面将 DSM 用于复杂系统、产品的研制，项目管理的研究已很广泛，但在舰船、船舶、海洋工程方面的研究与应用仍处于发展阶段。船舶设计领域主要仍沿用关键路径法、计划评估和审查技术(program evaluation and review technique，PERT)、网络分析等方法，目前已有少量采用 DSM 分析设计流程的相关研究。例如，采用 DSM

确定耦合任务的迭代次序，结合关键路径法，对流程中不合理的任务排序进行调整，并将其应用在相关船舶设计计划编制系统中[4]；采用 DSM 描述船舶设计要素之间的耦合关联度[5]，通过聚类算法提高要素分组内的耦合程度、降低分组之外的耦合程度，从而减少设计过程中的耦合、迭代和重复工作等。

舰船设计的系统规模庞大，设计任务之间关联关系复杂，设计流程包含大量重叠或并行的任务，设计任务的执行具有返工迭代等大量不确定性，这些是造成研制费用增加和进度风险增大的直接原因。基于 DSM 的复杂系统多分辨率建模方法，符合系统及其相关流程不断分解细化、设计要素粒度提升的分析需要，可以为费用、进度等研制风险评估提供一种新的研究途径。

3.2　系统设计过程分析

3.2.1　舰船设计的阶段划分

舰船设计通常由概念、需求出发，通过方案设计、技术设计、施工设计等若干阶段，在舰船诸多系统要素涉及的多学科领域进行反复设计、修改、校核、优化、验证。如图 3.1 所示，设计螺旋线描述了按设计专业划分的研制过程，经过若干次迭代对设计进行细化、修正、补充和发展。整个设计过程在设计空间中不断优化迭代、螺旋式演进。

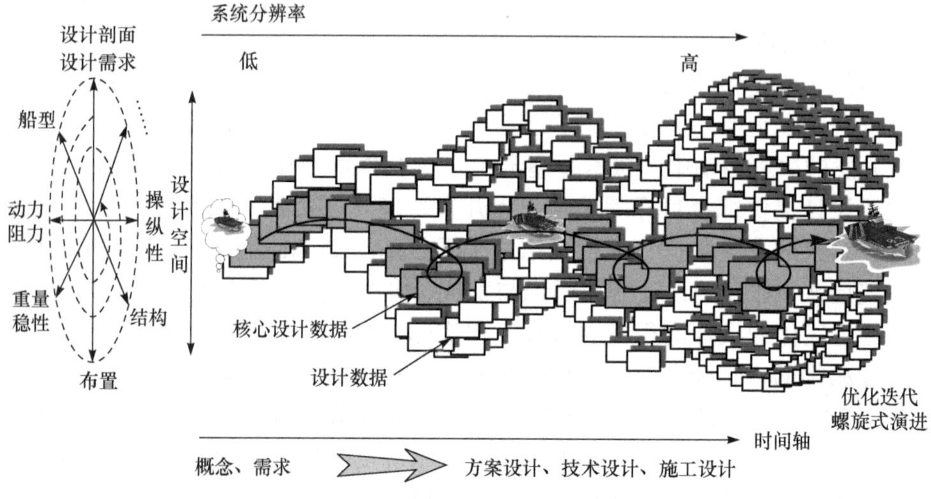

图 3.1　设计螺旋结构

舰船设计的主要阶段划分及工作内容如下。

1. 方案设计阶段

方案设计是根据作战使用性能要求开展总布置图设计、主要船型数确定、型线设计、船型设计、结构型式设计及主要构架尺寸确定、总布置中的区域划分、武器装备及主要舱室布置，落实主要作战使用性能的战技指标。

2. 技术设计阶段

技术设计是在船型方案、总布置区域划分及重要舱室布置方案的基础上，全面落实研制总要求中的技术指标，完成详细的系统及设备安排、舱室布置设计，进行总体综合性能核算与试验验证，编制详细而全面的技术文件并绘制图纸。

3. 施工设计阶段

施工设计是确定建造方案、工艺措施，解决舰船总体布置、建造中的各种技术细节问题，将技术设计的设计图纸和计算发展为供施工使用的详细工作图纸、施工工艺规程、材料及设备清单。

总体来看，随着舰船设计阶段的推进，总体设计要求通过若干关键性能参数贯穿整个设计过程，而设计诸元的规模由小到大、精细程度由粗略到详细。方案设计重在明确后续总体、系统设计的技术方向，技术设计重在总体设计要求的细化和固化，施工设计强调工程施工过程中需要考虑的设计问题。其中，方案设计是确定舰船总体技术方案的关键阶段，加之方案设计具有代表性，并能展现建模和分析过程，本章以方案设计为研究对象。对于其他阶段，可做类比分析和研究。

3.2.2　舰船研制的方案设计

在舰船设计各阶段中，方案设计周期相对较短。方案设计位于设计目标在舰船技术要求和设计要素上总体落实的初期阶段，虽不是最为详细的设计阶段，但由于其承接设计目标和详细的工程设计阶段，因此是舰船总体设计的关键环节，对后续的技术设计和施工设计具有重要影响。

舰船方案设计阶段包含更为具体的工作和流程。其流程取决于许多因素，不同的舰船类型、不同的设计单位和参加人员、不同的设计及试验条件，可能造成设计流程有所差异。但是，设计流程的主要内容和一般安排规律仍有其共性。通常，舰船方案设计包括设计准备、总体布置规划、主要参数确定、型线设计、总体性能分析与校核、船型确定、总布置及建筑造型设计等主要步骤[6]。上述步骤的设计内容如表 3.1 所示。

表 3.1 舰船方案设计的步骤和工作内容

序号		设计步骤	设计内容
1	设计准备	分析研制任务书 母型舰选取	根据研制任务书明确设计目标和意图，搜集同类舰船、作战使用需求、相关关键技术等资料，确定设计参考的母型舰
2	总体布置规划	平台系统布置规划 载荷系统布置规划	根据研制任务书确定平台系统(船体、动力装置、电力系统等)、载荷系统(武器、电子设备、辅机设备等)的装舰尺寸和数量，初步规划总体布置，形成总布置草图
3	主要参数确定	排水量分析计算 主尺度分析计算 船型系数分析计算	根据舰船的排水量、航速、初稳性、操纵性等设计要素，确定排水量、主尺度、船型系数等主要结构参数。上述参数是方案设计阶段需要解决的重要问题，后续设计、计算工作需在此基础上进行
4	型线设计	中部型线设计 首部型线设计 尾部型线设计	根据排水量、稳性、快速性、耐波性、结构强度、总体布置、舱室容积、电子装备及武器装备使用要求，在排水量、主尺度、船型系数等主要参数基础上，开展首部型线设计、中部型线设计、尾部型线设计
5	总体性能分析与校核	航行性能分析 排水量分析 重量重心分析 完整稳性分析 结构强度分析	通过计算流体力学、模型试验等方法，开展航行性能分析、排水量分析、重量重心分析、完整稳性分析及以上设计性能的校核工作。该项工作将在多项其他工作完成后多次实施。例如，在确定主要参数后，应做初步的计算分析；在确定船型后，应做进一步的计算分析和校核；在总布置设计后，还应重点针对重量重心、结构强度进行计算分析和校核
6	船型确定	型线方案优化 裕量设计	通过比对、优化型线设计，开展协调总体性能的型线方案优化，并对排水量、稳性、航速及结构强度等方面进行裕量设计
7	总布置及建筑造型设计	功能区域划分 重要舱室布置 舰面设施布置 总布置图制作 主要横剖面结构设计 总体建筑造型设计	协调各种舱室、舰面设施、器材、设备之间的布置关系，功能区域划分、重要舱室及舰面设施布置，制作总布置图。在总布置图基础上，进行主要横剖面结构设计。在区域划分、舱室布置、舰面设施布置的基础上，综合考虑外观、结构可实现性、隐蔽性、兼容性、武器装备使用安全性等因素，开展舰船总体建筑造型设计

3.3 系统设计流程建模

3.3.1 舰船设计流程的设计结构矩阵

正如第 2 章对 DSM 的介绍，DSM 是建立和分析系统设计过程的一种分析工具，能够简洁地描述系统内外各种实体、对象、信息、过程的关联关系，便于对研究对象进行分解和集成[7]。DSM 是对角线元素为空值的正方形矩阵，每行和每列对应系统结构、过程的某个元素或组成部分，每个矩阵元素表示其所在行和列对应的系统组成之间存在关联关系。图 3.2 所示矩阵给出了采用 DSM 描述的某型舰船方案设计主要流程。当提高任务分辨率时，可将图 3.2 中每个 DSM 元素进一步分解和细化，用分辨率更高的 DSM 扩充原有低分辨率 DSM 的每个矩阵元素，使任务详细程度得以提升，如图 3.3 所示。

		L1	L2	L3	L4	L5	L6	L7
设计准备	L1							
总体布置规划	L2	1						
主要参数确定	L3	1	1		1	1		
型线设计	L4	1	1	1		1	1	
总体性能分析与校核	L5			1	1		1	1
船型确定	L6			1	1	1		
总布置及建筑造型设计	L7	1	1	1		1	1	

图 3.2　舰船方案设计流程的低分辨率 DSM

		T101	T102	T201	T202	T301	T302	T303	T401	T402	T403	T501	T502	T503	T504	T505	T601	T602	T701	T702	T703	T704	T705	T706
研制任务书分析	T101																							
母型舰选取	T102	1																						
平台系统布置规划	T201	1	1		1																			
载荷系统布置规划	T202	1	1	1																				
排水量分析计算	T301	1	1	1	1		1	1				1												
主尺度分析计算	T302	1	1	1	1	1		1				1	1	1	1									
船型系数分析计算	T303		1				1		1			1												
中部型线设计	T401	1		1		1	1			1	1	1	1			1	1							
首部型线设计	T402	1			1		1	1	1			1		1		1	1							
尾部型线设计	T403	1		1	1		1	1	1			1		1	1	1	1							
航行性能分析	T501					1	1	1	1	1	1		1				1							
排水量分析	T502					1	1	1	1			1				1	1							
重量重心分析	T503						1	1				1	1		1		1		1	1	1			
完整稳性分析	T504						1					1	1	1			1			1	1			
结构强度分析	T505												1	1						1	1			
型线方案优化	T601						1	1	1	1	1							1						
裕量设计	T602					1	1	1				1	1		1	1	1							
功能区域划分	T701	1	1	1	1		1										1			1	1			
重要舱室布置	T702	1	1	1	1		1							1	1	1			1		1			1
舰面设施布置	T703	1	1	1	1									1	1	1			1	1				1
总布置图制作	T704																		1	1	1			
主要横剖面结构设计	T705						1	1								1	1	1		1	1	1		1
总体建筑造型设计	T706	1	1	1	1		1	1						1	1	1				1	1	1	1	

图 3.3　舰船方案设计流程的高分辨率 DSM

DSM 的行和列分别对应相应的设计任务。DSM 的元素表示不同设计任务之间存在关联关系。对于二值 DSM，DSM 元素为 1 表示所在列对应的任务对所在行对应的任务存在关联关系。这种关联关系可以包括空间、信息、能量、物料等多种属性的依赖或传递关系，也可以表示任务之间的前后衔接顺序及并行或耦合关系，通常有序贯、并行、耦合三种类型。根据图 3.3 给出的 DSM，任务 T101 和任务 T102 属于序贯型关系，任务 T402 和任务 T403 属于并行型关系，任务 T301 和任务 T302 属于耦合型关系，如图 3.4 所示。

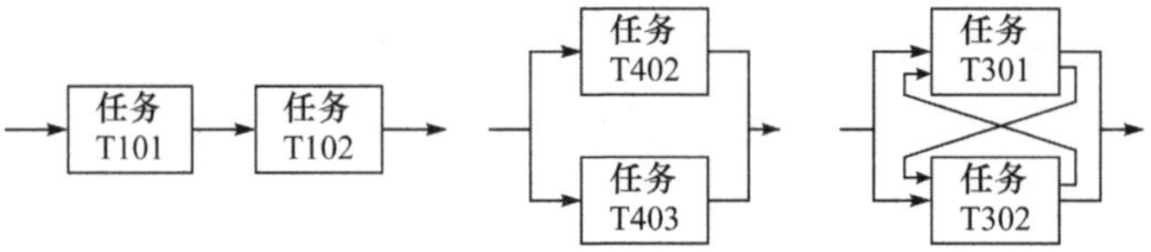

(a) 序贯型　　(b) 并行型　　(c) 耦合型

图 3.4　任务的序关系类型

3.3.2　系统仿真建模

1. 任务的开始与执行

当某项任务所需的所有上游任务均已完成时，该任务方可开始执行。有些情况下，也可以是上游任务完成到某一指定程度即可开始后续任务。其本质没有区别，这里均假设上游任务完成才开始后续任务。以 DSM 的描述方式来看，对该任务施加影响的所有任务均已完成时，该任务开始执行。以图 3.3 为例，任务 T201 受任务 T101 和任务 T102 的影响，当任务 T101、任务 T102 均已完成时，任务 T201 方可开始执行。

2. 任务的耦合与返工

具有耦合关系的任务之间存在相互影响。在设计过程中，某项任务的过程输出或完成结果会影响另一项任务的执行，引起返工、调整甚至重新执行。另外，原本受影响的任务也会反过来成为施加影响的任务，引起进一步的返工和调整。其中，返工可划分为两类：反馈型返工和前馈型返工。以 DSM 的描述方式来看，反馈型返工发生在对角线以上矩阵元素对应的关联影响中，而前馈型返工发生在对角线以下矩阵元素对应的关联影响中。反馈型返工是排序靠后的任务完成后，需要修改、调整或重新执行排序靠前的任务而引起返工。前馈型返工则是反馈型返工发生之后，排序靠前的任务完成了返工任务，进而需要修改、调整或重新执行后续任务而引起的继发性返工。

上述返工以一定概率发生。返工发生概率和返工量通常与相应任务的技术成熟度、任务复杂程度、易变更的工作量比例等因素有关，可根据技术成熟度模型及相关分析确定。这一内容将在第 4 章具体讨论，这里仅做简要假设，返工概率和初始返工量划分为高、中、低、无四个级别，如表 3.2 所示。

表 3.2　返工概率与初始返工量级别划分表

返工指标	高	中	低	无
返工概率	0.3	0.2	0.1	0.0
初始返工量/%	30.0	20.0	10.0	0.0

为了模拟在现实中认识深入、经验积累的渐进过程，引入学习因子 $\theta(0<\theta<1)$。当任务 j 触发任务 i 返工时，返工量为上一次返工量与学习因子的乘积，其表达式为

$$v_{ij}^{n+1}=\theta\cdot v_{ij}^{n}=\theta^{n}\cdot v_{ij} \tag{3.1}$$

式中，v_{ij} 为任务 j 触发任务 i 的初始返工量；n 为任务 j 第 n 次触发任务 i 返工。

3. 仿真流程

根据 DSM 给出的任务执行顺序和交互影响，触发后续任务。其中，触发的任务有三种类型：按序触发、触发前馈型返工和触发反馈型返工。按序触发是满足 DSM 的任务执行关系，理应开启新的任务。两类反馈型触发应按反馈概率，随机触发任务返工。具体而言，任务执行的触发方式有以下三种情况：

(1) 上游任务、下游任务仅有时间先后的顺序关系，上游任务完成工作即可触发与之有关联的下游任务，不存在反馈型返工和前馈型返工。

(2) 下游任务完成全部或部分工作，以某一反馈型返工概率，触发与之有关联的上游任务，进行部分工作返工。

(3) 上游任务完成全部工作后，以某一前馈型返工概率，触发与之有关联且已执行过的下游任务，进行部分工作返工。

计算下一触发任务后，可以得到仿真推进时间，同时确定是否有其他执行中的任务在此仿真推进时间段内完工(这里称这类完工的任务为沉没任务)。仿真时间推进后，检查是否所有任务都已完成，完成则仿真结束，否则更新各类任务的执行状态和已完成的工作量，并转入下一轮循环。仿真流程如图 3.5 所示。

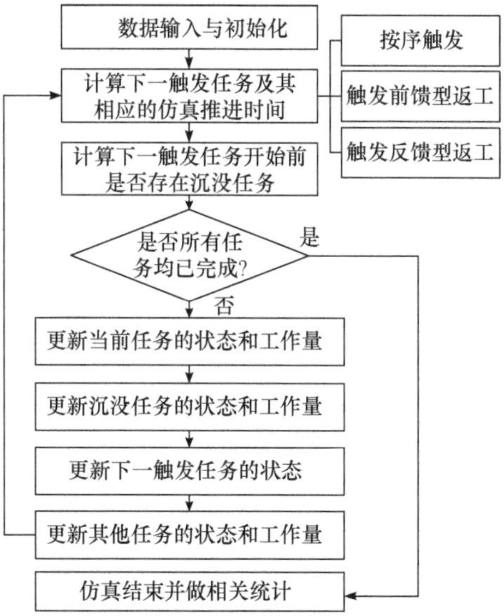

图 3.5　仿真流程

3.4 算例及分析

本节以某型舰船方案设计为案例，通过仿真研究设计流程的进度和费用风险问题，并对不同分辨率模型的仿真结果进行比较分析。

3.4.1 数据设置

设计流程中各项任务的用时与费用数据如表 3.3 所示。三位数编号的任务是高分辨率任务，一位数编号的任务是低分辨率任务，高分辨率任务是低分辨率任务的细分。不同分辨率条件下的返工概率矩阵和返工量矩阵如图 3.6～图 3.8 所示。

表 3.3 设计流程中各项任务的用时与费用数据

任务标识	任务编号	任务名称	最乐观时间 t_o/周	最可能时间 t_m/周	最悲观时间 t_p/周	固定费用 CF/万元	人工费用 CM/(万元/周)	变动费用 CV/(万元/周)
L1		设计准备	2.0	3.0	4.0	3.0	0.5	2.0
T101	1	研制任务书分析	1.5	2.0	2.5	2.0	0.5	2.0
T102	2	母型舰选取	0.5	1.0	1.5	1.0	0.5	2.0
L2		总体布置规划	2.0	3.0	4.0	3.0	0.5	2.0
T201	3	平台系统布置规划	0.5	1.0	1.5	1.0	0.5	2.0
T202	4	载荷系统布置规划	1.5	2.0	2.5	2.0	0.5	2.0
L3		主要参数确定	4.0	6.0	8.0	15.0	1.5	3.0
T301	5	排水量分析计算	0.6	1.0	1.4	4.0	1.5	3.0
T302	6	主尺度分析计算	1.7	2.5	3.3	6.0	1.5	3.0
T303	7	船型系数分析计算	1.7	2.5	3.3	5.0	1.5	3.0
L4		型线设计	4.0	5.0	6.0	12.0	2.0	3.0
T401	8	中部型线设计	2.4	3.0	3.6	6.0	2.0	3.0
T402	9	首部型线设计	0.8	1.0	1.2	3.0	2.0	3.0
T403	10	尾部型线设计	0.8	1.0	1.2	3.0	2.0	3.0
L5		总体性能分析与校核	4.0	6.0	8.0	23.0	2.0	5.0
T501	11	航行性能分析	0.8	1.2	1.6	4.0	2.0	5.0
T502	12	排水量分析	0.8	1.2	1.6	5.0	2.0	5.0
T503	13	重量重心分析	0.8	1.2	1.6	5.0	2.0	5.0
T504	14	完整稳性分析	0.8	1.2	1.6	4.0	2.0	5.0
T505	15	结构强度分析	0.8	1.2	1.6	5.0	2.0	5.0
L6		船型确定	2.0	3.0	4.0	3.0	1.0	2.0
T601	16	型线方案优化	1.2	2.0	2.8	2.0	1.0	2.0
T602	17	裕量设计	0.8	1.0	1.2	1.0	1.0	2.0

续表

任务标识	任务编号	任务名称	最乐观时间 t_o/周	最可能时间 t_m/周	最悲观时间 t_p/周	固定费用 CF/万元	人工费用 CM/(万元/周)	变动费用 CV/(万元/周)
L7		总布置及建筑造型设计	7.0	10.0	13.0	21.0	1.0	3.0
T701	18	功能区域划分	1.0	1.5	2.0	2.0	1.0	3.0
T702	19	重要舱室布置	2.0	2.5	3.0	4.0	1.0	3.0
T703	20	舰面设施布置	1.0	1.5	2.0	3.0	1.0	3.0
T704	21	总布置图制作	1.0	1.5	2.0	4.0	1.0	3.0
T705	22	主要横剖面结构设计	1.0	1.5	2.0	4.0	1.0	3.0
T706	23	总体建筑造型设计	1.0	1.5	2.0	4.0	1.0	3.0

返工概率矩阵

	L1	L2	L3	L4	L5	L6	L7
L1							
L2	0.0						
L3	0.0	0.2		0.2	0.3		
L4	0.0	0.2	0.3		0.3	0.2	
L5			0.3	0.2		0.2	0.2
L6			0.3	0.2	0.2		
L7	0.0	0.2	0.3		0.2	0.2	

返工量矩阵

	L1	L2	L3	L4	L5	L6	L7
L1							
L2	0.3						
L3	0.3	0.3		0.3	0.3		
L4	0.3	0.3	0.3		0.3	0.3	
L5			0.3	0.3		0.3	0.3
L6			0.3	0.3	0.3		
L7	0.3	0.3	0.3		0.3	0.3	

图 3.6 低分辨率模型的返工概率及返工量矩阵

返工概率矩阵

	T101	T102	T201	T202	T301	T302	T303	T401	T402	T403	T501	T502	T503	T504	T505	T601	T602	T701	T702	T703	T704	T705	T706
T101																							
T102	0.0																						
T201	0.0	0.0		0.1																			
T202	0.0	0.0	0.2																				
T301	0.0	0.0	0.0	0.1		0.2	0.2				0.2												
T302	0.0	0.0	0.1	0.1	0.2		0.2				0.3	0.2	0.3	0.2									
T303		0.0				0.2		0.1			0.2												
T401	0.0		0.0		0.0	0.3			0.1	0.1	0.2	0.2			0.2	0.0							
T402	0.0			0.1		0.2	0.3	0.1			0.2		0.2		0.2	0.1							
T403	0.0		0.0	0.1		0.2	0.3	0.1			0.2		0.2	0.2	0.2	0.1							
T501					0.1	0.3	0.2	0.0	0.1	0.1		0.1				0.1							
T502					0.2	0.3	0.2	0.2			0.2				0.1	0.2							
T503						0.2	0.2				0.1	0.2		0.1		0.1		0.0	0.2	0.1			
T504						0.2					0.0	0.1	0.1			0.1			0.0	0.1			
T505												0.1	0.0						0.2	0.0			
T601						0.3	0.2	0.1	0.0	0.1							0.1						
T602					0.1	0.2	0.2				0.1	0.2		0.1	0.2	0.1							
T701	0.0	0.0	0.2	0.1		0.2										0.2			0.0	0.1			
T702	0.0	0.0	0.1	0.2		0.2							0.0	0.1	0.1			0.1		0.1			0.2
T703	0.0	0.0	0.1	0.0									0.2	0.0	0.0			0.1	0.1				0.2
T704																		0.1	0.2	0.1			
T705						0.2	0.2								0.1	0.0	0.1		0.1	0.1	0.1		0.1
T706	0.0	0.0	0.0	0.1		0.2	0.2						0.1	0.2	0.2				0.2	0.2	0.1	0.1	

图 3.7 高分辨率模型的返工概率矩阵

返工量矩阵	T101	T102	T201	T202	T301	T302	T303	T401	T402	T403	T501	T502	T503	T504	T505	T601	T602	T701	T702	T703	T704	T705	T706
T101																							
T102	0.0																						
T201	0.0	0.0		0.3																			
T202	0.0	0.0	0.3																				
T301	0.0	0.0	0.0	0.3		0.3	0.3				0.3												
T302	0.0	0.0	0.3	0.3	0.3		0.3				0.3	0.3	0.3	0.3									
T303		0.0				0.3		0.3			0.3												
T401	0.0		0.0		0.0	0.3			0.3	0.3	0.3	0.3			0.3	0.0							
T402	0.0			0.3		0.3	0.3	0.3			0.3		0.3		0.3	0.3							
T403	0.0		0.0	0.3		0.3	0.3	0.3			0.3		0.3	0.3	0.3	0.3							
T501					0.3	0.3	0.3	0.0	0.3	0.3		0.3				0.3							
T502					0.3	0.3	0.3	0.3			0.3				0.3	0.3							
T503						0.3	0.3				0.3	0.3		0.3		0.3		0.0	0.3	0.3			
T504						0.3					0.0	0.3	0.3			0.3			0.0	0.3			
T505												0.3	0.0						0.3	0.0			
T601						0.3	0.3	0.3	0.0	0.3							0.3						
T602					0.1	0.3	0.3				0.3	0.3		0.3	0.3	0.3							
T701	0.0	0.0	0.3	0.3		0.3										0.3			0.0	0.3			
T702	0.0	0.0	0.3	0.3		0.3							0.0	0.3	0.3			0.3		0.3			0.3
T703	0.0	0.0	0.3	0.3									0.3	0.0	0.0			0.3	0.3				0.3
T704																		0.3	0.3	0.3			
T705						0.3	0.3								0.3	0.0	0.3		0.3	0.3	0.3		0.3
T706	0.0	0.0	0.0	0.3		0.3	0.3						0.3	0.3	0.3				0.3	0.3	0.3	0.3	

图 3.8　高分辨率模型的返工量矩阵

每项任务开始执行后，有其相应的执行时间。任务执行的持续时间为最乐观时间 t_o、最可能时间 t_m 和最悲观时间 t_p 构成的三角分布随机数，其概率分布函数和累计概率分布函数分别由式(3.2)和式(3.3)确定。

$$f(t)=\begin{cases}\dfrac{2(t-t_o)}{(t_p-t_o)(t_m-t_o)}, & t_o \leqslant t \leqslant t_m \\ \dfrac{2(t_p-t)}{(t_p-t_o)(t_p-t_m)}, & t_m < t \leqslant t_p\end{cases} \tag{3.2}$$

$$F(t)=\begin{cases}\dfrac{(t-t_o)^2}{(t_p-t_o)(t_m-t_o)}, & t_o \leqslant t \leqslant t_m \\ 1-\dfrac{(t_p-t)^2}{(t_p-t_o)(t_m-t_o)}, & t_m \leqslant t \leqslant t_p\end{cases} \tag{3.3}$$

通过累计概率分布的反函数法，可以获得单次仿真中任务执行时间的随机数为

$$t_i^k=F^{-1}(\xi)=\begin{cases}t_o+\sqrt{\xi(t_m-t_o)(t_p-t_o)}, & \xi \leqslant (t_m-t_o)(t_p-t_o) \\ t_p-\sqrt{(1-\xi)(t_m-t_o)(t_p-t_o)}, & \xi > (t_m-t_o)(t_p-t_o)\end{cases} \tag{3.4}$$

式中，ξ为[0, 1]区间均匀分布的随机数；t_i^k 为任务 i 在第 k 次仿真中任务执行的基本时间。

需要指出的是，该任务执行时间是本次仿真中任务执行的基本时间，并不包含因返工导致的超时任务，单次随机产生的返工时间由返工量系数与本次仿真的任务执行时间的乘积确定，其表达式为

$$T_i^k = t_i^k + \sum_{j \in \Delta_i} \theta^{n_j} v_{ij} t_i^k = \left(1 + \sum_{j \in \Delta_i} \theta^{n_j} v_{ij}\right) \cdot t_i^k \tag{3.5}$$

式中，T_i^k 表示任务 i 在第 k 次仿真中的实际执行时间；Δ_i 表示可以触发任务 i 返工的任务集合；n_j 表示任务 j 第 n 次触发任务 i 返工。

单项任务的完成费用(C)为固定费用(CF)、人工费用(CM)和变动费用(CV)之和，任务 i 在第 k 次仿真中的费用 C_i^k 和各项任务总费用 CZ^k 分别为

$$C_i^k = \mathrm{CF}_i^k + \left(\mathrm{CM}_i^k + \mathrm{CV}_i^k\right) \cdot T_i^k \tag{3.6}$$

$$\mathrm{CZ}^k = \sum_i \mathrm{CF}_i^k + \sum_i \left(\mathrm{CM}_i^k + \mathrm{CV}_i^k\right) \cdot T_i^k \tag{3.7}$$

3.4.2 仿真结果及分析

1. 不同分辨率模型进度与费用的比较分析

按照仿真流程，得到 2000 个仿真样本点，不同分辨率模型的进度与费用仿真结果分布如图 3.9 和图 3.10 所示。

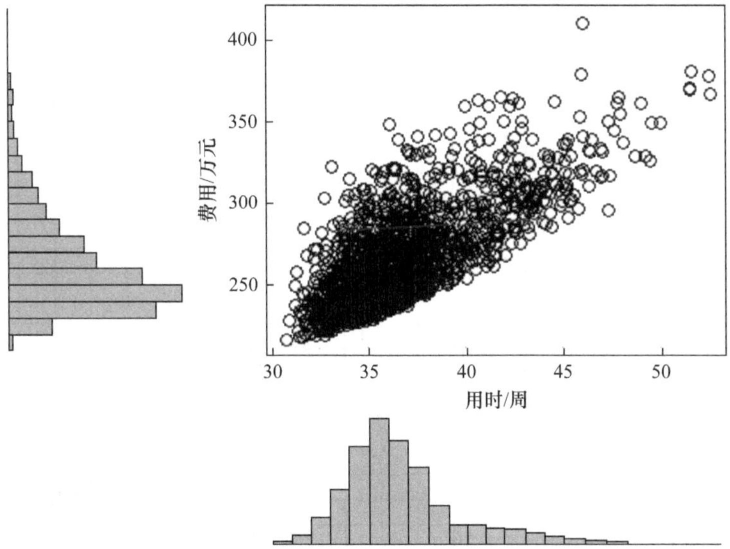

图 3.9　低分辨率模型的进度与费用仿真结果

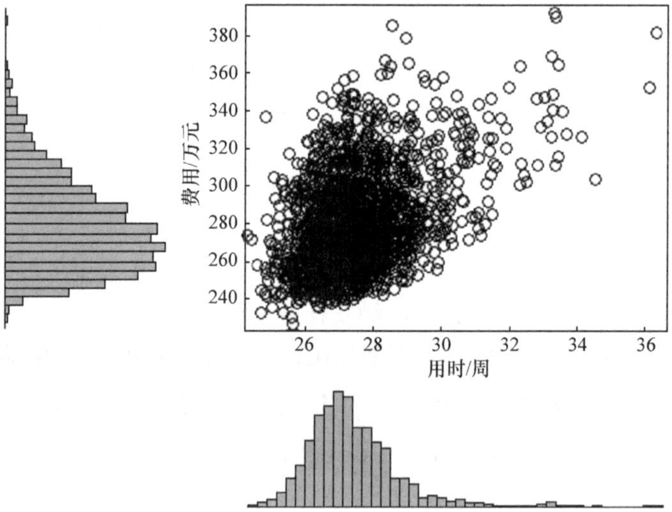

图 3.10　高分辨率模型的进度与费用仿真结果

模型分辨率提高后，各项任务之间的关联关系更为丰富和复杂。任务之间的耦合关系及其造成的任务返工是用时和费用增长的主要原因。合理调整任务的执行顺序可以降低任务耦合程度、减少返工次数。在 DSM 中，通过调整行和列的顺序，将存在关联关系的矩阵元素转移至对角线以下或向对角线靠拢[7]。运用 DSM Excel Macro Version 2.1[8]软件进行任务排序优化，结果如图 3.11 所示。从优

		1	2	3	4	5	6	7	8	9	10	11	12	13	14	15	16	17	18	19	20	23	21	22
T101	1	1																						
T102	2	1	2																					
T201	3	1	1	3	1																			
T202	4	1	1	1	4																			
T301	5	1	1	1	1	5	1	1				1												
T302	6	1	1	1	1	1	6	1				1	1	1	1									
T303	7		1				1	7	1			1												
T401	8	1		1		1	1		8	1	1	1	1			1	1							
T402	9	1			1		1	1	1	9		1		1		1	1							
T403	10	1		1	1		1	1	1		10	1		1	1	1	1							
T501	11					1	1	1	1	1	1	11	1				1							
T502	12					1	1	1	1			1	12			1	1							
T503	13						1	1				1	1	13	1		1		1	1	1			
T504	14						1					1	1	1	14		1			1	1			
T505	15												1	1		15				1	1			
T601	16						1	1	1	1	1						16							
T602	17					1	1	1				1	1		1	1	1	17						
T701	18	1	1	1	1		1										1		18	1	1			
T702	19	1	1	1	1		1							1	1	1			1	19	1	1		
T703	20	1	1	1	1									1	1	1			1	1	20	1		
T706	23	1	1	1	1		1							1	1	1				1	1	23	1	1
T705	21																		1	1	1		21	
T704	22						1									1	1	1		1	1	1	1	22

图 3.11　高分辨率模型的任务排序

化结果来看，本算例中任务排序的调整变化不大，仅为任务 T706 调至任务 T704、T705 之前开始执行。排序调整后，进度及费用的仿真结果如图 3.12 所示。

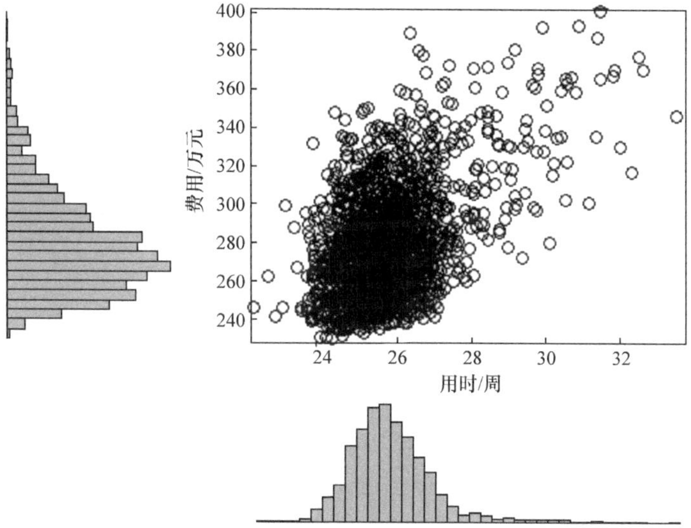

图 3.12 高分辨率模型排序后的进度与费用仿真结果

上述三种模型仿真结果的统计如图 3.13 和图 3.14 所示，具体数据由表 3.4 和表 3.5 列出。对于进度用时，高分辨率模型结果明显降低，任务排序优化后进一步降低。进度用时降低的原因来自并行任务和任务排序优化两个方面。DSM 经过绑定分析，可以识别并行任务。通过 DSM Excel Macro Version 2.1[8]软件计算，图 3.15 中颜色相同的相邻行对应为并行任务，如任务 T504、T505、T601。任务分辨率的提升为优化任务排序创造了条件，更加详细的任务及其关联关系为并行执行提供了可能。任务分辨率较低的情况下，则难以识别这些并行任务及其可优化的排序。

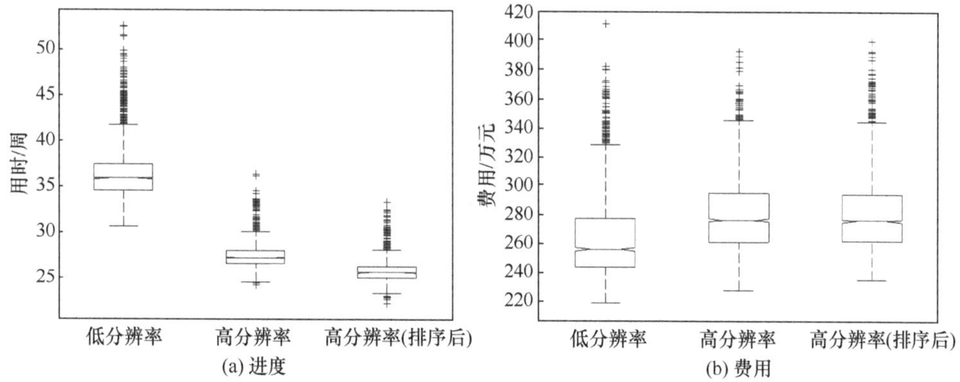

图 3.13 不同分辨率模型的总进度和总费用统计

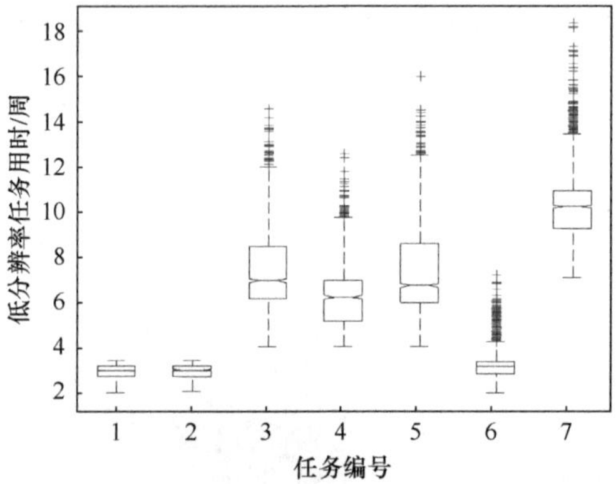

(a) 低分率模型

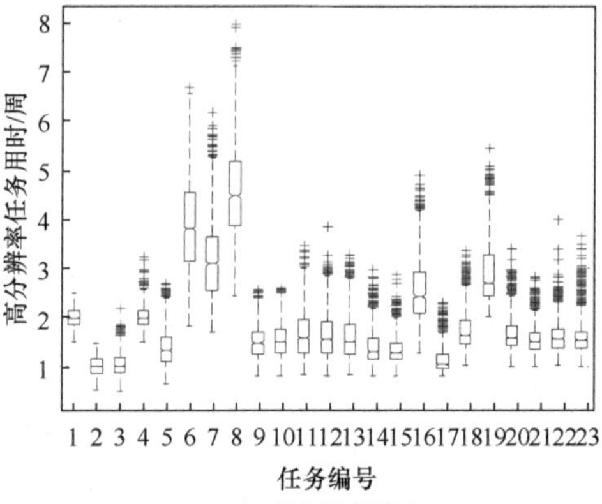

(b) 高分辨率模型

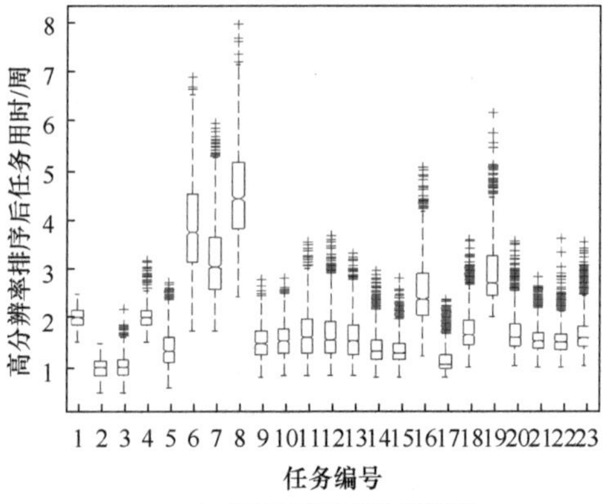

(c) 排序后的高分辨率模型

图 3.14　不同分辨率模型的各项任务进度统计

表 3.4　不同分辨率模型的进度统计

模型分辨率	均值	标准差	最小值	最大值	平均累计用时
低分辨率	36.63	3.05	30.82	52.60	40.41
高分辨率	27.48	1.34	24.34	36.36	44.25
高分辨率(排序后)	25.84	1.18	22.38	33.44	44.35

表 3.5　不同分辨率模型的费用统计

模型分辨率	均值	标准差	最小值	最大值
低分辨率	261.49	28.26	216.21	410.52
高分辨率	278.87	25.55	226.21	392.05
高分辨率(排序后)	279.34	26.77	233.24	399.58

		1	2	3	4	5	6	7	8	9	10	11	12	13	14	15	16	17	18	19	20	23	21	22
T101	1	1																						
T102	2	1	2																					
T201	3	1	1	3	1																			
T202	4	1	1	1	4																			
T301	5	1	1	1	1	5	1	1				1												
T302	6	1	1	1	1	1	6	1				1	1	1	1									
T303	7		1				1	7	1			1												
T401	8	1		1		1	1		8	1	1	1	1			1	1							
T402	9	1			1		1	1	1	9		1		1		1	1							
T403	10	1		1	1		1	1	1		10	1		1	1	1	1							
T501	11					1	1	1	1	1	1	11	1				1							
T502	12					1	1	1	1			1	12			1	1							
T503	13						1	1				1	1	13	1		1		1	1	1			
T504	14						1					1	1	1	14		1			1	1			
T505	15												1	1		15				1	1			
T601	16						1	1	1	1	1						16							
T602	17					1	1	1				1	1		1	1	1	17						
T701	18	1	1	1	1		1										1		18	1	1			
T702	19	1	1	1	1		1							1	1	1			1	19	1	1		
T703	20	1	1	1	1									1	1	1			1	1	20	1		
T706	23	1	1	1	1		1							1	1	1				1	1	23	1	1
T704	21																		1	1	1		21	
T705	22						1									1	1	1		1	1	1	1	22

图 3.15　DSM 绑定分析识别的并行任务

表 3.6 列出了任务平均累计用时，其中任务累计用时是指各项任务用时总和，以体现实际产生的工作总量。任务分辨率提升后，平均累计用时增大，主要原因在于任务分辨率提升导致细分后任务返工次数有所增加。为方便分析比较，将高分辨率任务按照低分辨率模型中对应任务进行了归并。由表 3.6 的统计比较可以看到，相比于低分辨率模型，高分辨率模型及高分辨率模型排序后任务 L3、L4 和 L7 累计用时显著增长(增长值用粗体标识)，任务 L5、L6 累计用时有一定程度的

增长，任务 L1、L2 累计用时没有显著变化。结合舰船方案设计的实际情况，“L3 主要参数确定”“L4 型线设计”是关键任务，对其他设计工作影响重大，同时也是多学科设计、优化迭代、反复调整的重点，“L7 总布置及建筑造型设计”是方案设计阶段中详细程度高、工作量大的组成部分。这三项工作在方案设计中复杂程度最高，为了更准确地评估设计进度和费用，应以较高的任务分辨率对其进行分析和建模。对于任务 L1、L2，不同任务分辨率对进度、费用估计值的影响较小。

表 3.6　不同分辨率模型的各项任务平均累计用时统计

统计指标		任务 L1	任务 L2	任务 L3	任务 L4	任务 L5	任务 L6	任务 L7	累计
低分辨率模型	进度/周	2.94	2.96	7.39	6.27	7.34	3.28	10.23	40.41
高分辨率模型	进度/周	3.00	3.03	8.39	7.53	7.62	3.67	11.01	44.25
	增长值/周	0.06	0.07	**1.00**	**1.26**	0.28	0.39	**0.78**	3.84
	增长率/%	2.08	2.45	13.57	20.12	3.78	11.79	7.62	9.51
高分辨率模型排序后	进度/周	2.99	3.03	8.38	7.52	7.65	3.68	11.09	44.35
	增长值/周	0.05	0.07	**1.00**	**1.25**	0.31	0.39	**0.86**	3.93
	增长率/%	1.62	2.50	13.44	19.97	4.29	11.95	8.41	9.73

2. 风险等级划分

当进度和费用超过一定的风险阈值时，将存在相应程度的研制风险。为描述方便，假设由进度和费用构成的风险阈值曲线为

$$V_{\text{risk}} = \alpha\left(t-\lambda\right)^{-\beta} + \mu \tag{3.8}$$

式中，λ、μ、α、β为风险阈值曲线参数，具体含义及确定方法如下。

1) 进度基准参数λ

进度基准参数表示进度的最低用时。各项任务用时按最乐观时间取值，且无任务返工迭代，采用关键路径法求得进度最低用时，即$\lambda = 17.70$。

2) 费用基准参数μ

费用基准参数表示最低费用值。各项任务用时按最乐观时间取值，且无任务返工迭代时的总费用值，计算可得 μ=190.00 。

3) 乘积参数α

乘积参数用来度量费用和进度的综合风险程度。数值越大，则位于越高的风险空间。该参数可由式(3.9)设置：

$$\alpha=\left(C_{\text{risk}}-\mu\right)\left(t_{\text{risk}}-\lambda\right) \tag{3.9}$$

式中，C_{risk} 和 t_{risk} 分别为特定风险等级对应的进度和费用风险阈值，可由一组进度和费用的可承受值确定，也可通过专家给定多组进度和费用风险阈值，并对多组乘积取平均值。

4) 曲率参数β

曲率参数与风险曲线的形状相关，用来度量进度和费用风险之间的替代程度，也可表示进度和费用风险的相对厌恶或接受程度。β为正实数。以费用为纵坐标、进度为横坐标时，若更厌恶费用风险，则β取小于 1.00 的正实数；若更厌恶进度风险，则β取大于 1.00 的正实数；若风险厌恶程度相同，则β取 1.00。本算例设β=1.00 。

设定风险级别为高、中、低三个等级。其中，低风险表示风险程度低或无风险，中风险表示风险程度不高、风险可控，高风险表示风险程度高、超过可承受值。三个风险等级需要两条风险阈值曲线加以划分，两条风险阈值曲线及其参数如表 3.7 所示。

表 3.7　风险阈值曲线及其参数设置

参数	高风险阈值曲线	低风险阈值曲线
C_{risk}	300.00	280.00
t_{risk}	30.00	28.00
λ	17.70	17.70
μ	190.00	190.00
α	1353.00	927.00
β	1.00	1.00

以高分辨率模型排序后的仿真结果为例，风险等级划分如图 3.16 所示。不同分辨率模型风险等级划分如表 3.8 所示。低分辨率模型高风险可能性较大，而高分辨率模型和高分辨率模型排序后低风险可能性很高。在接受高分辨率模型可信度更高的前提下，方案设计阶段研制风险水平属于低风险等级的可信度较高。

表 3.8　不同分辨率模型的风险等级划分

模型分辨率	低风险/%	中风险/%	高风险/%
低分辨率	1.60	28.94	69.46
高分辨率	65.97	26.35	7.68
高分辨率-排序后	81.76	13.61	4.63

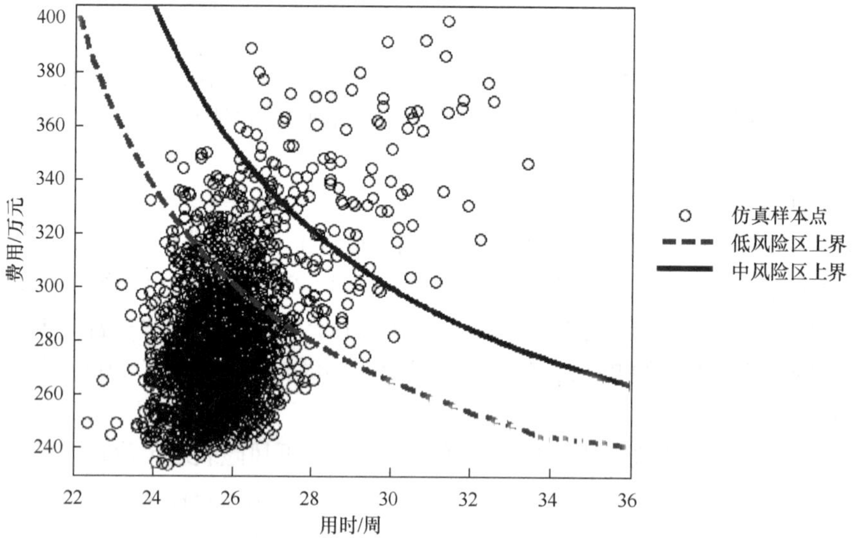

图 3.16　基于高分辨率模型排序后的风险等级划分

3. 不同分辨率模型的差异分析

高分辨率模型为提高分析精度和可信度创造了条件，但建立高分辨率模型需要执行代价更高的调查研究、建模、计算、验证等工作。例如，本算例中高分辨率模型包含 23 项任务，DSM 元素达到 529 项(23^2)。尽管 DSM 元素具有稀疏性，通过低分辨 DSM 转化到高分辨 DSM 也存在一定的计算规律，然而在实际设计工作中如果进一步对任务进行细分，那么需要确定关联关系的 DSM 元素数量会迅速增加，早期调研及建模的工作量将十分庞大和烦琐。如果在低分辨率模型基础上分析和估计差异值，就能在一定程度上修正低分辨率模型结果，减少对高分辨率模型的过度依赖和建模所需的代价。

1) 进度差异分析

当高分辨率任务返工概率及返工量不超过相应的低分辨率任务时，高分辨率模型进度估计更为准确，而低分辨模型有估计偏高的风险。如果除去并行任务对进度用时的降低作用，那么可以将其作为替代性估计。

首先，检查低分辨率任务中可以并行的内部高分辨率任务以及可以和外部任务并行的任务。然后，去掉并行任务带来的用时减少量，将结果作为进度的替代性估计值。如表 3.9 所示，并行任务用时减少量为每组并行任务中较小的任务最可能时间。通过上述方法的估算，大幅降低了低分辨率模型与高分辨率模型和高分辨率模型排序后进度平均值 27.48 和 25.84 的差距，参见表 3.4 的结果。上述估计方法虽然要对细分的高分辨率任务加以确定，但可减少高分辨率任务之间需要逐一识别的大量关联关系及后续建模和计算分析过程。

表 3.9　基于低分辨率模型的替代性估计

并行任务	用时减少量估计/周
T303、T401	2.50
T402、T403	1.00
T504、T505、T601	2.40
T602、T701	1.00
T704、T706	1.50
低分辨率模型平均进度用时	36.63
修正后平均进度用时	28.23

2) 费用差异分析

当高分辨率任务返工概率及返工量不超过相应的低分辨率任务时，高分辨率模型费用估计更为准确，而低分辨率模型有估计偏低的风险。尽管难以通过完备的解析式进行比较，但可以做出以下估算。各项任务用时由基本用时和返工用时组成，而各项任务费用则由基本费用和返工费用组成。不同分辨率模型费用差异主要来自返工费用。表 3.10 给出了低分辨率模型各项任务平均返工用时及费用。

表 3.10　低分辨率模型各项任务平均返工用时及费用

任务标识	平均返工用时/周	平均返工费用/万元
L1	0.00	0.00
L2	0.00	0.00
L3	2.29	10.30
L4	2.03	10.16
L5	2.29	16.03
L6	0.53	1.58
L7	0.59	2.35
合计	—	40.43

当高分辨率任务返工概率及返工量不超过相应的低分辨率任务时，返工次数与触发返工的任务数呈正相关关系。结合经验数据，高分辨率任务的返工次数不会低于对应所属的低分辨率任务，通常会达到对应所属低分辨率任务的 1.5 倍左右。例如，高分辨率模型中有 4 项任务可能导致任务 T301 返工，任务 T301 所属的低分辨率任务 L3 有 3 项任务可能导致其返工，比例系数为 $4/3\approx1.33$。因此，对低分辨率模型的返工费用乘以一定的比例系数，即可对低分辨率模型的总费用做出修正估计，如表 3.11 所示。修正估计值接近高分辨率模型和高分辨率模型排序

后的平均费用值。

表 3.11 低分辨率模型费用及其修正估计

变量名称	变量和公式	数值
低分辨率模型总费用平均值/万元	$\bar{C}_{\mathrm{Z}}^{\mathrm{L}}$	261.49
低分辨率模型返工费用平均值/万元	$\bar{C}_{\mathrm{R}}^{\mathrm{L}}$	40.43
基本费用平均值/万元	$\bar{C}_{\mathrm{Z}}^{\mathrm{L}}-\bar{C}_{\mathrm{R}}^{\mathrm{L}}$	221.06
返工费用系数	K	1.50～2.00
返工费用平均值修正估计/万元	$K\cdot\bar{C}_{\mathrm{R}}^{\mathrm{L}}$	60.65～80.86
总费用平均值修正估计/万元	$\bar{C}_{\mathrm{Z}}^{\mathrm{L}}+(K-1)\bar{C}_{\mathrm{R}}^{\mathrm{L}}$	281.71～301.92

参 考 文 献

[1] Helgerson D A, Billingsley D W, Doerry N H. Initial DSM application to U.S. navy ship design[C]//International Design Structure Matrix Conference, Greenville, 2009: 383-397.

[2] Cooper S, Allen G, Smith R, et al. Ship design process modeling: Capturing a highly complex process[C]//International Design Structure Matrix Conference, Massachusetts, 2011: 393-406.

[3] Doerry N. Using the design structure matrix to plan complex design projects[C]//ASNE Intelligent Ships Symposium, Philadelphia, 2008: 1-15.

[4] Deng L, Lin Y, Jin C, et al. Optimization on design structure matrix method and its application for shipbuilding planning[C]//The Sixth World Congress on Intelligent Control and Automation, Dalian, 2006: 7395-7399.

[5] 刘强, 冯佰威, 刘祖源. 基于设计结构矩阵的船舶 MDO 建模[J]. 华南理工大学学报 (自然科学版), 2015, 43(4): 69-77.

[6] 徐青. 舰船总体设计流程分析[J]. 中国舰船研究, 2012, 7(5): 1-7.

[7] Eppinger S, Browning T. Design Structure Matrix Methods and Applications[M]. Commonwealth: MIT Press, 2012.

[8] Mirshekarian S. DSM excel macro version 2.1[EB/OL]. http://www.dsmweb.org/en/dsm-tools/research-tools/excel-macros-for-parti tioning.html[2017-7-11].

第 4 章　基于多分辨率建模的技术风险评估方法

第 3 章研究了系统研制费用和进度方面的风险评估问题。费用风险和进度风险是基础性的风险类型。对于复杂系统研制，这两类风险往往并非原生风险，而是由其他风险产生的衍生风险。其中，技术风险是对复杂系统研制起决定性作用的风险成分，许多进度和费用方面的风险事件往往有深层次的技术风险问题。合理准确地量化评估技术风险，在风险分析和管控中具有挑战性。

4.1　相关研究及问题分析

1. 相关研究

在各类文献中，技术风险的称谓和定义不尽相同，存在技术风险(technical risk)、性能风险(performance risk)、技术性能风险(technical performance risk)等相近称谓。相关研究还探讨了技术风险、性能风险内涵的联系和区别[1, 2]。在不引起歧义的情况下，技术风险定义为在规定时间内、在一定经费保障条件下，目标系统未能达到预期要求的不确定性及其后果[3]。除了经验研究[4]，相关研究主要采用以下三种技术途径：

(1) 指标等级量化的评估方法。其中一类是基于技术性能指标的等级评估方法，在关键性能参数(key performance parameter，KPP)、有效性度量(measures of effectiveness，MOE)、匹配性度量(measures of suitability，MOS)等指标基础上，通过评估技术性能度量(technical performance measures，TPM)、技术性能指数及其分布(technical risk index & distribution，TRI&TRID)等指标[2, 5, 6]，评估系统达到技术性能要求的实现程度；另一类是应用广泛的 TRL[7]，将技术性能指标与技术实现难度和成熟条件联系起来，并划分为若干等级，该方法已形成详细、成熟的操作实施细则，而且在技术成熟度基础上，还发展出考虑多项系统或技术综合的集成成熟度、系统成熟度，用于全寿命周期其他阶段的制造成熟度、使用成熟度等。

(2) 基于概率分析的方法。该方法主要采用故障树分析(fault tree analysis，FTA)与失效模式影响分析(failure mode and effects analysis，FMEA)[8]、概率风险评估(probabilistic risk assessment，PRA)[9]、贝叶斯网络分析[10]等，往往从系统结构分解、功能实现、因果关联的角度，通过概率模型分析和评估技术风险事件的概率及影响。

(3) 基于仿真的方法。该方法采用蒙特卡罗仿真[2]、图示评审技术(graphic evaluation and review technique，GERT)[11]、Petri 网[12]、系统动力学[13]等方法构建系统过程模型，在设定进度费用约束、任务成功率等条件下，以随机性仿真的方式评估系统研制的成功概率。

2. 问题分析

对于大型武器装备等复杂系统，不论是从研制阶段、还是从全寿命周期来看，风险组成通常包括费用、进度、技术和计划四大类。由于计划风险往往与国家发展战略、政策体制、经济形势、管理机构等方面的系统外部变化有关，就目标系统而言，主要应考虑费用、进度和技术三类风险。其中，费用风险、进度风险是研究较为全面深入、研究成果最为丰富的风险领域。从本质上看，技术风险是复杂系统研制中起决定性作用的风险成分，是其风险演化过程分析的重点和难点。

综合来看，相关研究分析中的前两种途径是从技术风险定义出发的直接评估，第三种途径采取的是间接方法。基于技术性能指标的等级评估方法，虽可通过详细成熟的实施规范，在一定程度上降低主观性和随意性，但易导致评估过于乐观或过于保守。而且，该方法采用的技术成熟度并不等同于风险，未将技术性能指标与技术风险产生的概率及导致的后果直观地联系起来，与系统演化过程的关联程度较低，缺少动态分析。基于概率分析的方法主要适用于系统局部或底层结构，对掌握系统构成、技术功能原理的要求较高。尤其是对于复杂系统，系统全局或综合层次的技术风险建模难度较大。基于仿真的方法是复杂系统分析的有力工具，也是相关研究采用的新途径之一。然而，系统过程模型中与技术成熟度相关的关键动态参数估计方法较少，系统过程模型与系统结构之间往往缺乏联系。系统发展演化过程中，系统组成粒度细化对过程模型提供的信息也未能利用和详加考察。

本章将结合上述方法优点，建立技术风险评估方法，并使其具有随系统演化过程对技术风险评估保持更新和分析粒度提升的能力。该方法采用系统过程建模仿真的总体框架，利用技术成熟度的规范化方法评估系统组成的技术实现条件和难度，通过矩阵化的系统描述及关联关系推理，建立各分系统技术成熟度与系统过程模型动态参数之间的量化关系，进而根据仿真结果的进度、费用情况，间接评估技术风险。

4.2 基于设计结构矩阵的系统成熟度

技术成熟度方法及其衍生的集成成熟度、系统成熟度方法，是一类用于度量系统研发、技术进展程度的评估方法和工程化流程。采用 DSM 描述和计算，可进一步发挥其简洁直观、易于理解、方便计算的优势。

4.2.1　技术成熟度

技术成熟度评估是一种基于技术发展成熟规律，采用标准化量测等级，对技术成熟程度进行评测的系统化过程和程序。它包括 4 个基本要素：技术成熟度、技术成熟度等级、技术成熟度评估(technology readiness assessment，TRA)和关键技术元素。

1. 技术成熟度

技术成熟度是技术相对于某个具体系统或项目所处的发展状态，它反映了技术对项目预期目标的满足程度。任何一项技术都有其发展成熟的过程，从理论上说，技术和系统的发展都遵循相似的演变(成熟)轨迹，技术应用于一个系统要以其成熟性、功能性、环境适应性及融入该系统的可能性为依据。

2. 技术成熟度等级

TRL 是对特定技术成熟程度进行度量和评测的一种标准和尺度，是对技术达到预期目标符合程度的一种度量标准[7]。TRL 可用于评估特定技术的成熟度，判断不同技术对同一项目目标的满足程度。它基于事物客观发展规律，将技术从萌芽状态到成功应用于系统的整个过程划分为几个阶段，为决策部门和科研机构提供了一种统一的标准化通用标识。

TRL 最早由美国国家航空航天局在 1989 年正式提出。首次提出时，TRL 只有 7 级，1995 年美国国家航空航天局将 TRL 划分修改为 9 级。此后，美国国防部、总审计署、能源部等都采用 9 级 TRL 技术成熟度等级。国内在引入 TRL 标准时也主要采用 9 级 TRL 技术成熟度等级。美国空军、国家航空航天局、国土安全部均已制定了详细的实施细则，从技术研发的详细过程入手，细化每个等级的技术成熟度，并通过考察细则中各项工作完成情况判断每个关键技术元素是否达到相应技术成熟度标准。目前，国内外统一的标准是 9 级技术成熟度等级[7]，具体等级定义如表 4.1 所示。

表 4.1　TRL 标准

TRL	定义
1	发现技术基本原理或见于报道
2	阐明技术概念和用途
3	验证技术概念的关键功能和特性
4	在实验室环境下完成基础部件/原理样机验证

续表

TRL	定义
5	在相关环境下完成部件/原理样机验证
6	在相关环境下完成系统/分系统模型或样机验证
7	在使用环境下完成系统样机验证
8	完成实际系统试验验证
9	完成实际系统使用验证

3. 技术成熟度评估

TRA 是采用 TRL 对技术的成熟度进行评估的一套方法、流程和程序。它是通过一个正式的、系统化的、基于度量标准的过程评估系统中采用的关键硬件和软件技术的成熟程度，并形成正式的评估报告。TRA 除了采用统一的 TRL，还涉及一个科学、严谨的评估流程，以保证整个评估过程的客观性和公正性。

4. 关键技术元素

在 TRA 流程中需要识别出项目中最受关注的因素，针对这些因素分别进行评估，既能实现项目的精细化管理，又能提高评估效率。这些因素通常称为关键技术元素(central technology element，CTE)，它是在规定的时间、规定的费用范围内为完成项目设定的性能要求和任务必须依赖的关键技术，或其应用的领域内在详细设计或演示验证期间存在重大技术风险的技术。

具体项目中涉及的某项技术能否成为 CTE 主要取决于：①该项技术能否在可接受的研发进度及研发、生产和运行成本的范围内满足系统性能需求；②该项技术或其应用方式是否具有关键性或创新性，其应用领域内在详细设计或演示验证期间是否存在重大技术风险等。

CTE 在不同的项目中可能有不同的表现形式，它可以是子系统级或部件级与软件、硬件、制造技术或全寿命周期内其他要素相关的技术。识别 CTE 是 TRA 的基础，对一项技术、一个系统或产品，准确、有效地识别所有的 CTE 对 TRA 至关重要。如果未能识别所有的 CTE，而在后续工作当中这些 CTE 未能达到必需的成熟度，则势必会对系统性能、计划进度和成本造成不利的影响。反之，如果在该阶段中过于保守，识别出过多 CTE，那么那些本应重点关注的 CTE 反而会受资源和研究精力所限，而未能得到足够重视，从而导致技术发展过于缓慢，对系统性能、计划进度和成本产生影响。

4.2.2 集成成熟度与系统成熟度

技术成熟度最初用于单项技术评估，对于复杂系统需使用集成成熟度等级(integration readiness level，IRL)评估各分系统之间的集成匹配程度[14]。IRL 是对各种技术之间相互作用程度和协调性的一种系统性度量，用于评估系统集成状态，其综合考虑集成中接口、标准等物理属性，各关键技术之间相互作用的匹配兼容和一致性要求。IRL 分为 9 级[14]，具体等级定义如表 4.2 所示。

表 4.2　IRL 标准

IRL	定义
1	技术之间的接口已经明确，并能描述细节特征
2	通过接口描述技术之间相互作用的关系
3	技术之间有兼容性，可有序、有效集成及相互作用
4	技术之间有足够的详细信息以确保集成质量
5	具有建立、管理和终止所需技术集成的控制机制
6	集成技术能按既定规则接收、解释和构建信息
7	有充分细节验证和确认技术集成具有可行性
8	完成集成并在典型环境下进行试验验证
9	集成通过实际实施获得验证

传统方法是将各分系统技术成熟度和集成成熟度按照系统构成综合起来，得到一个总的评估结果。这种评估结果存在两方面不足：一是单一的综合评估值仅为静态等级，与表征系统研制代价的进度、费用及研制成败不确定性没有直观的联系；二是得到了系统总体的综合评估，但损失了分系统的局部情况，实际上少数成熟度过低的分系统往往成为研制失败的关键。

本节将各分系统的技术成熟度和存在集成关系的分系统之间的集成成熟度，以 DSM 的形式加以描述。分系统技术成熟度数值在矩阵的顶端和左侧列出，分系统之间的集成成熟度数值在 DSM 中列出。为了更直观地展现成熟度高低及分布情况，用灰度深浅描述成熟度高低。灰度越深表明成熟度越低，越有可能成为技术层面的风险源，如图 4.1 所示。系统成熟度与过程模型动态参数的量化关系将在 4.2.3 节给出。

将分系统技术成熟度和相互间集成成熟度综合后得到新的 DSM，称为系统成熟度矩阵 DSM_R。矩阵元素 r_{ij} 由式(4.1)计算得到，其中 TRL_i、TRL_j 分别为分系统 i、j 的技术成熟度，IRL_{ij} 为分系统 i 与 j 之间的集成成熟度。系统成熟度矩阵 DSM_R 如图 4.2 所示，灰度越深表明成熟度越低。

$$r_{ij} = \mathrm{TRL}_i \cdot \mathrm{TRL}_j \cdot \mathrm{IRL}_{ij} \tag{4.1}$$

		S01	S02	S03	S04	S05	S06	S07	S08	S09	S10
		6	6	8	9	6	6	9	9	7	6
S01	6	9									
S02	6	6	9		6						
S03	8		6	9					8		
S04	9				9	7				7	
S05	6	7		6		9	7				
S06	6	7			6		9		6		
S07	9				9	6		9		7	6
S08	9					7	6	9	9		6
S09	7							7		9	6
S10	6			6				6			9

图 4.1　TRL 和 IRL 矩阵

		S01	S02	S03	S04	S05	S06	S07	S08	S09	S10
		6	6	8	9	6	6	9	9	7	6
S01	6	324									
S02	6	216	324		324						
S03	8		288	576					576		
S04	9				729	378				441	
S05	6	252		288		324	252				
S06	6	252			324		324		324		
S07	9				729	324		729		441	324
S08	9					378	324	729	729		324
S09	7							441		441	252
S10	6			288				324			324

图 4.2　系统成熟度矩阵

4.3　系统仿真建模

在过程模型中，按照相应的次序和相互影响关系执行各项任务，其中包括顺序、并行、耦合等任务执行关系。当各种变更发生时，任务的耦合迭代会导致不同程度的任务返工。除去工序安排、管理效率等影响，费用增长、进度延长往往源于任务耦合、反复迭代，在更深层面上与技术成熟度密切相关。下面将根据系统成熟度矩阵、系统结构和过程模型，估计返工概率和返工量。

4.3.1　返工概率估算

返工概率矩阵 Q 以过程模型(图 3.3)为基础。该过程模型对应矩阵设为 $\mathrm{DSM_T}$，$\mathrm{DSM_T}$ 中为“0”的矩阵元素不存在任务间的关联，因而返工概率为 0。对于 $\mathrm{DSM_T}$ 中为“1”的矩阵元素，根据 2.3.2 节关联推理可得

$$R = \mathrm{DMM}' \otimes \mathrm{DSM}_R \otimes \mathrm{DMM} \tag{4.2}$$

R 的矩阵元素既包含了技术成熟度、集成成熟度，又涵盖了系统结构、过程之间

的关联关系。DSM_R 不同于 0 和 1 组成的二值矩阵，其矩阵元素为实数，因此 $\otimes$ 运算规则可类比定义为：当 $Z = X \otimes Y$ 时，按式(4.3)计算矩阵元素。

$$z_{ij} = \min_k \left(x_{ik} \cdot y_{kj} \right) \tag{4.3}$$

式中，$\min(\cdot)$表示关联程度按所涉分系统技术成熟度、集成成熟度综合值的最低水平计算。

一般而言，成熟度越高，返工概率越低。最简单的方法是以线性函数建立成熟度与返工概率的关系。这里采用指数函数：在成熟度较低时，随成熟度的降低，返工概率加速上升；在成熟度较高时，随成熟度的提高，返工概率减缓降低。任务 j 触发任务 i 返工，返工概率的计算表达式为

$$q_{ij} = \exp\left(-\alpha \cdot r_{ij}\right) + \beta \tag{4.4}$$

式中，q_{ij} 为返工概率；r_{ij} 为式(4.2)中 R 矩阵的对应元素；α、β 为参数。设定成熟度为 0 时，返工概率为 1；成熟度为 729(最大可能值 9^3)时，返工概率为基本返工率 0.1(即无技术风险情况下仍有部分工作存在调整和返工的可能，可根据具体情况设定)。根据上述设定，可以计算参数 α、β，则确定参数后的函数为

$$q_{ij} = \exp\left(-0.00316 r_{ij}\right) \tag{4.5}$$

返工概率确定过程总结如下。返工概率矩阵 Q 的矩阵元素 q_{ij} 按下列三种方式设定：当 DSM_T 和关联关系矩阵 R 第 i 行、第 j 列矩阵元素均为 1 时，返工概率由式(4.5)计算；当 DSM_T 第 i 行、第 j 列矩阵元素为 1、而在 R 中为 0 时，返工概率 q_{ij} 设为基本返工概率 0.1；除此之外，q_{ij} 均为 0。

4.3.2　返工量估算

如果任务 j 触发任务 i 返工，那么表明任务 j 所涉分系统的设计发生变更或调整。通过分系统之间的关联关系，将变更影响传递到涉及相同分系统的任务 i，导致任务 i 需做相应程度的返工。这一关联传递影响已在 2.3.2 节关联推理中给出推导过程。可由任务 j 与任务 i 共同涉及的分系统数量在任务 i 所涉分系统总数的占比来估算任务 i 的返工量，如式(4.7)所示。将该占比乘以对应任务用时，即可得到该任务具体的返工任务量。

$$V = \left[v_{ij} \right]_{n \times n} \tag{4.6}$$

$$\begin{aligned} v_{ij} &= \frac{\text{任务}j\text{与任务}i\text{共同涉及的分系统数量}}{\text{任务}i\text{所涉分系统总数}} \times 100\% \\ &= \frac{N\left[\Omega\left(\mathrm{DMM}_i\right) \cap \Omega\left(\mathrm{DMM}_j\right) \right]}{N\left[\Omega\left(\mathrm{DMM}_i\right) \right]} \times 100\% \end{aligned} \tag{4.7}$$

式中，V 为返工量矩阵；n 为任务数；v_{ij} 为任务 j 触发任务 i 的返工量；DMM_i 和 DMM_j 表示 DMM(图 2.15)的第 i 列和第 j 列；$\Omega(\cdot)$表示 DMM 某列向量中任务所涉分系统的集合；$N(\cdot)$表示集合中元素的数量。若根据工作量设置分系统权重，则返工量估计将更为准确。

与第 3 章的设定相似，为了模拟在现实中认识深入、经验积累的渐进过程，这里引入学习因子 $\theta(0<\theta<1)$。当任务 j 触发任务 i 返工时，返工量为上一次返工量与学习因子的乘积，其表达式为

$$v_{ij}^{k+1} = \theta \cdot v_{ij}^{k} = \theta^{k} \cdot v_{ij} \tag{4.8}$$

式中，k 表示任务 j 第 k 次触发任务 i 返工。

4.4　算例及分析

算例仍以舰船研制设计为研究对象。系统结构 DSM、过程 DSM 及其之间的 DMM 在前面的建模过程中已作为示例列出(详见图 2.13、图 2.14 和图 2.15)。设计流程中各项任务的用时及费用数据如表 3.3 所示。

算例 1：由图 4.2 所示系统成熟度矩阵计算返工概率及返工量矩阵，分别如图 4.3 和图 4.4 所示。

	T101	T102	T201	T202	T301	T302	T303	T401	T402	T403	T501	T502	T503	T504	T505	T601	T602	T701	T702	T703	T704	T705	T706
T101																							
T102	0.10																						
T201	0.10	0.10		0.10																			
T202	0.10	0.10	0.10																				
T301	0.10	0.10	0.10	0.10		0.40	0.40				0.40												
T302	0.10	0.10	0.10	0.10	0.51		0.40				0.40	0.51	0.51	0.51									
T303		0.10				0.51		0.36			0.36												
T401	0.10		0.10		0.51	0.51			0.16	0.36	0.40	0.51			0.40	0.51							
T402	0.10			0.10		0.40	0.40	0.40			0.40		0.10		0.40	0.10							
T403	0.10		0.10	0.10		0.10	0.10	0.10			0.30		0.25	0.10	0.10	0.10							
T501					0.51	0.51	0.36	0.45	0.40	0.36		0.51				0.51							
T502					0.36	0.40	0.40	0.40			0.40				0.40	0.36							
T503						0.40	0.10				0.36	0.40		0.40		0.45		0.36	0.45	0.45			
T504						0.40					0.40	0.36	0.36			0.36			0.16	0.10			
T505												0.51	0.51						0.36	0.36			
T601						0.45	0.36	0.40	0.40	0.36							0.10						
T602					0.51	0.51	0.36				0.36	0.51		0.51	0.36	0.51							
T701	0.10	0.10	0.10	0.10		0.10										0.45			0.45	0.45			
T702	0.10	0.10	0.10	0.10		0.45							0.45	0.45	0.40			0.36		0.36			0.36
T703	0.10	0.10	0.10	0.10									0.45	0.45	0.40			0.36	0.45				0.45
T704																		0.36	0.36	0.36			
T705						0.51	0.40								0.40	0.51	0.40		0.36	0.36	0.36		0.36
T706	0.10	0.10	0.10	0.10		0.45	0.10						0.45	0.45	0.40				0.45	0.45	0.45	0.40	

图 4.3　返工概率矩阵

	T101	T102	T201	T202	T301	T302	T303	T401	T402	T403	T501	T502	T503	T504	T505	T601	T602	T701	T702	T703	T704	T705	T706
T101																							
T102	0.00																						
T201	0.00	0.00		0.00																			
T202	0.00	0.00	0.00																				
T301	0.00	0.00	0.00	0.00		0.38	0.25				0.38												
T302	0.00	0.00	0.00	0.00	0.50		0.38				0.38	0.50	0.38	0.38									
T303		0.00				0.50		0.50			0.50												
T401	0.00		0.00		0.50	0.50			0.13	0.38	0.38	0.50			0.25	0.25							
T402	0.00			0.00		0.50	0.50	0.50			0.50		0.00		0.50	0.00							
T403	0.00		0.00	0.00		0.50	0.50	0.50			0.50		0.50	0.00	0.00	0.00							
T501					0.50	0.50	0.25	0.50	0.25	0.25		0.50				0.50							
T502					0.50	0.50	0.33	0.33			0.33				0.17	0.17							
T503						0.38	0.13				0.13	0.38		0.25		0.50		0.38	0.38	0.38			
T504						0.50					0.25	0.50	0.25			0.25			0.25	0.00			
T505												0.50	0.33						0.33	0.33			
T601						0.50	0.17	0.33	0.17	0.17							0.00						
T602					0.50	0.50	0.50				0.50	0.50		0.50	0.50	0.50							
T701	0.00	0.00	0.00	0.00		0.17										0.50			0.50	0.50			
T702	0.00	0.00	0.00	0.00		0.38							0.50	0.38	0.38			0.38		0.50			0.50
T703	0.00	0.00	0.00	0.00									0.50	0.25	0.38			0.38	0.50				0.50
T704																		0.50	0.50	0.50			
T705						0.38	0.38								0.50	0.38	0.25		0.38	0.38	0.38		0.50
T706	0.00	0.00	0.00	0.00		0.30	0.10						0.50	0.20	0.40				0.50	0.50	0.30	0.40	

图 4.4　返工量矩阵

算例 2：由于技术风险难以直接量化，可通过不同系统成熟度条件下进度、费用的差距进行比较。假设系统研制设计的技术难度低，系统技术成熟度及集成成熟度矩阵如图 4.5 所示，由此得到的返工概率矩阵如图 4.6 所示。返工量由 DMM 确定，此时 DMM 没有发生变化，因此返工量矩阵不变，仍为图 4.4 对应矩阵。

		S01	S02	S03	S04	S05	S06	S07	S08	S09	S10
		7	8	8	9	8	7	9	9	8	8
S01	7	9									
S02	8	7	9		8						
S03	8		8	9					9		
S04	9				9	8				8	
S05	8	8		8		9	8				
S06	7	7			8		9		7		
S07	9				9	8		9		8	8
S08	9					8	7	8	9		8
S09	8							8		9	8
S10	8			8				8			9

图 4.5　低技术风险下的 TRL 和 IRL 矩阵

	T101	T102	T201	T202	T301	T302	T303	T401	T402	T403	T501	T502	T503	T504	T505	T601	T602	T701	T702	T703	T704	T705	T706
T101																							
T102	0.10																						
T201	0.10	0.10		0.10																			
T202	0.10	0.10	0.10																				
T301	0.10	0.10	0.10	0.10		0.25	0.20				0.20												
T302	0.10	0.10	0.10	0.10	0.29		0.20				0.20	0.29	0.29	0.29									
T303		0.10				0.29		0.20			0.16												
T401	0.10		0.10		0.34	0.34			0.16	0.25	0.20	0.34			0.20	0.34							
T402	0.10			0.10		0.20	0.20	0.20			0.20		0.10		0.20	0.10							
T403	0.10		0.10	0.10		0.10	0.10	0.10			0.16		0.16	0.10	0.10	0.10							
T501					0.29	0.29	0.20	0.29	0.20	0.20		0.29				0.29							
T502					0.25	0.25	0.20	0.20			0.20				0.20	0.25							
T503						0.29	0.16				0.20	0.29		0.29		0.29		0.29	0.29	0.29			
T504						0.25					0.20	0.25	0.25			0.25			0.13	0.10			
T505												0.29	0.29						0.29	0.29			
T601						0.34	0.25	0.29	0.29	0.25							0.10						
T602					0.29	0.29	0.20				0.16	0.29		0.29	0.16	0.29							
T701	0.10	0.10	0.10	0.10		0.16										0.29			0.29	0.29			
T702	0.10	0.10	0.10	0.10		0.34							0.34	0.34	0.29			0.29		0.25			0.25
T703	0.10	0.10	0.10	0.10									0.29	0.29	0.29			0.29	0.29				0.29
T704																		0.29	0.25	0.25			
T705						0.29	0.20								0.20	0.29	0.20		0.29	0.29	0.29		0.29
T706	0.10	0.10	0.10	0.10		0.29	0.10						0.29	0.29	0.29				0.29	0.29	0.29	0.29	

图 4.6　低技术风险下的返工概率矩阵

算例 3：提升系统分辨率能够更详细地描述系统结构、过程中的关联关系及其关联影响程度。随着系统发展的推进，系统组成的详细程度更加清晰具体，技术成熟度也会更为明确或得到修正。因此，在更高的系统分辨率下评估技术风险，将更具优势和潜力。以算例 1 的数据为基础，按 2.3.3 节方法提升系统分辨率后，DMM 如图 4.7 所示，系统结构 DSM、技术成熟度与集成成熟度矩阵如图 4.8 和

	T101	T102	T201	T202	T301	T302	T303	T401	T402	T403	T501	T502	T503	T504	T505	T601	T602	T701	T702	T703	T704	T705	T706
S01.1					1	1										1							
S01.2					1	1							1	1		1							
S01.3												1		1									
S02.1						1									1								
S02.2											1						1					1	
S02.3								1			1				1								
S02.4						1	1															1	
S03					1	1		1	1			1		1	1							1	
S04					1	1	1	1		1		1								1			1
S05.1											1								1				
S05.2											1									1			
S05.3																			1	1			1
S06.1								1								1							
S06.2																1							
S06.3								1											1				
S06.4						1		1											1				
S07													1		1			1				1	
S08					1													1	1		1	1	1
S09.1																		1					
S09.2													1										
S09.3													1							1			
S09.4													1							1			
S10.1													1						1	1			
S10.2													1						1		1		1
S10.3																1							

图 4.7　系统分辨率提升后的 DMM

图 4.9 所示，返工概率及返工量矩阵如图 4.10 和图 4.11 所示。

	S01.1	S01.2	S01.3	S02.1	S02.2	S02.3	S02.4	S03	S04	S05.1	S05.2	S05.3	S06.1	S06.2	S06.3	S06.4	S07	S08	S09.1	S09.2	S09.3	S09.4	S10.1	S10.2	S10.3
S01.1																									
S01.2	1		1																						
S01.3		1																							
S02.1																									
S02.2	1		1	1		1	1																		
S02.3			1		1				1																
S02.4						1			1																
S03						1	1											1							
S04										1	1	1								1	1				
S05.1		1						1				1													
S05.2			1					1		1			1												
S05.3		1	1							1	1		1												
S06.1									1					1											
S06.2			1										1												
S06.3	1	1							1					1		1		1							
S06.4		1							1					1	1			1							
S07									**1**	1		1								1		1	1	1	
S08										1	1		1	1	1		1						1		1
S09.1																	1			1			1		
S09.2																	1		1			1			
S09.3																				1			1	1	
S09.4																	1			1	1		1	1	1
S10.1								1																	
S10.2								1									1						1		1
S10.3																	1							1	

图 4.8　系统分辨率提升后的系统结构 DSM

		S01.1	S01.2	S01.3	S02.1	S02.2	S02.3	S02.4	S03	S04	S05.1	S05.2	S05.3	S06.1	S06.2	S06.3	S06.4	S07	S08	S09.1	S09.2	S09.3	S09.4	S10.1	S10.2	S10.3
		6	8	7	8	6	7	7	8	9	7	8	7	7	6	8	8	9	9	7	9	8	7	8	6	8
S01.1	6	9																								
S01.2	8	7	9	7																						
S01.3	7		8	9																						
S02.1	8				9																					
S02.2	6	6		7	7	9	7	7																		
S02.3	7			7		7	9			8																
S02.4	7						7	9		8																
S03	8						8	8	9										8							
S04	9									9	7	8	7								9	8				
S05.1	7		8						8		9		7													
S05.2	8			8					8		7	9		8												
S05.3	7		7	7							7	8	9	7												
S06.1	7									8				9	6											
S06.2	6			7										6	9											
S06.3	8	6	8							8					7	9	8		8							
S06.4	8		7							8					7	8	9		8							
S07	9									9	8		8					9			9		8	8	7	
S08	9										7	8		7	6	8		9	9					8		8
S09.1	7																	7		9	7			7		
S09.2	9																	9		7	9		7			
S09.3	8																				8	9		8	6	
S09.4	7																	8			8	8	9	7	6	7
S10.1	8								8															9		
S10.2	6								6									8						6	9	7
S10.3	8																								7	9

图 4.9　系统分辨率提升后的 TRL 和 IRL 矩阵

	T101	T102	T201	T202	T301	T302	T303	T401	T402	T403	T501	T502	T503	T504	T505	T601	T602	T701	T702	T703	T704	T705	T706
T101																							
T102	0.10																						
T201	0.10	0.10		0.10																			
T202	0.10	0.10	0.10																				
T301	0.10	0.10	0.10	0.10		0.36	0.24				0.25												
T302	0.10	0.10	0.10	0.10	0.36		0.25				0.34	0.29	0.16	0.29									
T303		0.10				0.25		0.34			0.34												
T401	0.10		0.10		0.40	0.40			0.16	0.20	0.40	0.34			0.25	0.45							
T402	0.10			0.10		0.24	0.24	0.24			0.24		0.10		0.24	0.10							
T403	0.10		0.10	0.10		0.10	0.10	0.10			0.25		0.16	0.10	0.10	0.10							
T501					0.51	0.51	0.40	0.40	0.24	0.20		0.40				0.51							
T502					0.24	0.24	0.24	0.24			0.25				0.24	0.24							
T503						0.40	0.10				0.20	0.40		0.40		0.35		0.26	0.45	0.40			
T504						0.35					0.24	0.29	0.24			0.35			0.16	0.10			
T505												0.34	0.30						0.30	0.20			
T601						0.36	0.20	0.45	0.10	0.20							0.10						
T602					0.51	0.51	0.40				0.40	0.40		0.40	0.40	0.51							
T701	0.10	0.10	0.10	0.10		0.10										0.36			0.30	0.29			
T702	0.10	0.10	0.10	0.10		0.40							0.40	0.40	0.40			0.26		0.40			0.36
T703	0.10	0.10	0.10	0.10									0.45	0.34	0.20			0.20	0.45				0.45
T704																		0.26	0.40	0.40			
T705						0.51	0.40								0.40	0.51	0.36		0.30	0.20	0.30		0.30
T706	0.10	0.10	0.10	0.10		0.40	0.10						0.40	0.40	0.40				0.40	0.40	0.36	0.40	

图 4.10　系统分辨率提升后的返工概率矩阵

	T101	T102	T201	T202	T301	T302	T303	T401	T402	T403	T501	T502	T503	T504	T505	T601	T602	T701	T702	T703	T704	T705	T706
T101																							
T102	0.00																						
T201	0.00	0.00		0.00																			
T202	0.00	0.00	0.00																				
T301	0.00	0.00	0.00	0.00		0.40	0.20				0.30												
T302	0.00	0.00	0.00	0.00	0.42		0.25				0.25	0.33	0.17	0.17									
T303		0.00				0.50		0.50			0.50												
T401	0.00		0.00		0.50	0.50			0.08	0.42	0.25	0.50			0.17	0.25							
T402	0.00			0.00		0.50	0.50	0.50			0.50		0.00		0.50	0.00							
T403	0.00		0.00	0.00		0.50	0.50	0.50			0.50		0.50	0.00	0.00	0.00							
T501					0.50	0.50	0.25	0.50	0.25	0.13		0.50				0.38							
T502					0.50	0.50	0.33	0.33			0.33				0.17	0.17							
T503						0.29	0.07				0.07	0.29		0.21		0.21		0.29	0.36	0.43			
T504						0.50					0.17	0.50	0.33			0.33			0.17	0.00			
T505												0.38	0.13						0.25	0.25			
T601						0.30	0.10	0.20	0.00	0.10							0.00						
T602					0.50	0.50	0.50				0.50	0.50		0.50	0.50	0.50							
T701	0.00	0.00	0.00	0.00		0.17										0.17			0.50	0.50			
T702	0.00	0.00	0.00	0.00		0.43							0.50	0.43	0.29			0.29		0.50			0.43
T703	0.00	0.00	0.00	0.00									0.42	0.25	0.25			0.08	0.50				0.33
T704																		0.50	0.50	0.50			
T705						0.40	0.40								0.50	0.20	0.10		0.30	0.30	0.30		0.40
T706	0.00	0.00	0.00	0.00		0.30	0.10						0.50	0.20	0.30				0.40	0.50	0.20	0.30	

图 4.11　系统分辨率提升后的返工量矩阵

图 4.12～图 4.14 分别汇总了不同算例仿真结果分布和统计情况，表 4.3 列出了

不同算例的进度及费用平均值，表 4.4 列出了进度及费用超出设定风险阈值的概率。

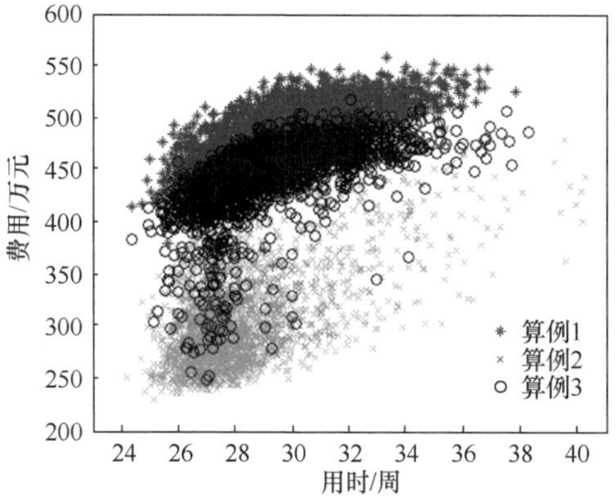

图 4.12　不同算例的进度与费用仿真结果分布

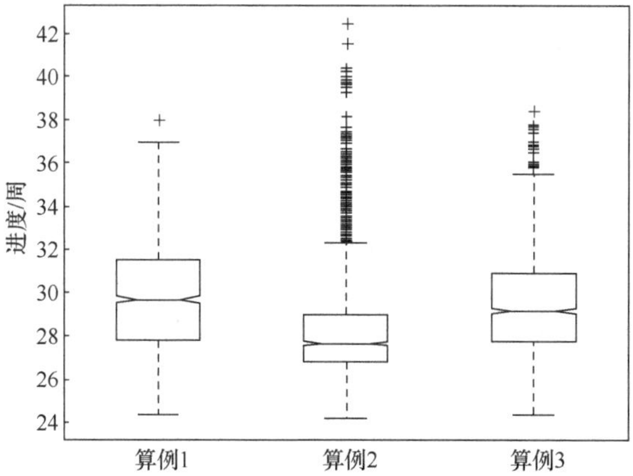

图 4.13　不同算例的进度仿真结果分布

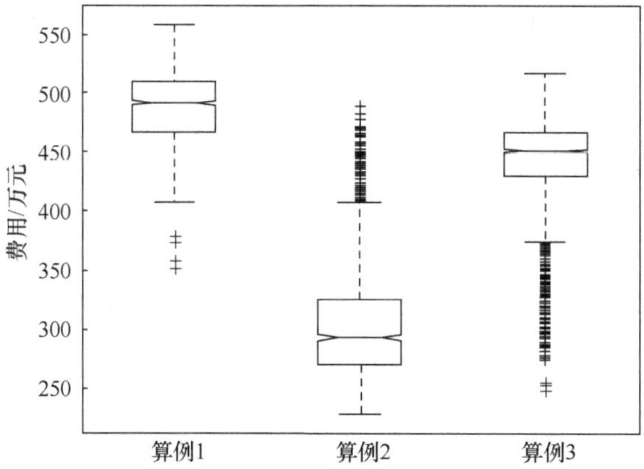

图 4.14　不同算例的费用仿真结果分布

表 4.3　不同算例的进度及费用平均值

统计指标	算例 1	算例 2	算例 3
进度平均值/周	29.83	28.28	29.43
费用平均值/万元	488.10	303.04	443.90

表 4.4　进度及费用超出设定风险阈值的概率

进度阈值/周	费用阈值/万元	超出阈值的概率/%		
		算例 1	算例 2	算例 3
32.00	460.00	81.21	7.49	10.07
30.00	450.00	89.21	15.77	31.87

综合各算例仿真结果可得下列结论：

(1) 进度、费用的分布区域反映了风险水平。由于算例 2 中系统各项技术成熟度较高，算例 2 样本点趋向于进度、费用相对较低的分布区域，表明当系统处于技术成熟度高、技术难度小的情况下，系统趋于进度、费用相对较低的低风险区。

(2) 技术风险的相对度量。技术风险虽难以直接量化，但通过不同算例进度、费用统计差异可以相对度量技术风险。例如，对算例 1 和算例 2 进行比较，如果以算例 2 对应系统为目标或基准，那么算例 1 的系统研制将由于技术成熟度的差异，面临约周期延长 1.5 周、成本增加 185 万元的技术风险。需强调指出的是，风险是后果与概率的综合不确定性，这里的 1.5 周及 185 万元并非可能发生的风险后果，而是统计意义下的期望风险。

(3) 发生技术风险的概率估计。管理决策人员不需对某项任务设定约束或任务成败概率，设定总的进度或费用阈值，即可得到进度或费用超出设定风险阈值的概率(表 4.4)，从而据此选择方案、对重要节点做出决策、制定和采取风险控制措施等。

(4) 系统分辨率的提高有助于技术风险的准确评估。算例 3 的结果是算例 1 在系统经历相应研发，下级系统的构成、技术细节、成熟度条件获得进一步明确和发展之后，系统分辨率更高的模型仿真结果。相对于算例 1，算例 3 样本点趋向于进度、费用相对较低的分布区域。相对于系统分辨率较低的算例 1，在算例 3 中系统成熟度的构成和等级得到粒度更高的精细化评估和修正，进而使仿真结果得以修正。

参考文献

[1] 徐哲，吴瑾瑾. 武器装备项目技术风险研究现状及展望[J]. 北京航空航天大学学报(社会科

学版), 2008, 21(1): 6-9.

[2] Lewis T L. Quantitative approach to technical performance measurement and technical risk analysis utilizing Bayesian methods and Monte Carlo simulation[D]. Washington: George Washington University, 2010.

[3] 吕建伟, 刘中华, 杨建军, 等. 大型海军舰船研制技术风险综合评估的一种结构化方法[J]. 系统工程理论与实践, 2012, 32(10): 2339-2344.

[4] Oehmen J, Olechowski A, Kenley C R, et al. Analysis of the effect of risk management practices on the performance of new product development programs[J]. Technovation, 2014, 34(8): 441-453.

[5] Eggstaff J W. Technical performance measurement and technical risk analysis utilizing the assessment of probability distributions from expert judgment[D]. Washington: George Washington University, 2014.

[6] Eggstaff J W, Mazzuchi T A, Shahram S. A performance-based statistical expert judgment model to assess technical performance and risk[J]. Incose International Symposium, 2012, 22(1): 2101-2112.

[7] Mankins J C. Technology readiness assessments: A retrospective[J]. Acta Astronautica, 2009, 65(9): 1216-1223.

[8] Barends D M, Oldenhof M T, Vredenbregt M J, et al. Risk analysis of analytical validations by probabilistic modification of FMEA[J]. Journal of Pharmaceutical & Biomedical Analysis, 2012, 64-65(4): 82.

[9] Mohaghegh Z, Kazemi R, Mosleh A. Incorporating organizational factors into probabilistic risk assessment (PRA) of complex socio-technical systems: A hybrid technique formalization[J]. Reliability Engineering & System Safety, 2009, 94(5): 1000-1018.

[10] Tzeng S. Management towards success-defense business system acquisition probability of success model[D]. Fairfax: George Mason University, 2015.

[11] Xu Z, Li H. Assessing performance risk for complex product development: A simulation-based model[J]. Quality & Reliability Engineering International, 2013, 29(2): 267-275.

[12] Lee A. Petri net modeling of fault analysis for probabilistic risk assessment[D]. Oshawa: University of Ontario Institute of Technology, 2013.

[13] Boateng P, Chen Z, Ogunlana S O. Megaproject Risk Analysis and Simulation: A Dynamic Systems Approach[M]. Bingley: Emerald Group Publishing Company Limited, 2017.

[14] Sauser B, Gove R, Forbes E, et al. Integration maturity metrics: Development of an integration readiness level[J]. Journal of Chemical Technology & Biotechnology, 2010, 63(1): 37-47.

第5章 基于网络模型的复杂装备系统风险演化分析

在复杂系统的相关研究中，风险分析不再仅仅局限于对风险源相对独立地加以辨识、评估和控制。复杂系统内风险源及其关联关系交织形成风险网络，风险演化成为复杂系统风险分析的重要研究对象。以大型舰船、航空航天系统为代表的武器装备属于典型的复杂系统。复杂系统结构和相关过程呈现网络化特征。研究复杂系统风险演化机理和规律,将有助于识别风险演化的关键节点和传播链路,为控制风险和降低冗余复杂性提供参考和借鉴。

5.1 相关研究及问题分析

1. 相关研究

风险演化有多种相近的称谓，还包括风险传递、风险链、风险演变、风险关联等，相关研究采用基于图论、复杂网络理论、贝叶斯网络等多种研究途径。Li等提出了项目风险元传递理论，风险元传递具有链式、层式、网络式、混沌式等传递方式,对受主客观影响的风险因素予以区分,将受客观影响的随机性风险因素定义为风险元，其提出了广义项目应用维、风险元传递路线维、风险元传递方法维三维结构的风险元传递理论及其衍生技术[1]。在风险元传递方法研究上采用信息技术、统计模拟、智能解析及优化方法，运用系统动力学模型描述各风险元及系统内部、外部变量的相互关系。Grag 采用技术成熟度和网络节点重要度定义风险，评估关联节点之间传递的影响程度[2]。Eusgeld 等和 Fang 等基于复杂网络理论分别研究了复杂系统关键基础设施、大型工程项目的风险交互作用[3,4]，揭示了复杂网络在确定关键风险因素、发掘大型工程项目风险演化特性方面的价值。基于复杂网络理论针对具体应用领域的研究还包括：赵贤利等对机场飞行区风险演化网络拓扑结构及其风险控制策略的分析[5]；肖盛等对电网脆弱性和电力系统风险评估问题的研究[6,7]；覃璇等对矿山尾矿库风险演化网络结构特征及其关键节点的研究[8]。从贝叶斯网络的研究角度出发，Lee 等基于贝叶斯网络对船舶建造等大型工程项目的进度风险预测，反映贝叶斯网络建模及推理能力在风险演化分析中的优势[9]。Qazi 等采用贝叶斯网络建立供应链风险管理的综合模型，研究了风险、损失、风险控制策略及相应成本之间的关联影响[10]。

总体来看，复杂工程和社会系统的风险演化具有显著的网络特征，借助贝叶斯网络建模及推理能力、复杂网络理论对网络关键节点及拓扑结构的特征提取方法，有助于厘清风险演化的机理和规律。图论、复杂网络理论提供了丰富的网络结构特征指标，为评估节点重要性带来了便利，但很多网络结构特征指标缺少反映系统过程中传递关联影响的动态信息。有的研究采用贝叶斯网络描述关联影响传递的因果联系和程度，对风险演化的动态分析具有借鉴作用，但风险演化网络主要通过经验构建，网络结构的确定依据值得商榷，主观影响程度较大。

2. 问题分析

在复杂系统演化过程中，某一阶段的特定风险因素或事件可能在本阶段内产生风险后果，也可能在其他相关子系统、其他阶段产生远端的隐性影响，并在某些风险因素或事件的共同作用下表现出积累效应。尽管风险是风险管控中需要克服和消除的对象，但同时又是贯穿装备系统演化过程始终的重要因素。风险如同注入系统演化机体中的“活性物质”，经过复杂的传递、复制、变异、组合、迁移等演变过程，将不同阶段中大量的实体、事件、资源、过程及其不确定性，广泛而深刻地联系起来，形成动态的层次网络结构。

以往获得风险网络主要是通过专家经验、因果分析、危害性分析等定性或半定量分析方法。上述方法的缺陷显而易见：一是不可避免地引入主观因素，度量值的可信度有限；二是方法以还原论为指导思想，可能割裂风险关联，难以深层次识别风险的传递积累效应。针对上述问题，至少有以下两种研究思路用以分析风险网络及其风险演化机理。

1) 基于关联网络的复杂网络特征分析

复杂系统研制涉及的系统结构和相关过程呈现高度的网络化特征，各类风险在这个网络内外动态随机地产生，并沿着网络传播、转移和演变。可以预见风险网络具有复杂网络的某些典型拓扑结构和动态演化特征，该思路运用复杂网络拓扑结构特征的度量指标，评估网络及网络节点的结构特征值，刻画风险演化链路的形态、结构、路径和统计特征，并在此基础上归纳风险节点、风险链路类型及其表现的风险演化模式和规律。

2) 基于统计学习的网络提炼和分析

网络结构特征指标可以描述网络结构中节点的重要性程度。网络拓扑结构一旦确定，节点重要性程度通常是确定值。基于 DSM 的研制过程模型对应的是有向有圈的网络图，而贝叶斯网络是有向无圈的网络图，尚不能直接由 DSM 转化为风险演化的贝叶斯网络。为避免单纯依赖专家经验构建风险网络结构，这一转化过程需要度量网络节点之间因果影响程度的数据样本，并在数据样本的基础上提炼获得贝叶斯网络结构。通过系统流程建模仿真提供的数据样本，运用贝叶斯学习方法提炼风险演化网络，研究风险网络关键节点的构成因素，辨识风险演化的关键节点和传播链路。

贝叶斯网络模型继承了变量之间的因果关系，用概率分布定量地表达网络变量之间因果关系的影响程度和传播概率。借助贝叶斯网络的推理和诊断能力，综合历史数据和专家经验，动态预测关注对象的风险水平，诊断风险诱因和发生条件。设定相应的风险评估等级，通过灵敏性分析，可辨识出对改进风险水平有潜在价值的重要节点，获得某些重要节点在风险权衡后的探索性结果，揭示风险在演变过程中的依赖程度和网络对风险演变的结构性影响。

5.2 基于复杂网络特征指标的网络静态分析

对系统的分析不仅要针对系统中单独个体的内容和特征，还必须关注来自其他个体的影响。孤立地分析个体往往所见有限，采用整体的系统分析则能获得更多有价值的信息。复杂网络理论正是体现这种思想的系统方法。复杂网络是一种能够很好地描述自然科学、社会和工程技术领域的系统模型，是呈现高度复杂性的网络。尽管复杂网络没有一个固定统一的定义，但普遍认为具有自组织、自相似、吸引子、小世界、无标度中部分或全部性质的网络均可视为复杂网络。

复杂网络应用数学上图论的相关概念构建其核心要素：复杂网络可以视为由若干具有独立特征且与其他个体相互连接的节点集合；每个个体可抽象为图中的一个节点，节点间的相互连接则视为图中的边。从理论上讲，任何包含大量组成单元或子系统的复杂系统，当构成单元抽象为节点、单元之间的相互作用抽象为边时，都可以当作复杂网络加以研究，如人与人之间的社会关系、计算机之间的网络连接、神经元之间的通信反馈作用、生物个体之间的依存关系等。复杂网络为研究复杂系统提供了一种新的描述方式，可以更为深入地了解和分析系统结构和行为。

本章通过 DSM 等矩阵形式描述复杂系统结构或过程的关联网络，将其抽象为由节点和边组成的网络图。对于复杂系统，系统结构或过程的规模庞大、相互关联关系复杂，可以形成具有复杂网络特征的网络结构。通过对复杂网络结构特征指标的计算，即可分析表征系统结构和过程的节点在网络中的重要性程度。

假设网络图 $G=(V,E)$有 n 个节点和 m 条边，节点集合为$V=\{v_1,v_2,\cdots,v_n\}$，边的集合为$E=\{e_1,e_2,\cdots,e_m\}$。网络图 G 的邻接矩阵为 $A=[a_{ij}]$，其中

$$a_{ij}=\begin{cases}1, & \text{节点}i\text{与节点}j\text{相连}\\ 0, & \text{节点}i\text{与节点}j\text{不相连}\end{cases} \tag{5.1}$$

本章讨论的网络图为有向图，因此各指标均按有向图讨论。下面简要列举复杂网络理论中主要的网络特征指标[11]，作为静态分析中度量节点重要度的各项指标。

1. 出/入度、出/入度分布

出度是某节点到其他节点的连接边数，入度是其他节点到某节点的连接边数，出/入度分布反映不同出/入度值的节点在整个网络中的概率分布情况。

$$k_i^{\text{out}}=\sum_{j\neq i}a_{ij} \tag{5.2}$$

$$k_i^{\text{in}}=\sum_{j\neq i}a_{ji} \tag{5.3}$$

$$p_k^{\text{out}}\sim\frac{N(k)}{n} \tag{5.4}$$

$$p_k^{\text{in}}\sim\frac{N(k)}{n} \tag{5.5}$$

式中，k_i^{out} 和 k_i^{in} 分别为节点 i 的出度、入度值；$N(k)$ 表示出/入度为 k 的节点数；p_k^{out} 和 p_k^{in} 分别表示出度、入度为 k 的节点在整个网络中出现的概率。

2. 度、度分布

度是入度与出度之和，也称为度值中心度(degree centrality)，度分布反映不同度值的节点在整个网络中的概率分布情况。节点 i 的度 k_i 和度值为 k 的概率分布 p_k 为

$$k_i=k_i^{\text{in}}+k_i^{\text{out}} \tag{5.6}$$

$$p_k\sim\frac{N(k)}{n} \tag{5.7}$$

3. 介数中心度

网络中每个节点的地位是不同的。衡量一个节点的重要性时，度值(degree)可以作为一种衡量指标，但度值相同的节点，其重要性可能不同。例如，连接两个子网络的中间节点，虽然度值不高，一旦该节点缺失，整个网络将切割为两个不能互通的子网络。网络中不相邻节点之间的最短路径会途经某些节点，若其中某个节点被许多条这样的最短路径经过，则表示该节点在网络中很重要。度量这种类似桥梁作用程度的指标称为介数。有多种基于介数的指标，其中节点介数中心

度(betweenness centrality)定义为：某节点属于其他任意两点间最短路径的路径数与所有可能最短路径数的比值。介数中心度反映节点对网络中沿最短路径传播的网络控制力，也可反映该节点在网络传播中的负载情况。

$$B_i = \sum_{i \neq j,z} \left(\frac{l_{jz}^i}{l_{jz}} \right) \tag{5.8}$$

式中，B_i 为节点 i 的介数中心度；l_{jz} 为节点 j 到节点 z 的最短路径总数；l_{jz}^i 为节点 j 到节点 z 经过节点 i 的最短路径数。

4. 紧密中心度

紧密中心度(closeness centrality)通常用某节点与其他节点平均距离的倒数表示，描述节点位于网络中心位置的程度。紧密中心度高的节点不一定与其他节点连接数大，但在网络中往往处于中心或枢纽位置，产生的影响能更快地传播到网络中的其他节点。

$$d_i = \frac{1}{n_i} \sum_{j=1}^{n_i} d_{ij} \tag{5.9}$$

$$C_i = \frac{1}{d_i} = \frac{n_i}{\sum_{j=1}^{n_i} d_{ij}} \tag{5.10}$$

式中，d_{ij} 为节点 i 到节点 j 的最短距离；d_i 为节点 i 到其他节点的平均距离；n_i 为节点 i 能够到达的节点个数；C_i 为节点 i 的紧密中心度。

5. 特征向量中心度

网络邻接矩阵 $A=[a_{ij}]$最大特征值的特征向量的每个分量即对应节点的特征向量中心度(eigenvector centrality)。该指标强调节点之间相互影响的累计叠加效果，节点重要性不仅与自身所处的网络位置有关，还取决于相邻节点的数量和重要程度。

$$X=cAX \tag{5.11}$$

式中，X 为特征向量；c 为特征值的倒数；A 为邻接矩阵。

6. PageRank

PageRank 又称佩奇排名、网页排名。1997 年，谷歌创始人拉里·佩奇和谢尔盖·布林构建早期的搜索系统原型时提出的链接分析算法——PageRank 算法。PageRank 算法的核心思想是对网页的重要程度进行排序，也就是对网络中各个节点的重要程度进行排序。该算法最初用于评估网页重要程度，实际上可以作为评估网络中节点重要程度的一种度量。若节点 w 存在一个指向节点 v 的连接，则表明

w 的所有者认为 v 比较重要，从而把 w 的一部分重要性得分赋予 v。这个重要性得分值为 $\mathrm{PR}(w)/L(w)$。其中，$\mathrm{PR}(w)$为 w 的 PageRank 值，$L(w)$为 w 的出度。v 的 PageRank 值为一系列类似于 w 的页面重要性得分值的累加。如果一个节点(网页)被很多其他节点(网页)链接，说明它受到普遍的承认和信赖，那么排名就较高。该指标通过指向该节点的其他节点数和重要度描述节点重要性程度。一个网页的 PageRank 是由所有链向它的网页(链入网页)的重要性经过递归算法计算得到的。一个有较多链入网页的节点会有较高的等级，相反如果一个节点没有任何链入网页，那么它就没有等级。PageRank 系数的具体计算过程可参考文献[12]。

5.3　基于贝叶斯学习的网络动态分析

分析复杂系统网络动态特征需要确定网络结构，有效的结构学习方法是构建网络的关键。以往构建风险网络的常用方法是根据专家经验和调研数据，主观地确定网络结构。虽然利用专家知识和经验，操作直观简便，但网络结构主观性较大，风险网络中的隐蔽结构不易发现。

贝叶斯网络使用概率统计对复杂不确定性问题进行推理和数据分析，能够系统描述随机变量之间的关联关系，是随机变量之间概率化关联程度的图形化描述。贝叶斯网络由一个有向无环图(direct acyclic graph，DAG)构成。图中的节点代表随机变量，节点之间的有向边代表节点之间的关联关系。贝叶斯网络通过图形化的网络结构，直观地表达随机变量的联合概率分布。贝叶斯网络具备诸多分析优势，现已发展成为一种应用十分广泛的数据分析、信息推理、知识挖掘工具，是人工智能、机器学习等领域中不确定性知识表示的主要方法之一。针对本章提炼风险网络、推理风险传递、识别风险重要节点的分析需求，贝叶斯网络与其他分析技术结合进行因果分析，有利于对知识、经验和规律的挖掘及理解，特别是在不确定性因素较多的情况下，能够做出精确度、可信度更高的预测和估计，并有效降低对数据的过度拟合。

根据样本数据，运用特定算法进行贝叶斯网络结构学习，则可确定网络结构。为降低依赖专家知识和经验的主观性，可将仿真获得的丰富数据作为贝叶斯网络学习的数据基础。通过贝叶斯学习的结构学习算法获得可信度更高的风险演化网络，挖掘直观上不易察觉的关联关系。获得风险演化网络之后，便可对关键节点和传播链路作进一步分析。

5.3.1　样本数据处理及风险等级划分

系统建模与仿真产生了模拟现实流程的大量仿真数据。例如，第 3 章算例生成的数据，这些数据包含单项任务用时、费用、总进度用时和总费用的样本值。设 T_n^k 为第 n 次仿真中任务 k 的计划时间，T_n^k 由任务 k 的用时分布函数抽样获得，根据成本函数进而可得任务 k 的计划费用 C_n^k。根据关键路径法可得第 n 次仿真中总进度和总费用的理论预计值，分别记为 $\mathrm{ET}_n^{\mathrm{Z}}$ 和 $\mathrm{EC}_n^{\mathrm{Z}}$。分别计算第 n 次仿真中总进度、总费用相对于理论预计值的比例系数为

$$\widehat{t}_n^{\mathrm{Z}} = \frac{t_n^{\mathrm{Z}} - \mathrm{ET}_n^{\mathrm{Z}}}{\mathrm{ET}_n^{\mathrm{Z}}} \tag{5.12}$$

$$\widehat{c}_n^{\mathrm{Z}} = \frac{c_n^{\mathrm{Z}} - \mathrm{EC}_n^{\mathrm{Z}}}{\mathrm{EC}_n^{\mathrm{Z}}} \tag{5.13}$$

分别计算第 n 次仿真中各项任务进度、费用相对于计划值的比例系数，其表达式为

$$\widehat{t}_n^k = \frac{t_n^k - T_n^k}{T_n^k}, \quad k = 1,2,\cdots,K \tag{5.14}$$

$$\widehat{c}_n^k = \frac{c_n^k - C_n^k}{C_n^k}, \quad k = 1,2,\cdots,K \tag{5.15}$$

式中，$\widehat{t}$ 和 $\widehat{c}$ 分别为进度和费用样本值转化后的比例系数；t_n^{Z} 和 c_n^{Z} 分别为第 n 次仿真的实际总进度和总费用；t_n^k 和 c_n^k 分别为第 n 次仿真中任务 k 的实际进度和费用；K 为任务总数。样本值与理论预期值的比值作为风险等级的划分依据。根据风险接受程度划分风险等级，其表达式为

$$l^t = l_i^t, \quad \widehat{t}_i < \widehat{t} \leqslant \widehat{t}_{i+1} \tag{5.16}$$

$$l^c = l_i^c, \quad \widehat{c}_i < \widehat{c} \leqslant \widehat{c}_{i+1} \tag{5.17}$$

式中，l_i^t 和 l_i^c 分别表示进度和费用的第 i 级风险等级，如高风险、低风险等。统计位于各风险等级区间的样本数量，作为下一步学习网络结构的统计数据。

5.3.2　网络结构学习

构建风险演化网络的目的是识别不同风险等级的节点之间存在的关联关系。各项任务为网络中的节点。在考察进度或费用风险时，以各节点进度风险和费用风险状况为相应的风险源。风险等级划分将各项任务及总流程的用时和费用状态离散化。以这些划分为不同风险等级的仿真数据为学习样本，进行贝叶斯网络结构学习。

设网络结构 B 包含 K 个节点变量$(x_1, x_2,\cdots, x_K)$，每个节点变量 x_k 有 r_k 种可能取值，对应不同风险等级。过程建模仿真获得的样本数据集为 D，包含 N 个样本。从数据中学习贝叶斯网络，是针对给定数据集找到一个与数据集拟合最好的网络结构。根据贝叶斯定理有

$$p(B|D)=\frac{p(B,D)}{p(D)}=\frac{p(B)\cdot p(D|B)}{p(D)} \tag{5.18}$$

式中，$p(B)$为先验概率分布(如均匀分布)；$p(D)$为与网络结构无关的正规化常数；$p(D|B)$为似然概率。可针对每个可能的网络结构，通过样本数据集 D 计算似然概率，从而获得后验概率。

常用的结构学习方法主要有两类：基于依赖性测试的学习和基于搜索评分的学习。这里以基于搜索评分方法中普遍采用的 K2 算法[13]为基础，将各节点与其父节点连接后贡献的评分累计乘积作为后验概率，即

$$p(D|B)=\prod_{k=1}^{K}\text{score}(k,\pi_k) \tag{5.19}$$

式中，score(·)为评分函数。评分函数 score(·)根据候选网络结构，将节点变量风险等级取值在相应数据样本的占比作为估计，即

$$\text{score}(k,\pi_k)=\prod_{m=1}^{q_k}\frac{(r_k-1)!}{(N_{km}+r_k-1)!}N_{km}\prod_{l=1}^{r_k}N_{kml}\,! \tag{5.20}$$

式中，π_k为节点变量 x_k 的父节点集，父节点集具有 q_k 种不同的组合；N_{kml} 为样本数据集 D 中当节点变量 x_k 为 r_k 中的第 l 种风险等级且 x_k 父节点集为第 m 种组合的样本个数。N_{kml} 与 N_{km} 满足如下关系：

$$N_{km}=\sum_{l=1}^{r_k}N_{kml} \tag{5.21}$$

K2 算法为每个节点寻找父节点集来学习贝叶斯网络结构。经过不断向父节点集中添加节点，可以选择能最大化数据和结构的联合概率的节点集。即对父节点集 π_k 中添加节点，选择能使总体后验概率 $p(B|D)$最大化的结构，进而获得进度风险和费用风险演化网络。

5.3.3　关键节点辨识

贝叶斯学习获得了风险网络结构及网络参数，其中网络参数是网络上直接相连节点之间的条件概率值。因此，只要设定目标节点(如表征总进度、总费用的节点)的风险等级作为概率推理的证据，通过风险演化网络，就可以计算其他节点发生不同程度风险的后验概率分布。例如，通常会关注总进度和总费用在风险等级较高的情况下，哪些任务进度超时或费用超支情况比较严重，从而诊断总进度和总费用发生较高风险的源头及其影响程度。

设任务进度和费用风险概率阈值分别为 p_{S} 和 p_{C}，用以表示总体高风险等级条件下，任务进度风险或费用风险后验概率的可接受程度。阈值可根据风险接受程度或风险影响的大小具体设定。若超过风险概率阈值，则表明总体的高风险与

该任务(节点)的高风险密切相关，应将这样的任务(节点)视为风险网络的关键节点。具体确定方法为，风险网络的关键节点是在总风险超过第 j^*级风险时，后验概率分布超过风险阈值的任务并集，即

$$G_{p_s}=\bigcup_{j\geqslant j^*}G_{p_s}^j \tag{5.22}$$

$$G_{p_s}^j=\left\{k\middle|P\left(\mathrm{DR}_\mathrm{S}^k\geqslant l_{i^*}^{\mathrm{DR}_\mathrm{s}}\middle|\mathrm{ZR}_\mathrm{S}=l_j^{\mathrm{ZR}_\mathrm{s}}\right)\geqslant p_\mathrm{S},\quad k=1,2,\cdots,K\right\} \tag{5.23}$$

式中，G 为任务集合；K 为任务总数；DR_S^k 为任务 k 的进度风险；ZR_S 为总进度风险；$l_{i^*}^{\mathrm{DR}_\mathrm{s}}$ 为任务进度的第 i^*级风险等级；i^*为关注风险等级的最低级别。同理，费用风险关键节点的任务集合为

$$G_{p_c}=\bigcup_{j\geqslant j^*}G_{p_c}^j \tag{5.24}$$

$$G_{p_c}^j=\left\{k\middle|P\left(\mathrm{DR}_\mathrm{C}^k\geqslant l_{i^*}^{\mathrm{DR}_\mathrm{c}}\middle|\mathrm{ZR}_\mathrm{C}=l_j^{\mathrm{ZR}_\mathrm{c}}\right)\geqslant p_\mathrm{C},\quad k=1,2,\cdots,K\right\} \tag{5.25}$$

5.4　基于网络模型的舰船装备研制风险演化分析

本节仍以第 3 章提供的舰船研制为背景，在该算例提供的仿真数据样本基础上，运用贝叶斯学习方法，提炼风险演化网络，分析网络节点在风险演化传播中的动态特征，辨识风险演化网络的关键节点和传播链路。通过与复杂网络特征指标评估下静态特征的对比分析，研究网络动态特征与静态特征的差异。

5.4.1　网络节点重要度的静态分析

根据图 3.3 中的 DSM 建立设计流程网络结构，如图 5.1 所示。前面列举了反映节点重要性程度的若干指标，这些指标大体可分为两类：节点自身局部重要性程度、考虑其他节点的全局重要性程度。

1. 节点的局部重要性程度

图 5.1 通过节点大小、颜色深浅体现度值高低。各节点度值如表 5.1 所示。

表 5.1　节点度值及排序

任务	入度	出度	度	任务	入度	出度	度
T101	0	12	12	T202	3	9	12
T102	1	9	10	T301	7	5	12
T201	3	9	12	T302	10	15	25

续表

任务	入度	出度	度	任务	入度	出度	度
T303	4	11	15	T601	6	10	16
T401	10	6	16	T602	8	2	10
T402	9	3	12	T701	8	4	12
T403	11	3	14	T702	11	8	19
T501	8	10	18	T703	10	8	18
T502	7	7	14	T704	3	2	5
T503	9	8	17	T705	9	1	10
T504	7	7	14	T706	13	3	16
T505	4	9	13				

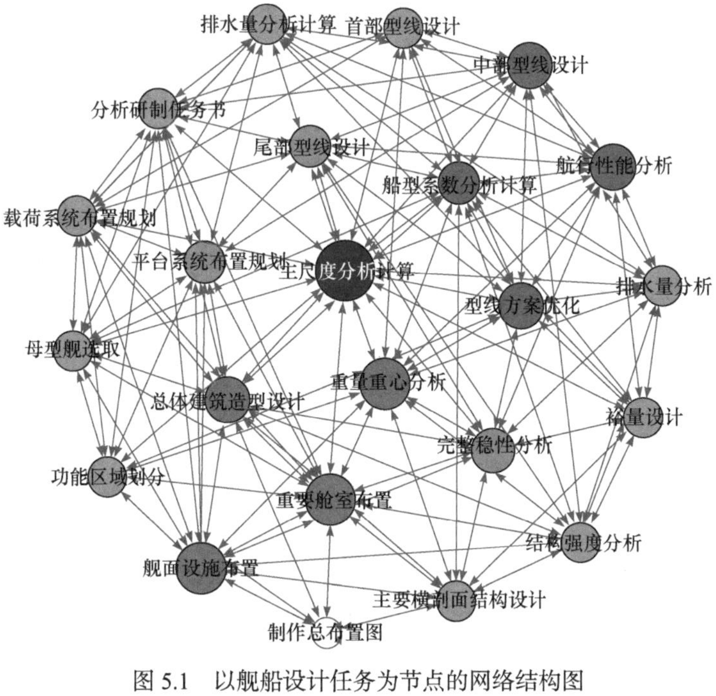

图 5.1　以舰船设计任务为节点的网络结构图

以节点出度、入度为横纵坐标的散点分布如图 5.2 所示。出度、入度平均值将散点区域划分为四部分。A 区节点出度、入度均较高，表明受其他节点影响和对其他节点施加影响的数量较大，往往对应中心性、枢纽性节点。B 区节点入度高、出度低，对应综合性、输入性节点。C 区节点出度高、入度低，对应控制性、输出性节点。D 区节点出度、入度均较低，对应执行性节点。

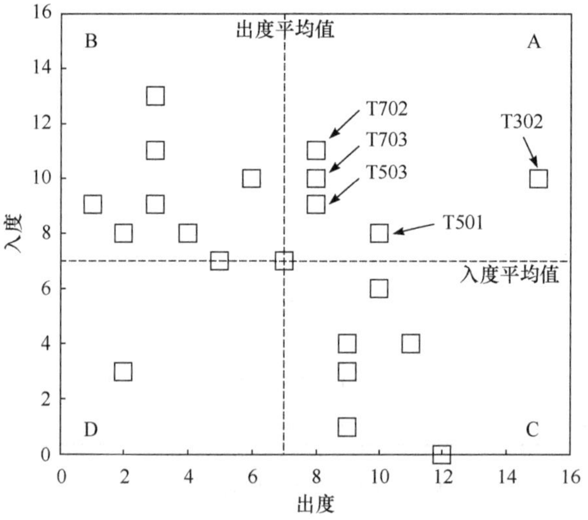

图 5.2　节点出度及入度散点分布

入度分布、出度分布、度分布的拟合曲线如图 5.3 所示。总体来看，其不符合复杂网络理论中的幂律分布，与泊松分布也有明显区别。既有大量在中部集中的节点，又有与平均度偏离程度较大的节点，节点重要性程度存在显著的层次划分。中等度值节点较多且相对集中，说明网络中以中等连接程度的任务居多。高度值节点相对较少，但仍存在相当数量的综合性、控制性均较强的关键节点。此外，还存在一定数量度值偏低的节点(尤其是出度)，表明综合性、输入性节点具有相当程度的占比。具体来看，与舰船等复杂系统研制设计需要在多学科领域综合集成等因素相关。

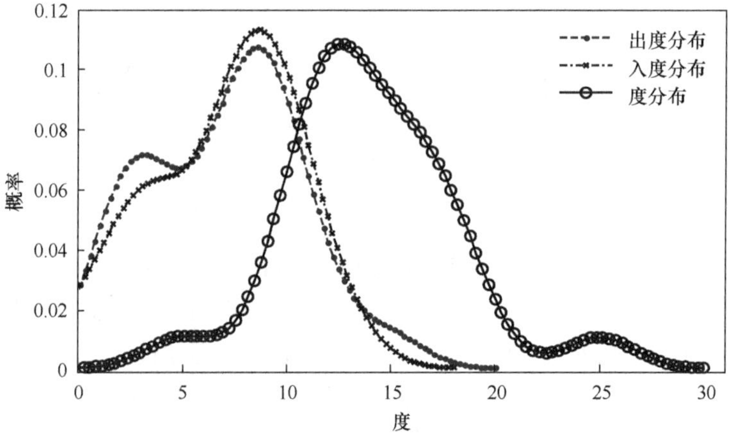

图 5.3　入度、出度、度的拟合分布

2. 节点的全局重要性程度

节点的重要性程度不仅取决于自身与网络的连接关系，还与其他相连节点的数量和重要性程度相关，网络结构特征指标值及排序如表 5.2 所示。对各项指标值归一化后，各节点的指标均值及综合排序如表 5.2 所示。

表 5.2　网络结构特征指标值及排序

排序	度值中心度		介数中心度		紧密中心度		特征向量中心度		PageRank 系数		综合评估	
	任务	评估值	任务	评估值	任务	评估值	任务	评估值	任务	评估值	任务	评估值
1	T302	25	T302	51.10	T302	0.86	T706	1.00	T706	0.14	T302	0.76
2	T702	19	T702	37.65	T601	0.69	T503	0.97	T705	0.10	T706	0.69
3	T501	18	T503	36.84	T303	0.69	T705	0.94	T702	0.08	T702	0.66
4	T703	18	T706	36.45	T101	0.69	T403	0.91	T703	0.08	T503	0.64
5	T503	17	T703	35.58	T501	0.67	T504	0.85	T601	0.05	T703	0.62
6	T401	16	T601	33.43	T202	0.65	T401	0.85	T503	0.05	T501	0.58
7	T601	16	T505	27.58	T201	0.65	T702	0.84	T501	0.05	T601	0.58
8	T706	16	T501	22.61	T503	0.64	T501	0.83	T401	0.05	T504	0.51
9	T303	15	T504	21.87	T505	0.64	T402	0.77	T504	0.04	T401	0.49
10	T403	14	T401	13.94	T102	0.64	T602	0.77	T403	0.04	T505	0.44
11	T502	14	T502	11.92	T504	0.62	T703	0.75	T402	0.04	T403	0.42
12	T504	14	T701	11.24	T502	0.60	T601	0.68	T602	0.03	T502	0.41
13	T505	13	T403	9.04	T702	0.56	T502	0.67	T505	0.03	T705	0.38
14	T101	12	T303	7.16	T703	0.56	T302	0.65	T701	0.03	T402	0.36
15	T201	12	T402	6.07	T401	0.55	T505	0.51	T302	0.03	T303	0.36
16	T202	12	T301	5.04	T301	0.55	T701	0.48	T502	0.03	T602	0.30
17	T301	12	T602	3.78	T403	0.47	T303	0.37	T704	0.03	T701	0.30
18	T402	12	T705	2.08	T402	0.47	T704	0.34	T303	0.02	T301	0.26
19	T701	12	T202	0.92	T701	0.46	T301	0.31	T301	0.02	T101	0.21
20	T102	10	T201	0.78	T602	0.44	T202	0.01	T202	0.01	T202	0.20
21	T602	10	T704	0.58	T706	0.38	T201	0.01	T201	0.01	T201	0.20
22	T705	10	T102	0.33	T704	0.29	T102	0.00	T102	0.01	T102	0.18
23	T704	5	T101	0.00	T705	0.28	T101	0.00	T101	0.01	T704	0.10

表 5.3 列出了综合排序前 10 位的节点，并对在单项指标中排序位列前 5 的节点用“√”号标记。其中，单项指标描述了相应的网络结构特征。单项指标值及其排序反映节点在网络结构中某一方面的重要度，综合评估值及其排序则反映各类重要度的总和。其中，综合排序前 5 位的 5 个节点均具有 3 项高排序的

单项指标。尤其是对于介数中心度指标，综合排序前 5 位的节点均具有综合的高排序，因此在复杂系统研制流程网络中应特别重视介数中心度高的任务节点。而在紧密中心度的表现上，综合排序前 5 位的节点仅有 1 个，说明中心化程度高的节点很少，这与复杂系统研制过程中分布式研发、高度综合集成的特点相符合。综合排序第 6～10 位节点的高排序单项指标数量迅速减少。高排序单项指标的其他个别节点在表 5.3 右侧补充列出。

表 5.3　基于复杂网络特征指标的关键节点

特征指标	网络结构特征	T302	T706	T702	T503	T703	T501	T601	T504	T401	T505	其他
度值中心度	连接性强、关联性强	√		√	√	√	√					
介数中心度	网络传播控制力强、网络负载大	√	√	√	√	√						
紧密中心度	位置中心化程度高、影响力传播迅速	√					√	√				T303 T101
特征向量中心度	关联节点累计影响程度大		√		√				√			T705 T403
PageRank 系数	关联节点重要性程度高		√	√		√		√				T705

综合来看，通过网络静态分析，识别复杂系统研制流程网络中的关键节点，重点在于综合排序靠前的节点，并且还应根据它们对应的高排序单项指标把握其具体网络结构特征。另外，对于不在综合排序前列而单项指标很高的节点，则应根据其高排序单项指标具体分析和识别对应的网络结构特征。

5.4.2　基于贝叶斯网络的动态分析

按超出计划值或理论预计值的可接受程度，将风险水平划分为 5 个级别，如表 5.4 所示。表 5.4 中区间表示样本值与计划值(也可为理论预计值)的比值范围。在此区间内的样本与相应的风险等级对应。

表 5.4　风险等级划分

风险等级	任务用时	任务费用	总进度	总费用
低风险	(0.00, 1.00]	(0.00, 1.00]	(0.00, 1.00]	(0.00, 1.00]
较低风险	(1.00, 1.25]	(1.00, 1.25]	(1.00, 1.05]	(1.00, 1.05]

续表

风险等级	任务用时	任务费用	总进度	总费用
中等风险	(1.25, 1.50]	(1.25, 1.50]	(1.05, 1.10]	(1.05, 1.10]
较高风险	(1.50, 1.75]	(1.50, 2.00]	(1.10, 1.15]	(1.10, 1.15]
高风险	(1.75, +∞]	(2.00, +∞]	(1.15, +∞]	(1.15, +∞]

仍以第 3 章中舰船设计流程为研究对象，对于低分辨率任务(图 3.2)，通过贝叶斯学习获得的进度风险、费用风险演化网络结构分别如图 5.4 和图 5.5 所示。

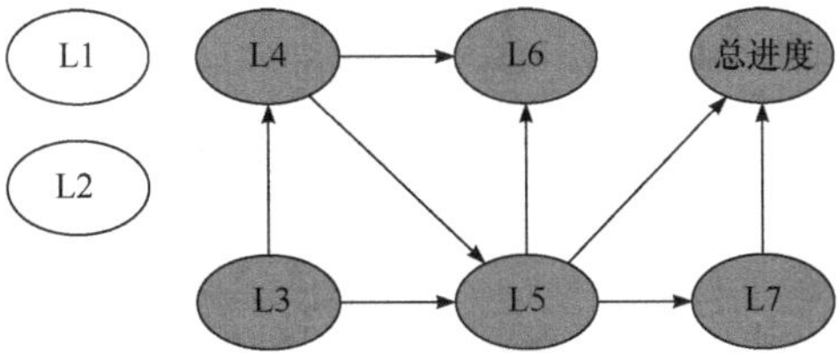

图 5.4　基于低分辨率模型的进度风险演化网络结构

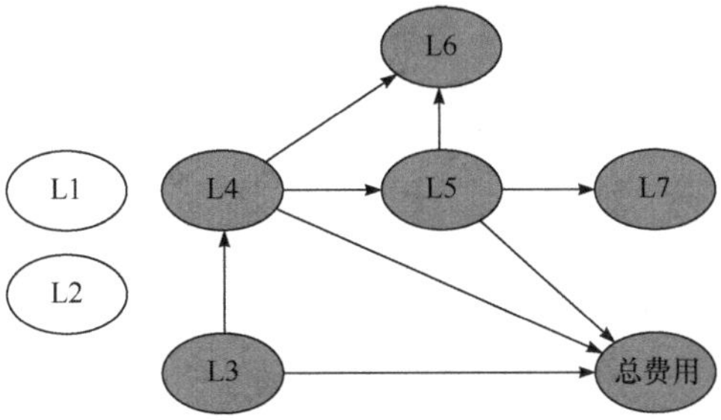

图 5.5　基于低分辨率模型的费用风险演化网络结构

进度风险和费用风险演化网络中，任务 L1 和任务 L2 对整个风险网络的影响很小，成为独立于网络之外的节点。风险传播方向主要按照任务顺序进行。在算例设定的参数条件下，部分节点对总进度或总费用不具有显著的风险传播影响。例如，任务 L6 与总进度或总费用节点没有箭头连接，因此任务 L6 不是总进度或总费用发生较高等级风险的成因。在当前系统过程模型的参数设定下，不会对总进度和总费用风险产生进一步的显著影响。又如，任务 L5 对进度风险和费用风险均具有直接影响。

低分辨率模型的结果给出了风险网络的总体概貌。在系统过程的细节辨识精度不高的情况下，能够有效减少构造风险网络的主观性，使分析者能够直观而便捷地聚焦于分析重点，如网络起点任务 L3 对最终节点的影响程度如何、哪项下级工作流程是任务 L5 中的关键环节、任务 L7 是否对总费用风险确无影响等。在低分辨率条件下获得的风险网络难以回答和解释这些问题。较低的模型分辨率限制了对系统描述的准确度和精细程度，所模拟的系统行为自然难以体现更为细致的观察和评估，其准确性和可信度也十分有限。

以下分析将所有低分辨率任务细化为高分辨率任务。不过这并不是必需的，应根据关注的问题、获取高分辨率任务细节和参数的代价或可行性而定。对于高分辨率任务，通过贝叶斯学习获得的进度风险、费用风险演化网络结构分别如图 5.6 和图 5.7 所示。

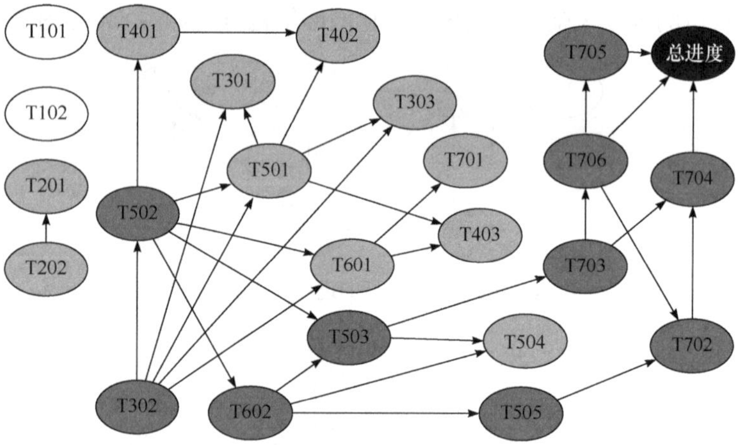

图 5.6　基于高分辨率模型的进度风险演化网络结构

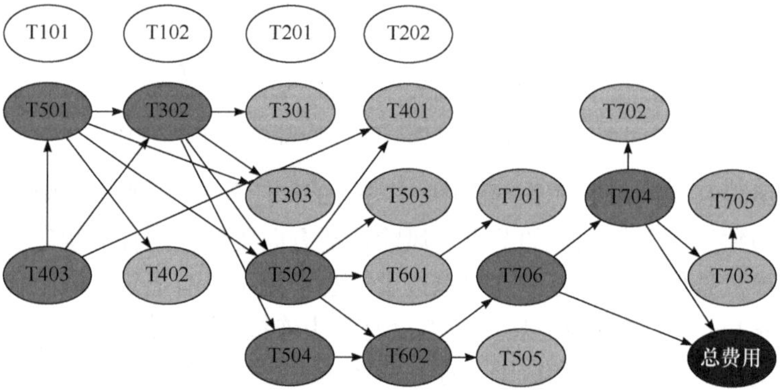

图 5.7　基于高分辨率模型的费用风险演化网络结构

相比于低分辨率模型，基于高分辨率模型的结果展现了更为详细的风险网络。总体来看，不同分辨率条件下的风险网络在总体结构上具有相似性：总体上风险传播方向按照任务顺序演进，高分辨率任务与对应的低分辨率任务在风险网络中的位置也具有相似性，小部分节点孤立于网络之外(如任务 T101、T102、T201、T202，对应于低分辨率任务 L1、L2)，对其他节点不构成显著影响。低分辨率模型中，任务 L6 对总进度、总费用风险没有显著影响、任务 L7 对总费用风险没有显著影响。但在高分辨率条件下，任务 L6、任务 L7 中对总进度、总费用风险具有影响的下级任务可以得到辨识。例如，高分辨率条件下，任务 T602 位于费用、进度的风险传导链路中，任务 T704、T706 位于费用的风险传导链路中。

风险网络中的各节点构成了不同于图 5.1 的网络结构。相比于流程的网络结构，风险网络结构中节点之间的有向连接数量较少。这表明，存在连接关系的任务之间不一定存在风险层面的关联影响，在风险演化网络中相当一部分节点对总进度、总费用节点没有直接或间接关联影响。

在模型及各参数不变的情况下，将仿真样本量增加到 5000，贝叶斯学习生成的风险网络没有发生变化。这说明在不改变 DSM、任务用时、费用及返工情况等动态特性的条件下，风险演化网络具有稳定性。当动态特性发生变化时，风险网络结构可能发生改变。例如，当设定任务 T503 的返工触发概率为零，即该任务不再发生返工时，重新仿真后重构的进度风险网络如图 5.8 所示，任务 T503 因不发生返工而丧失不确定性，既不对其他节点构成风险影响，也不受其他节点的影响，成为孤立于风险网络之外的节点。此时，该任务不会从上游任务传导风险给它的下游任务，因此其他节点在网络中的位置也有不同程度的变化。上述仿真试验的比较分析说明，风险演化的网络结构与任务用时、费用及返工情况等动态特性密切相关。

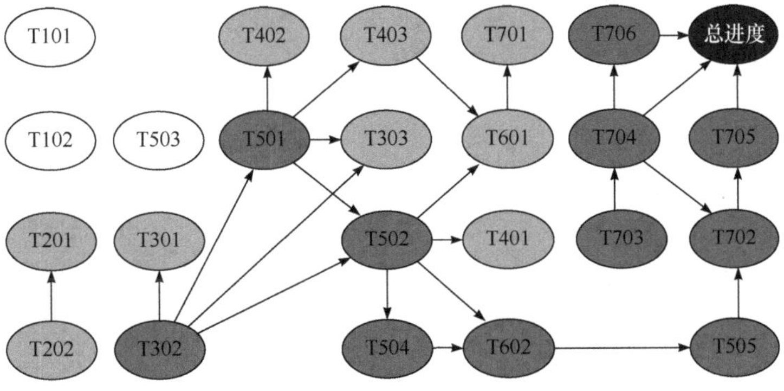

图 5.8　任务 T503 不发生返工的进度风险演化网络

5.4.3　风险传播链路及关键节点

5.4.2 节利用仿真数据学习获得的风险网络，在改变某网络节点的情况下，观察风险网络的变化情况。从本质上讲，这是网络结构中自上而下地研究某原因出现情况下结果发生的概率，属于贝叶斯网络的因果推理。本节将研究问题反转过来，自下而上地研究某结果出现情况下，造成该结果发生的原因及发生概率，属于贝叶斯网络的诊断推理，目的是找到问题的源头及影响途径。在风险网络分析中，即识别出风险的关键节点和传播链路。

风险网络中并非所有节点都能通过有向边到达总节点。通过有向边可到达总节点的网络节点是风险传播链路的构成节点，在图 5.6、图 5.7 中用深灰色标记。经由这些节点到达总节点的任意一条路径可视为风险传播链路。如果将总节点处于较高风险和高风险等级视为风险事件，那么传播链路上对该风险事件具有突出影响程度的节点即关键节点。控制关键节点的风险等级将有助于阻断风险传播链路，降低总体风险。以图 5.8 为例，任务 T503 为进度风险网络传播链路的节点。当设定任务 T503 不再触发返工时，进度风险网络及传播链路发生改变。原本经由任务 T502、T503 传递至 T703、T706 的影响被阻断，其他传播链路也有局部变化。

下面对图 5.6 和图 5.7 所示风险演化网络做进一步分析。设总进度、总费用风险等级分别为 ZR_S 和 ZR_C，风险传播链路节点的风险等级分别为 DR_S 和 DR_C。根据贝叶斯网络学习获得的网络参数，图 5.9 分别列出 ZR_S 为高风险、较高风险情况下，风险传播链路节点 DR_S 为较高风险和高风险的概率及 DR_S 大于或等于较高风险的概率排序。同理，图 5.10 列出费用风险的相应概率及排序。

根据风险接受程度设置风险概率阈值，由式(5.22)～式(5.25)确定风险网络的关键节点。这里假设任务进度风险概率阈值 p_S=0.3，任务费用风险概率阈值 p_C=0.2，汇总图 5.9 和图 5.10 中超过风险概率阈值的节点，将其作为关键节点，风险传播链路及其关键节点如表 5.5 所示。

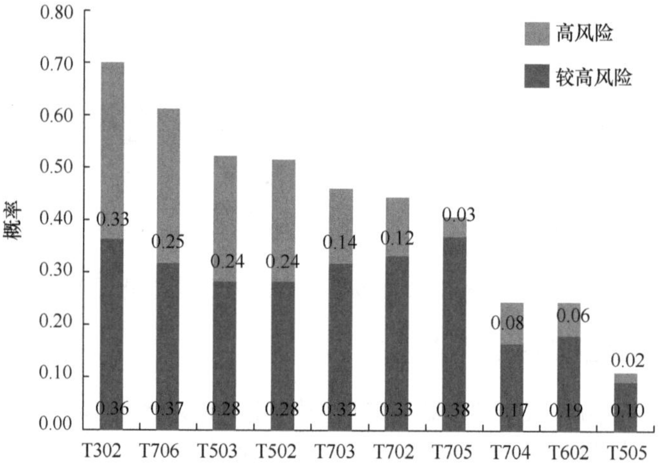

(a) ZR_S为高风险

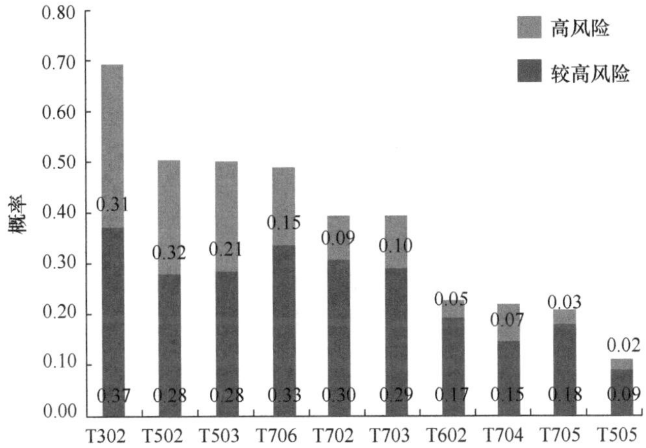

(b) ZR_S为较高风险

图 5.9　进度风险传播链路的节点风险等级及排序

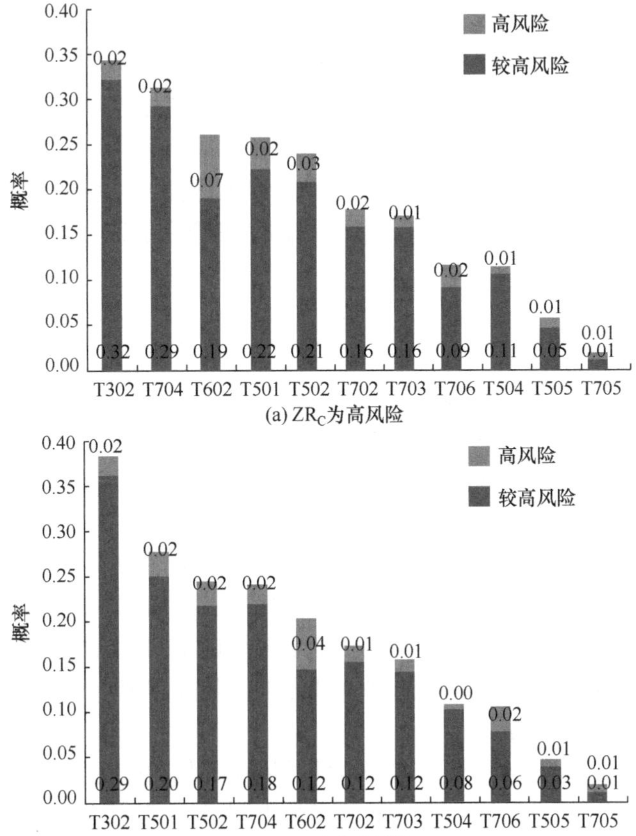

(a) ZR_C为高风险

(b) ZR_C为较高风险

图 5.10　费用风险传播链路的节点风险等级及排序

表 5.5 风险传播链路及关键节点

节点类型	总进度风险	总费用风险
风险传播链路节点	T302 T502 T602 T503 T505 T702 T703 T704 T706 T705	T403 T501 T302 T502 T504 T602 T706 T704
关键节点	T302 T706 T503 T502 T703 T702 T705	T302 T704 T602 T501 T502

综合网络节点重要度的静态分析和基于贝叶斯网络的动态分析，两种方式的分析结果既有联系，也有区别，主要表现在以下方面。

1. 关键节点的构成差异性和网络影响力

静态关键节点均为进度风险网络的关键节点，说明网络结构重要度高的节点在风险网络中也具有重要的影响力。另外，还有一些风险网络的关键节点并非静态分析的关键节点，如任务 T501、T502、T602、T704、T705。这表明对网络的影响力一部分由结构性原因构成，另一部分由系统过程的动态特性构成。如果这些静态分析中的非关键节点具有足够高的动态特性值(如任务用时、费用和返工等方面具有较高的估值或不确定性)，那么也可能成为动态分析中的关键节点；如果静态分析中的关键节点同时具有较高的动态特性，那么会因其结构重要度高，对风险网络产生更为显著的影响力，如任务 T302 在上述各种网络中均为关键节点。这一分析结果也印证了该项工作(主尺度分析计算)在舰船方案设计阶段的关键作用。

2. 网络结构及关键节点的稳定性

描述节点连接关系的静态网络一旦确定，就能确定网络结构和关键节点，因此静态网络及其关键节点具有较强的稳定性。但在动态分析中，网络结构、关键节点、传播链路会因不同的问题对象而发生改变。例如，进度风险网络和费用风险网络结构不同，还会在网络的动态特性(任务用时、费用、返工概率及工作量等参数)变化时发生改变，如图 5.8 的示例。

综上所述，静态分析评估了系统网络中来自结构性的节点重要度，动态分析则通过更为复杂的系统过程动态仿真数据提炼风险网络，采用统计意义下超出风险阈值的可能性，评估节点的重要度。基于网络模型的风险演化分析，为观察复杂系统内在关联关系、识别结构重要性和风险演化关键节点提供了一种新的研究视角和有效的系统性方法。

静态和动态两方面的重要度共同造就了风险演化的关键节点和传播链路，节点在网络中的重要性及对风险传播的影响力由网络结构性因素和系统动态性因素共同作用。因此，风险演化关键节点须结合网络结构特征和风险传播动态特性共同确定。另外，一些具体的现象也值得关注。例如，静态分析中介数中心度高的节点需要重点关注；静态分析中的非关键节点也可能成为动态分析的关键节点，表现出复杂系统的涌现性特征。这些应重点关注和具体考察的关键节点和风险传播链路，为进一步风险控制提供了有价值的参考和借鉴。

参 考 文 献

[1] Li C, Wang K. The risk element transmission theory research of multi-objective risk-time-cost trade-off[J]. Computers and Mathematics with Applications, 2009, 57(11-12): 1792-1799.

[2] Grag T. Estimating change propagation risk using TRLs and system architecture[D]. Massachusetts: Massachusetts Institute of Technology, 2017.

[3] Eusgeld I, Kröger W, Sansavini G, et al. The role of network theory and object-oriented modeling within a framework for the vulnerability analysis of critical infrastructures[J].Reliability Engineering & System Safety, 2009, 94(5): 954-963.

[4] Fang C, Marle F, Zio E, et al. Network theory-based analysis of risk interactions in large engineering projects[J]. Reliability Engineering & System Safety, 2012, 106(2): 1-10.

[5] 赵贤利, 罗帆. 基于复杂网络理论的机场飞行区风险演化模型研究[J]. 电子科技大学学报(社会科学版), 2013, (4): 31-34.

[6] 肖盛, 张建华, 肖河. 基于复杂网络理论与风险理论的地区电网脆弱性评估[J]. 电网与清洁能源, 2013, 29(6): 21-28.

[7] 赵阳, 李华强, 王伊渺, 等. 基于复杂网络理论和条件概率的灾难性事故风险评估方法[J]. 电网技术, 2013, 37(11): 3190-3196.

[8] 覃璇, 李仲学, 赵怡晴. 尾矿库风险演化复杂网络模型及关键隐患分析[J]. 系统工程理论与实践, 2017, 37(6): 1648-1653.

[9] Lee E, Park Y, Shin J G. Large engineering project risk management using a Bayesian belief network[J]. Expert Systems with Applications, 2009, 36(3): 5880-5887.

[10] Qazi A, Quigley J, Dickson A, et al. Evaluation of control strategies for managing supply chain risks using bayesian belief networks[C]// International Conference on Industrial Engineering and Systems Management, Seville, 2016: 1146-1154.

[11] 郭世泽, 陆哲明. 复杂网络基础理论[M]. 北京: 科学出版社, 2012.

[12] Brin S, Page L. The anatomy of a large-scale hypertextual Web search engine[J]. Computer Networks, 1998, 30(1-7): 107-117.

[13] Doguc O, Ramirez-Marquez J E. A generic method for estimating system reliability using Bayesian networks[J]. Reliability Engineering & System Safety, 2009, 94(2):542-550.

第6章　系统任务可靠性及成功性的多分辨率建模与仿真

前面章节采用多分辨率建模及仿真的新思路，研究了进度、费用方面的经典风险问题，也探讨了不易量化评估的技术风险，这些风险分析与评估是面向系统研制阶段的。对于系统使用阶段，保障性风险的分析与评估虽在设计研制阶段就已实施开展，但其最终目标是确保系统在使用阶段达到和保持目标性能、降低保障性风险，因此保障性风险可视为面向系统使用阶段的主要风险。本章将以表征系统通用质量特性的可靠性等指标，采用多分辨率建模及仿真方法，研究保障性风险的相关评估问题。

6.1　相关研究及问题分析

实际工程系统通常具有复杂的系统结构和任务过程。系统结构的复杂性及运行过程的任务复杂性，使可靠性、可用性的评估和预计更为困难。系统的运行过程、状态变化及系统结构和组件的可靠性状态变换之间，存在时变的交互作用，而这些交互作用是复杂工程系统的显著特征。不论是工业化生产，还是武器装备使用，对这些复杂工程系统可靠性、可用性及其任务过程的分析都具有巨大的应用价值。

1. 相关研究

1) 多阶段任务系统可靠性建模与评估

多阶段任务系统(phased mission system，PMS)可靠性分析方法根据PMS的特点由经典可靠性分析理论逐步转化改进而来。PMS可靠性分析方法大致分为两类：解析模型方法与蒙特卡罗仿真方法。解析模型方法又可以细分为三种：基于组合模型的分析方法[1]、基于状态空间的分析方法[2]和前面两种方法的混合方法[3]。蒙特卡罗仿真方法是一类通用性方法，将在后面基于仿真的系统可靠性评估方法中单独论述。

基于组合模型的分析方法首先建立PMS各个阶段的故障树模型，然后利用得到的故障树模型求出整个任务阶段的不交路径集，并通过不交路径集求解任务的可靠性参数。这类分析方法主要包括二元决策图(binary decision diagram，BDD)、可靠性网络图、故障树模型和贝叶斯网络模型等[1,4-6]。基于状态空间的分析方法主要利用部件阶段状态概率从一个阶段映射到下一阶段，从而分析系统状态。因此，这种处理方式也能很自然地与多状态系统可靠性联系起来。通过状态转移描述系统的变化过程，最终获得任务的失效概率。这类分析方法主要包括马尔可夫模型、Petri 网模型、排队论模型等[7-10]。基于组合模型和状态空间的混合方法主要是结合两种方法的优点，对 PMS 进行分析。例如，静态模块采用 BDD，动态模块采用马尔可夫模型等。

PMS 是一类重要的典型系统，目前已有较为丰富的 PMS 可靠性的相关研究。通常，PMS 任务阶段划分明确、任务用时相对固定。但在现实情况下，有的 PMS 具有随机性的任务，多种任务可能频繁交替，任务时长服从一定的概率分布[11]，任务成功性与阶段任务完成情况的逻辑组合相关[1]。有的学者将这类更具一般性的 PMS 称为一般阶段任务系统[1,11]。从本质上看，一般阶段任务系统是更具一般性的 PMS。在一般阶段任务系统的相关研究中，虽然 PMS 的许多基本假设不再成立，但目前仍遵循 PMS 可靠性分析的方法路线，特别是系统规模更大、任务不确定性更高、系统过程和行为更复杂时，难以实现解析法的建模和计算求解，仿真将是较为可行的方法。

2) 多状态系统可靠性建模与评估

多状态系统可靠性建模与评估方法主要有布尔扩展模型法、马尔可夫模型法、通用生成函数(universal generating function，UGF)法和蒙特卡罗仿真方法。蒙特卡罗仿真方法在后面单独论述。布尔扩展模型法拓展了传统可靠性理论中的“完好—故障”二元状态假设，利用多态故障树、多态路集、割集、多值决策图、贝叶斯网络等工具[12-14]，实现多状态系统的可靠性建模与分析。布尔扩展模型法主要解决复杂系统的多类状态性能并存问题，注重状态性能的多值刻画。这种方法建立的模型计算速度快、精度高，但由于布尔模型扩展方法的分析过程较为复杂，系统状态和规模数量较大时难以建模，限制了该方法在大型复杂多状态系统中的应用。马尔可夫模型法在多状态系统可靠性分析中应用广泛[15]，理论成熟完备，在系统各状态间的时变规律与失效机理方面，马尔可夫模型法具备突出的建模优势。但当系统状态和规模数量较大时，该方法同样面临维数灾难的问题。通用生成函数法通过引入 z 变换函数、通用生成算子、通用生成函数等数学工具，将各系统组件的多状态可靠性指标，通过通用生成函数归集为系统的多状态可靠性度量。通用生成函数法在计算多状态系统可靠性时方便快捷，因此在多状态复杂系统可靠性分析中得到了广泛应用[15-17]。

3) 基于仿真的复杂系统可靠性评估

在系统结构、功能及动态行为复杂的情况下，系统可靠性评估往往难以采用解析方法建模和求解。相比而言，蒙特卡罗仿真方法是较为可行的途径。蒙特卡罗仿真方法通过生成随机的离散事件，模拟系统的动态行为。仿真方法在可靠性评估中涵盖一大类技术方法，主要包括蒙特卡罗方法及基于蒙特卡罗方法的衍生技术[9,18,19]、离散事件仿真[20]、动态故障树分析[9]、基于 Petri 网的建模仿真[7,9,21]、基于贝叶斯网络的建模仿真[5,22]、系统动力学仿真[23]、动态主逻辑图[24,25]等，其核心方法是蒙特卡罗方法。

蒙特卡罗方法是一类统计模型方法，在无法获取复杂系统状态性能演变历程解析表达式的情况下，是较为可行的有效技术途径。可靠性问题具有系统复杂性和事件稀有性的特点。蒙特卡罗方法对系统性不敏感，但是对事件稀有性很敏感。前者决定了蒙特卡罗方法适用于复杂的高维问题，后者则限制了蒙特卡罗方法的适用性。在关注事件的发生概率较小(如高可靠性、低故障率)，或者相对其他事件发生概率较小(如较短的任务时间、修复率显著高于故障率等)的情况下，直接仿真抽样后的结果可能方差大、精度低、仿真效率不高。相关研究对此提出了降低方差、提高精度和仿真效率的抽样方法[26-31]。

在事件仿真方面，主要包括事件调度法、进程交互法、活动扫描法等，依据是否明确预定事件发生时间、采用哪种仿真推进的事件检测方式、是否保留各仿真单元独立进程等情况，选择不同的仿真策略。在系统状态刻画方面，尤其是对于多状态系统，可采用直接仿真法或间接仿真法。前者与后者的区别在于，系统状态转移不是通过系统整体状态的转移抽样获得的，而是直接对系统中所有单元可能发生的转移时间进行抽样。这样在一定程度上可以缓解维数灾难的不利影响，但也可能增大集成各单元之间的交互影响、判定系统整体状态等方面的计算开销。

在数值仿真方面，很多系统可靠性问题都可以归结为复杂的积分计算。即便此时的问题是界定清晰的确定性问题，这类计算往往也难以求解。数值仿真的侧重点在于将这类计算问题通过蒙特卡罗的随机模拟方式加以求解。目前采用的主要方法有重要性抽样、交叉熵法(cross-entropy method)、子集模拟(subset simulation)、线抽样(line sampling)等蒙特卡罗方法的衍生技术[9,18]，其目的是对小概率事件、高可靠系统的数量指标，通过蒙特卡罗抽样的方式求均值或积分。这些方法主要分为重要性抽样和多级分割，前者的主要思想是用容易抽样的建议分布代替感兴趣的稀有事件的概率分布，从而增加稀有事件的发生概率；后者的主要思想是优先处理能够导致稀有事件发生的轨迹。这些方法各有其适用范围，如结构可靠性模型、可靠性物理模型等。其中，增加小概率事件发生的概率并对统计量加以修正的思路具有参考价值。

第 2 章已论述过，对于复杂系统，其往往需要在不同层次采用多种精度、多种视角分析和处理问题。复杂系统可靠性分析涉及极为复杂的事件仿真。当采用基于仿真方法计算可靠性、可用性估值时，还涉及随机模拟的计算仿真。对于复杂系统，随着系统规模的增大，系统的层次化和多分辨率问题变得突出，仿真建模的边界不易确定，不同层次、不同分辨率模型之间的交互变得十分复杂，平衡仿真计算规模和效率的矛盾同样难以处理，需要作进一步研究。

2. 问题分析

在系统研制早期阶段，特别是在复杂武器系统的研发过程中，往往由一个概念或具有很大不确定性的需求出发。虽然这些系统可以类比于相似系统或上一代系统，但在研制初期通常只能确定部分关键性能参数或关键单元。如果能够在系统研制早期对任务剖面内的可靠性、任务成功性相关指标做出预估，那么对系统的工程设计和维修保障相关设计将十分有利，系统可靠性工程的开展从研制初期就能获得可信度价值较高的参考值和改进目标。以舰船为例，在舰船等复杂系统研制初期，往往根据研制目标需求，结合已有功能相似的系统及其各分系统的设计和性能，指定系统研制目标，其中也包括对系统可靠性设计的工程目标。由于未来需求和现有技术能力之间存在不确定性差异，包括可靠性设计在内的各项系统研制工作存在大量的反馈迭代，依据局部已有的或预期的系统信息，预估系统总体级别的相关指标，将使设计的迭代改进工作能够有的放矢。不过上述目标并不容易实现，以往在设备级别、分系统级别的预估是现实中可行的，但从局部到总体的预估，还存在较大困难：一是预估技术上存在障碍，仅有局部参数信息，难以预估总体指标；二是预估可信性难以保障，即使做出从局部到总体的预估，依然存在预估方法的合理性和结果的可信性问题。

上述难题很大程度上来自复杂工程系统的层次性。系统层次划分过细，会导致研制初期能够明确的细节并不多。系统层次划分过少，会导致系统指标预估值的价值十分有限、可信度大为降低。系统分析的层次性直接导致系统描述粒度的细节程度差异。这种粒度如同数字图像中的像素，像素粒度越低，细节呈现越粗略、模糊，反之则细节呈现越详细、精确。然而，在对细节和层次的处理上，还依赖对问题的理解和计算的可行性。运用多分辨率建模方法，则可以按照从不同分辨率、不同角度、不同层次分析和处理问题的思维方式研究复杂系统。其核心思想是在多个层次建立不同分辨率的模型，实现模型融合，进而解决模型的一致性问题。

综合来看，采用多分辨率建模及仿真是较为可行的途径。将仿真方法用于可靠性分析目前已有大量相关研究[9,18,32]。仿真方法受模型的复杂程度影响较低，模型可以考虑更具一般性的假设条件，更为复杂的系统构成、关联影响和演化机理，更复杂任务组合的系统可靠性模型。然而，即使是采取仿真方法，系统结构和动态行为的复杂性仍会给仿真的建模和计算带来一定困难。一方面，在提高仿真效率、降低方差方面，平衡仿真计算规模和效率的矛盾，需要采取特定的抽样技术[9,18,26,32,33]；另一方面，处理系统层次及不同分辨率条件下的仿真问题，特别是针对需求、结构、参数等信息不完整、不确定的系统研制早期，多分辨率建模与仿真的思路和方法能够为装备系统任务可靠性及任务成功性的预估问题提供一种新的技术途径。随着多分辨率建模和仿真的引入，还需在已有抽样方法的基础上做相应的设计和调整。

首先，需要研究任务系统的结构及过程辨识方法。在不同系统层次，任务系统可靠性涉及的系统结构及过程复杂多样，考虑的任务组成、系统构成、系统行为、故障模式不同，任务可靠性评估的对象范围、模型粒度也不尽相同，进而导致建模难度和模型可信度不同。为合适地界定研究对象，需要在识别和推导任务、系统和维修活动之间关联关系的基础上，集成任务、系统、可靠性、维修性要素，建立系统结构及过程的辨识方法。该方法将在第 7 章结合舰船装备系统具体论述。

其次，需要研究任务系统可靠性评估的多分辨率仿真方法。模型分辨率是模型对现实世界细节描述的详细和精确程度。由于任务系统通常具有复杂的层次网络结构，不同系统层次的模型具有不同的模型分辨率，应建立多层次、多粒度的层次化融合仿真方法，在高层仿真中实现任务、系统和维修保障活动的综合集成，在低层仿真中实现对应模型的数值计算。一方面，研究不同层次、不同分辨率模型的分层分治仿真方法，减小计算开销、提高仿真效率；另一方面，研究不同层次、不同分辨率模型之间的信息交换规则及随机事件协调机制，实现随机事件及其对应数据在不同分辨率模型之间的传递、交换和匹配，确保层次融合仿真的一致性。

6.2 基于仿真的多状态系统任务可靠性评估

6.2.1 基本方法

离散事件仿真(discrete event simulation，DES)是动态系统常用的仿真方法。在系统可靠性分析中，不同层次系统单元的失效、故障、维修活动构成了各种离散事件。为了方便描述，这里将故障、降级、退化等系统状态变化统称为故障类随机事件，将维护、修理等系统状态变化统称为修复性随机事件。这些具有随机性的事件推动了系统状态的变化迁移，该过程可由蒙特卡罗方法实现。其具体分为直接蒙特卡罗(direct Monte Carlo，DMC)方法和间接蒙特卡罗(indirect Monte Carlo，IMC)方法。

DMC 方法是对所有能够产生随机事件的各系统单元分别生成随机事件及其发生的时刻，以最早发生的随机事件作为触发事件，并舍弃其他随机事件。IMC 方法不同的是其针对系统每个状态生成随机事件。DMC 方法中系统状态转移不是通过系统整体状态的转移抽样获得的，而是直接对系统中所有单元可能发生的转移时间进行抽样。这样在一定程度上可以缓解维数灾难的不利影响，便于模拟失效、维修转移服从非指数分布的时间相关分布(此时解析方法往往难以求解)，但也可能增大集成各单元之间的交互影响、判定系统整体状态等方面的计算开销。

蒙特卡罗方法不仅可用于二态系统，也可扩展运用于多状态系统。对于多状态系统，其分系统、设备、组件存在多个性能状态，各状态之间转移概率服从特定概率分布。与状态转移有关的变量如式(6.1)～式(6.4)所示：

$$p_{kk'}=p\left(k\middle|k',t\right) \tag{6.1}$$

$$\eta_{kk'}=\lim_{\Delta t\to 0}\frac{p\left(k\middle|k',t+\Delta t\right)-p\left(k\middle|k',t\right)}{\Delta t} \tag{6.2}$$

$$\gamma_{k'}=\sum_{k\in O_{k'}}\eta_{kk'} \tag{6.3}$$

$$q\left(k\middle|k'\right)=\frac{\eta_{kk'}}{\gamma_{k'}} \tag{6.4}$$

式中，$p_{kk'}$ 表示状态 $k'\to k$ 的转移概率；$\eta_{kk'}$ 表示状态 $k'\to k$ 的转移速率；$O_{k'}$ 表示状态 k' 的可达状态集；$\gamma_{k'}$ 表示状态 k' 的转出速率；$q\left(k\middle|k'\right)$ 表示状态 $k'\to k$ 的条件概率。

故障、退化、修复等系统行为是状态转移的不同形式，设状态转移速率为 η 。根据常规标识习惯，对应于系统故障或退化的状态转移，转移速率用 λ 表示；对应于系统修复的状态转移，转移速率用 μ 表示。用 $\varLambda_{k'}$ 表示状态 k' 可达的故障或降级状态集，$\varPsi_{k'}$ 表示可达的修复状态集，则有

$$\eta_{kk'}=\begin{cases}\lambda_{kk'}, & k\in\varLambda_{k'}\\ \mu_{kk'}, & k\in\varPsi_{k'}\end{cases} \tag{6.5}$$

$$O_{k'}=\varLambda_{k'}\cup\varPsi_{k'} \tag{6.6}$$

当采用 DMC 方法时，首先针对每个系统单元的各状态，生成状态转移的随机事件，并选取最早发生的事件作为候选事件；然后在所有单元的候选事件中选取最早发生的事件作为触发事件，触发事件后的系统状态由系统功能结构函数确定。如图 6.1 所示，图中白色节点表示单步模拟中被保留的事件，灰色节点表示单步模拟中未被保留的候选事件。

当采用 IMC 方法时，以系统状态转移为随机事件，选取距离仿真当前时刻最近的随机事件作为下一步发生事件；然后通过轮盘赌的方式，随机确定系统转移状态对应系统单元的某一具体状态组合，如图 6.2 所示。

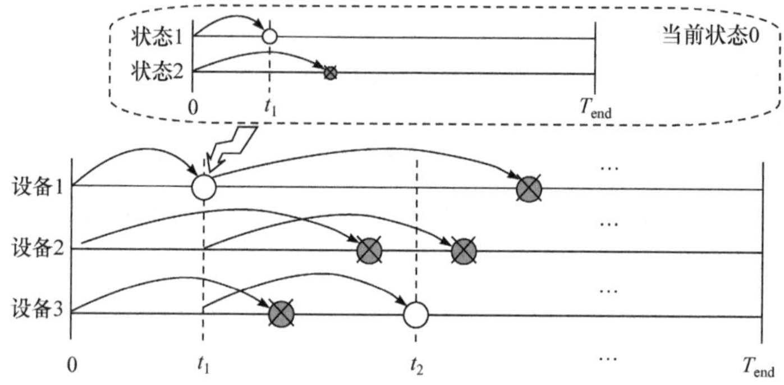

图 6.1　多状态系统任务可靠性的 DMC 原理

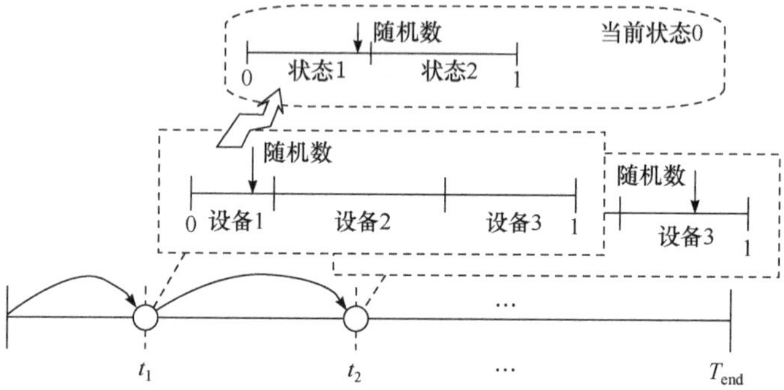

图 6.2　多状态系统任务可靠性的 IMC 原理

状态转移$(k',t')\to(k,t)$的随机发生时刻 t 可通过式(6.7)求解得到。

$$\int_{t'}^{t}\gamma_{k'}(t'')\mathrm{d}t''=-\ln(1-\xi) \tag{6.7}$$

式中，ξ为[0,1]均匀分布的随机数。上述随机获得状态转移时刻 t 的过程，通常需要根据式(6.7)反算求解。对于指数分布，该计算容易实现。当式(6.7)关于 t 的反函数难以显式表达时，则需要通过数值计算等方法近似求解，具体方法详见 6.2.2 节。

根据式(6.8)，以轮盘赌的方式确定转移到达的具体状态。

$$\frac{\sum_{n=1}^{k}\eta_{n,k'}}{\gamma_{k'}}\leqslant\zeta\leqslant\frac{\sum_{n=1}^{k+1}\eta_{n,k'}}{\gamma_{k'}} \tag{6.8}$$

式中，ζ 为[0,1]均匀分布的随机数。当ζ 落在式(6.8)的区间内时，则转移至状态 $k+1$ 。

在仿真流程中，DMC 和 IMC 两种方法触发事件的参数有所不同：DMC 按照各参数分别实施抽样，得到多个候选事件，选取最近将要发生事件作为触发事件；IMC 则综合多个相关参数以后实施抽样，抽样只获得一个事件，即触发事件，还需通过以各项参数为比例的轮盘赌等方式确定该触发事件对应的具体系统单元。这两种方法在理论上具有等价性[18]，应根据不同方法各自的优势，灵活选用。

6.2.2　状态驻留时间的随机抽样方法

若状态转移前的驻留时间服从指数分布，则$(k',t')\to(k,t)$发生状态转移时刻为

$$t=t'-\frac{1}{\gamma_{k'}}\ln(1-\xi) \tag{6.9}$$

系统中存在服从非指数分布的状态转移，其转移率为时间的函数，因此系统当前状态驻留时间不具有“无记忆性”，该过程属于非齐次马尔可夫过程。在离散事件仿真中，随着每次仿真时钟的推进，持续正常工作或处于维修的系统单元在当前状态的驻留时间(即状态转移时间)，应按其状态转移的剩余分布进行抽样。

设故障时间 t 的初始分布为 $F(t)$，则累计工作 t_c 后，其剩余分布函数 $F_{\mathrm{RD}}(\tau)$ 为[34]

$$F_{\mathrm{RD}}(\tau)=\frac{F(\tau+t_{\mathrm{c}})-F(t_{\mathrm{c}})}{1-F(t_{\mathrm{c}})}=P(t<\tau) \tag{6.10}$$

对于多状态系统，假设系统中各状态转移相互独立，则考虑剩余分布的系统状态驻留时间分布函数 $F_{\mathrm{S\text{-}RD}}(\tau)$ 可表示为

$$\begin{aligned}F_{\mathrm{S\text{-}RD}}(\tau)&=P(\min(t_1,t_2,\cdots,t_K)<\tau)\\&=1-\prod_{k=1}^{K}(1-P(t_k<\tau))\\&=1-\prod_{k=1}^{K}\left(1-F_{\mathrm{RD}}^{(k)}(\tau)\right)\end{aligned} \tag{6.11}$$

式中，t_k 表示第 k 种状态转移发生时间；$F_{\mathrm{RD}}^{(k)}(t)$ 表示对应转移的剩余分布函数。

令式(6.11)左边 $F_{\mathrm{S\text{-}RD}}(\tau)$ 为[0,1]均匀分布的随机数 ξ，即

$$\xi=1-\prod_{k=1}^{K}\left(1-F_{\mathrm{RD}}^{(k)}(\tau)\right) \tag{6.12}$$

对式(6.12)进行反算，即可获得状态转移时间 τ 的随机抽样。当状态转移分布不是指数分布时，$F_{\mathrm{S\text{-}RD}}(\tau)$ 的表达式十分复杂，难以反算求解获得 τ 的显式解析解。因此，需要设计特定的数值算法以实现随机抽样。

步骤 1：选取一个足够大的数 t_s，使得 $F_{\mathrm{S\text{-}RD}}(t_s)=1$。尽管 $F_{\mathrm{S\text{-}RD}}(t_s)$在理论上只能无限接近 1，但在计算机上可以实现等于 1。

步骤 2：在$[0, t_u]$上均匀选择若干点组成向量 T_s，并根据式(6.11)计算相应时间的概率值 $P_s=F_{S\text{-}RD}(T_s)$。由此组成离散样本点组合$(T_s, P_s) = [(t_0, p_0), (t_1, p_1),\cdots, (t_s, p_s)]$。

步骤 3：对组合(T_s, P_s)进行补充和筛选。确定向量 T_s 中满足 $F_S(t_u) > 0.99$ 的最小元素 t_u，并在$[0, t_u]$上选择若干点，采用与步骤 2 相同的方式补充离散样本点组合(T_s, P_s)。如果 P_s 中存在重复分量，那么仅保留 P_s 中不重复分量及 T_s 的对应分量，并将其余分量删除。保留的分量以备插值法使用。

步骤 4：利用插值法进行随机抽样，以概率 P_s 为自变量、时间 T_s 为因变量。生成[0,1]均匀分布的随机数 ξ。在组合(T_s, P_s)中选取自变量与 ξ 相邻的两个点(t_i, p_i)、(t_{i+1}, p_{i+1})，再利用式(6.13)线性插值计算得到系统当前状态驻留时间$_t$ 。

$$\frac{p_{i+1}-p_i}{t_{i+1}-t_i}=\frac{p_{i+1}-\xi}{t_{i+1}-\tau} \tag{6.13}$$

$$\tau=t_{i+1}-\frac{(p_{i+1}-\xi)(t_{i+1}-t_i)}{p_{i+1}-p_i} \tag{6.14}$$

由于状态转移时间分布函数 $F_{S\text{-}RD}(t)$是单调增函数，能保证上述算法具有唯一值。该算法不需要大量样本点就可以较好地代表分布函数的整体分布情况，在有限的计算资源下可以保证插值精度。

以威布尔分布为例，在仿真开始时令累计工作时间 $t_c=0$，正常工作及热储备设备的 t_c 应累加仿真推进时间，发生故障需维修的设备则将 t_c 重置为 0，同时更新该设备相应的状态转移速率，即

$$\gamma(t_c)=b\eta^{-b}(t_c)^{b-1} \tag{6.15}$$

式中，b 为形状参数；η 为尺度参数。根据式(6.10)，该失效机理发生时间剩余分布函数的表达式为

$$F_{RD}(\tau)=1-\exp\left[-\left(\frac{\tau+t_c}{\eta}\right)^b+\left(\frac{t_c}{\eta}\right)^b\right] \tag{6.16}$$

系统中存在相互独立、相互竞争的多种服从威布尔分布的失效机理和维修转移，$b_{kk'}$和 $\eta_{kk'}$分别为状态转移分布的形状参数和尺度参数。根据式(6.11)可得系统的当前状态驻留时间分布函数，即

$$F_{S\text{-}RD}(\tau)=1-\prod_{k\in O_{k'}}\left[1-F_{RD}^{(k)}(\tau)\right]=1-\exp\left\{\sum_{k\in O_{k'}}\left[-\left(\frac{\tau+t_c}{\eta_{kk'}}\right)^{b_{kk'}}+\left(\frac{t_c}{\eta_{kk'}}\right)^{b_{kk'}}\right]\right\} \tag{6.17}$$

图 6.3 展示了上述数值算法的抽样结果。在随机抽样生成系统驻留时间Δt

后，根据式(6.8)进行轮盘赌操作，确定最终发生状态转移的系统单元及其对应的转移状态。

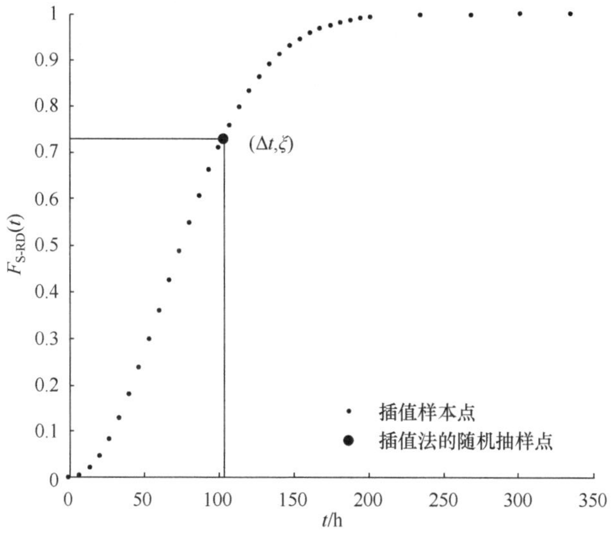

图 6.3　非指数分布随机抽样数值算法的插值原理示意图

6.2.3　动态系统离散事件仿真的数学描述

如 6.1 节所述，动态系统可靠性的主要计算方法有解析方法和仿真方法。前者以马尔可夫方法、半马尔可夫方法为代表，后者以蒙特卡罗方法为核心。马尔可夫方法的缺陷在于系统规模较大、动态行为复杂时难以解析化求解，并且不能处理非马尔可夫系统的问题。半马尔可夫方法能够处理非马尔可夫系统的分析问题，但由于求解中拉普拉斯变换及其逆变换的计算烦琐，同样不便于大规模状态的求解，真正用其分析非马尔可夫系统仍较为困难。针对系统规模引起的高维问题，半马尔可夫方法处理能力非常有限。然而，这些缺陷对蒙特卡罗仿真都不构成限制，蒙特卡罗仿真方法具有普遍的适用性。

对于动态系统，随着时间推移，系统从某一状态跃迁转移到另一状态。这种转移跃迁可能是故障、失效、降级退化，也可能是更换、维护、修理后系统得以恢复。若将跃迁转移视作随机事件，则动态系统以离散事件的形式，进行状态的随机游走。这一随机游走过程由概率转移核控制。在随机游走过程中，系统状态转移的发生时间是随机的，转移到达的状态也是随机的。因此，转移核应包含两个部分：系统在某一时刻发生状态转移是由其状态驻留时间的概率密度函数决定的；一旦系统发生状态转移，系统从一个状态转移到另一个状态是由状态之间转移的概率密度函数决定的。前者描述系统在时域内的随机行为，是转移核的时

转移的概率密度函数决定的。前者描述系统在时域内的随机行为，是转移核的时域部分；后者描述系统在状态空间内的随机行为，是转移核的状态空间部分。以仅含一个部件的二态系统为例，状态空间只有两个状态，状态之间的转移概率为1，这时知道状态驻留时间的概率密度函数，就可以计算系统可靠度。这是可靠性理论中最为基础和简单的例子，但它仍符合上述转移核控制下随机游走的理论框架。

本章讨$q(k\mid k',t)$论的问题设定在k'离散状态空间和连续时域空间。设系统在时刻t'处于状态的条件下，在时刻t发生下一次状态转移的条件概率密度(在离散时域空间则为条件概率)为$f(t\mid k',t')$，设系统处于状态k'并在时刻t发生状态转移的条件下，转移到状态k的条件概率(在连续状态空间则为条件概率密度)为。$f(t\mid k',t')$和$q(k\mid k',t)$共同构成了$f(t\mid k',t')$ $K(k,t|k',t')$ $q(k\mid k',t)$转移核，设为：

$$K(k,t|k',t')=q(k\mid k',t)\cdot f(t\mid k',t') \tag{6.18}$$

式中，和应满足

$$\int_{t'}^{\infty} f(t\mid k',t')\mathrm{d}t \leqslant 1 \tag{6.19}$$

$$\sum_{k\in O_{k'}} q(k\mid k',t)=1 \tag{6.20}$$

$$q(k\mid k,t)=0 \tag{6.21}$$

式中，$O_{k'}$表示状态k'的可达状态集。由于系统可能落入状态k'且无法离开(即吸收态)，式(6.19)不必满足归一性。转移到当前状态视同驻留在当前状态，而驻留概率由$f(t\mid k',t')$决定。由于$f(t\mid k',t')$已代表了状态驻留，式(6.21)表示一旦发生状态转移，则转移后的状态不包括当前状态。

转移核给出了动态系统状态随机游走行为的局部描述。根据转移核的定义，可以获得由$(t',k')\to(t,k)$的转移概率密度。从上次转移的结果状态(t',k')出发，由转移核的时域部分抽样得到下次转移的时刻t，再由转移核的状态空间部分抽样得到具体的转移状态k，如图6.4所示。因此，如果已知状态转移核，那么可以通过连续对转移时间和到达状态抽样，模拟动态系统的随机游走。

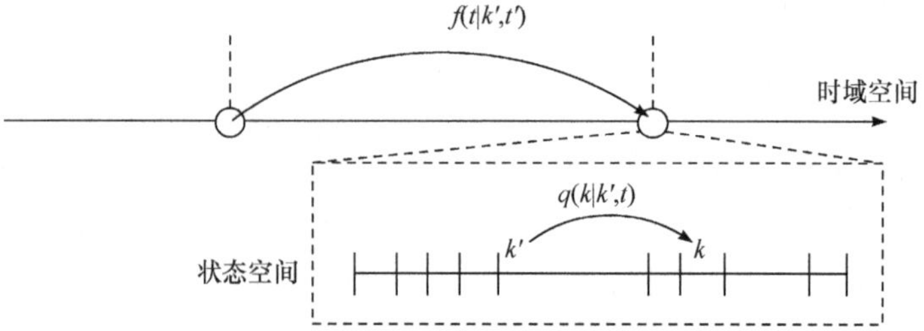

图6.4　状态转移的转移核

令系统处于状态 k 的概率为 $p_k(t)$，则有

$$\sum_k p_k(t) = 1 \tag{6.22}$$

令 $k=0$ 为系统的初始状态，此时所有单元状态完好，$t=0$ 时系统处于状态 $k=0$ 的概率为

$$p_k(0) = \delta_{k0} \tag{6.23}$$

决定 t 时刻系统处于状态 k 的马尔可夫连续时间过程方程为

$$\frac{\mathrm{d}}{\mathrm{d}t} p_k(t) = -\sum_{k'} \eta_{k'k}(t) p_k(t) + \sum_{k'} \eta_{kk'}(t) p_{k'}(t) \tag{6.24}$$

式中，$\eta_{kk'}$ 为状态 k' 转移到状态 k 的转移速率。假设每一次状态转移将导致系统状态改变，则有

$$\eta_{kk'}=0 \tag{6.25}$$

将式(6.3)、式(6.4)代入式(6.24)，则有

$$\frac{\mathrm{d}}{\mathrm{d}t} p_k(t) = -\gamma_k(t) p_k(t) + \sum_{k'} q(k|k',t) \gamma_{k'}(t) p_{k'}(t) \tag{6.26}$$

根据马尔可夫模型的求解方法，引入积分因子 $\exp\left(-\int_0^t \gamma_k(t)\mathrm{d}t\right)$，可得 $p_k(t)$ 的积分形式为

$$p_k(t)=\delta_{k0} \exp\left(-\int_0^t \gamma_0(t')\mathrm{d}t'\right) + \int_0^t \left(\exp\left(-\int_{t'}^t \gamma_k(t'')\mathrm{d}t''\right) \sum_{k'} q(k|k',t) \gamma_{k'}(t') p_{k'}(t')\right) \mathrm{d}t' \tag{6.27}$$

由于式(6.27)中还包含 $p_{k'}(t')$，当状态数较大或关联影响导致 $q(k|k',t)$ 变化复杂时，式(6.27)则难以求解。

令 $\psi_k(t)$ 为系统在 t 时刻转移到状态 k 的概率密度，用 $\psi_k(t)$ 表示蒙特卡罗仿真的转移抽样，可获得系统不可靠度的蒙特卡罗统一描述形式。系统不可靠度(或不可用度)是系统在 $(0,T)$ 时间内进入失效状态的概率，其泛函形式为

$$u = \sum_{k\in\Lambda} \int_0^T \mathrm{d}t\, \psi_k(t) g_k(t) \tag{6.28}$$

式中，Λ 表示故障、失效或降级状态集；$g_k(t)$ 表示系统在 (t,T) 时间内处于故障状态 k 且直到 T 时刻系统仍处于状态 k 的概率。根据 $g_k(t)$ 的定义，式(6.28)可进

一步表示为

$$u=\sum_{k\in\Lambda}\int_{0}^{T}\mathrm{d}t\,\psi_k(t)\exp\left(-\int_{t}^{T}\sum_{k'\in\Lambda_k}\mu_{k'k}(t')\mathrm{d}t'\right) \tag{6.29}$$

由于泛函具有级数形式的解，式(6.28)可改写为

$$\begin{aligned}u&=\sum_{k\in\Lambda}\int_{0}^{T}\mathrm{d}t\,\psi_k(t)g_k(t)=\sum_{k\in\Lambda}\int_{0}^{T}\mathrm{d}t\,g_k(t)\sum_{m=0}^{\infty}\psi_k^m(t)\\&=\sum_{m=0}^{\infty}\sum_{k\in\Lambda}\int_{0}^{T}\mathrm{d}t\,g_k(t)\psi_k^m(t)=\sum_{m=0}^{\infty}\sum_{k\in\Lambda}u_k^m\end{aligned} \tag{6.30}$$

根据$\psi_k(t)$的定义，u_k^m可以看成第m次状态转移为故障时，该样本对系统不可靠度(或不可用度)估值的贡献。

以蒙特卡罗仿真为求解方法，则泛函形式的式(6.28)的求解过程如下。

步骤 1：构造系统状态转移的概率密度函数。

相对于原有的状态转移概率密度函数，构造新的状态转移概率密度函数的目的，主要是便于实现抽样、提高抽样效率或减小估计的方差等。动态系统在状态之间转移，如同粒子在空间中随机游走。设状态转移的相空间为$S(t)=\left[K(t),t\right]$，对于系统状态的依次随机游走，原有的系统状态转移条件概率为$q(k\,|\,k',t)\cdot f(t\,|\,k',t')$，记为

$$q(s_{l-1}\to s_l)\cdot f(s_{l-1}\to s_l)=q(k\,|\,k',t)\cdot f(t\,|\,k',t') \tag{6.31}$$

式中，$q(s_{l-1}\to s_l)$和$f(s_{l-1}\to s_l)$分别对应状态间转移概率、状态驻留概率。

步骤 2：生成状态转移序列。

由系统状态转移的概率密度函数抽样获得的状态转移序列为

$$\Gamma_{M+1}=s_0,s_1,\cdots,s_{M+1} \tag{6.32}$$

由于构造的转移概率密度函数$\tilde{q}(k\,|\,k',t)\cdot\tilde{f}(t\,|\,k',t')$改变了系统状态转移空间，改变了状态转移的发生概率，为保持结果的无偏性，在任意一次随机游走的抽样过程中同时计算状态转移权重，即

$$w_0=1 \tag{6.33}$$

$$w_l\leftarrow w_{l-1}\cdot\frac{q(s_{l-1}\to s_l)\cdot f(s_{l-1}\to s_l)}{\tilde{q}(s_{l-1}\to s_l)\cdot\tilde{f}(s_{l-1}\to s_l)} \tag{6.34}$$

生成状态转移序列应通过特定的结束条件予以终止。对于可靠性评估问题，随机游走的结束条件可为下列任意条件。

条件①：当 $k_M \notin \Lambda$、$t_M < T$ 且 $t_{M+1} > T$ 时，随机游走结束。

条件②：当 $k_M \notin \Lambda$、$t_M < T$ 且 $k_{M+1} \in \Lambda$、$t_{M+1} < T$ 时，随机游走结束。

其中，结束条件①表示临近截止时刻，系统状态无故障，下一次随机游走超出截止时刻。结束条件②表示截止时刻内，系统发生故障。

对可用度评估问题则更为简单，随机游走的结束条件为 $t_{M+1} > T$。

步骤 3：构造评估统计量。

对于可修的多状态系统，可靠度问题的分析相似，不再赘述。这里主要考虑可用度问题。如果获得不可用度，那么即可得到可用度估值。对于不可用度，通过随机游走序列 Γ_{M+1} 构造统计量，即

$$\hat{u} = w(s_M)g(s_M) \tag{6.35}$$

$$\hat{u} = \sum_{m=0}^{\infty} w(s_m)g(s_m) \tag{6.36}$$

式(6.35)称为最后事件统计量，式(6.36)称为逐次事件统计量。可以证明，这两种统计量是等价的，均为系统不可靠度(或不可用度)的无偏估计。这里给出最后事件统计量为无偏估计的证明。

由式(6.34)可得

$$\begin{aligned}
&E\left(u\left(\Gamma_M\right)\right)\\
&=\sum_{M=1}^{\infty}\sum_{k}\int\cdots\int\left(w(s_M)g(s_M)\prod_{l=1}^{M}\tilde{q}(s_{l-1}\to s_l)\prod_{l=1}^{M}\tilde{f}(s_{l-1}\to s_l)\right)\mathrm{d}s_0\mathrm{d}s_1\cdots\mathrm{d}s_M \qquad (6.37)\\
&=\sum_{M=1}^{\infty}\sum_{k}\int\cdots\int\left(g(s_M)w(s_0)\prod_{l=1}^{M}q(s_{l-1}\to s_l)\prod_{l=1}^{M}f(s_{l-1}\to s_l)\right)\mathrm{d}s_0\mathrm{d}s_1\cdots\mathrm{d}s_M
\end{aligned}$$

考察式(6.37)中的积分部分有

$$\int\cdots\int w(s_0)\prod_{l=1}^{M}q(s_{l-1}\to s_l)\prod_{l=1}^{M}f(s_{l-1}\to s_l)\mathrm{d}s_0\mathrm{d}s_1\cdots\mathrm{d}s_M \tag{6.38}$$

式中的逐次积分计算通式为

$$\int w(s_{l-1})q(s_{l-1}\to s_l)f(s_{l-1}\to s_l)\mathrm{d}s_{l-1} \tag{6.39}$$

每作一次积分计算，就相当于经历一次状态转移。根据 $\psi_k(t)$ 为系统在 t 时刻转移到状态 k 的概率密度的定义，积分计算逐层递推后，式(6.37)可改写为

$$E\left(u\left(\Gamma_M\right)\right)=\sum_{M=1}^{\infty}\sum_{k}\int g\left(s_M\right)\psi_k^M \mathrm{d}t_{s_M}=u \tag{6.40}$$

因此，最后事件估计量是系统不可靠度(或不可用度)的无偏估计量。同理，式(6.36)对应的逐次事件统计量也是无偏估计量。证明过程相似，此处从略。

步骤 4：根据 N 个随机游走轨迹，获得统计估值

$$\hat{u}=\frac{1}{N}\sum_{i=1}^{N}\hat{u}\left(\Gamma_M^{(i)}\right) \tag{6.41}$$

$$\hat{A}=1-\hat{u}=1-\frac{1}{N}\sum_{i=1}^{N}\hat{u}\left(\Gamma_M^{(i)}\right) \tag{6.42}$$

式中，$\hat{A}$ 为可用度估计值；N 为轨迹数。根据上述证明，该估计值也为无偏估计值。

步骤 1～步骤 4 即基于蒙特卡罗方法系统任务可靠性评估的一般性、统一性描述。通过构造或改变抽样空间，可以构造不同的仿真抽样方法，以实现处理具体问题的差异性、提高仿真抽样的效率等。通过构造估计量(可靠度、可用度、任务成功性概率等)，即可由蒙特卡罗仿真方法获得各种不同评估问题的估计值。本节的统一描述为后续问题的研究提供了理论基础和分析起点。

6.2.4 层次仿真策略及多分辨率融合仿真框架

1. 复杂系统的层次仿真策略

对系统的了解往往来自不同的系统层次。图 6.5 展示了多分辨率条件下的“任务-系统”结构。以舰船等装备为例，任务剖面通过任务关系，构成系统总体执行的任务；不同分系统通过功能关系，构成不同任务剖面中的系统结构。在分系统级，各分系统在任务剖面中根据功能关系发挥作用，对系统性能输出、任务成败产生影响。在设备级，各设备对所属分系统的性能输出产生影响。在研制早期，当已知分系统的可靠性指标经验值或类比值时，设备级信息仍可能具有不完整性和不确定性：可能明确了部分关键设备(如能够引起系统宕机的设备)的可靠性指标真实值、经验值或类比值，但其他重要性程度较低的设备未知或尚未明确。具有确定参数信息和不确定参数信息的设备在图 6.5 中分别以白色和灰色加以区别示意。从理论上讲，系统层次还可进一步细化。但从工程上讲，研制初期系统信息的详细程度达到设备级即可。如无特别强调，后面均以“系统总体-分系统级-设备级”的三级系统层次划分加以论述。

系统在不同层次的属性和表现既有差异，又相互关联。来自不同系统层次的

信息，造就了系统描述的多分辨率特征。若要将仿真运行在多个不同分辨率的系统层次，则需恰当处理不同层次仿真之间的融合问题，确保仿真数据的交互性和一致性。因此，多分辨率要求系统建立层次化的仿真策略，处理描述不同系统层次、不同分辨率的数据，实现系统数据在不同描述层次和分辨率的转换，并确保数据的一致性。

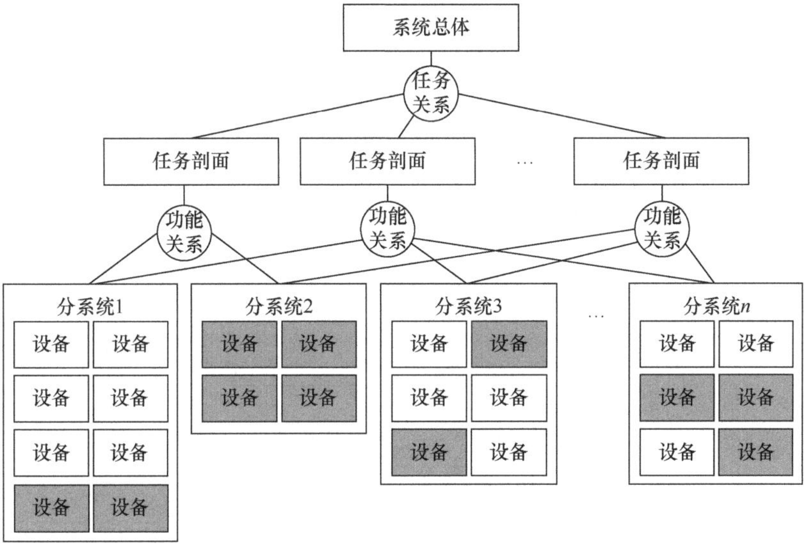

图 6.5　多分辨率条件下的“任务-系统”结构

层次仿真的基本策略如下：

(1) 不同系统层次同时运行离散事件仿真。

(2) 故障、降级事件首先由分系统级生成，维修事件由设备级生成。

(3) 分系统级生成故障、降级等随机事件之后，根据分辨率转换的需要，进一步触发该分系统包含的设备级故障、降级等随机事件。

(4) 确保仿真数据的一致性。一是在设备级发生故障、降级、维修等随机事件后，更新各层次系统的状态及性能输出；二是通过特定方法，修正因不同系统层次抽样分布差异造成的统计量偏差。

2. 多分辨率仿真框架

多分辨率条件下的层次融合仿真框架如图 6.6 所示。在此框架下，如何实现多分辨率之间的转换、仿真抽样效率的提高，6.3 节进一步讨论。

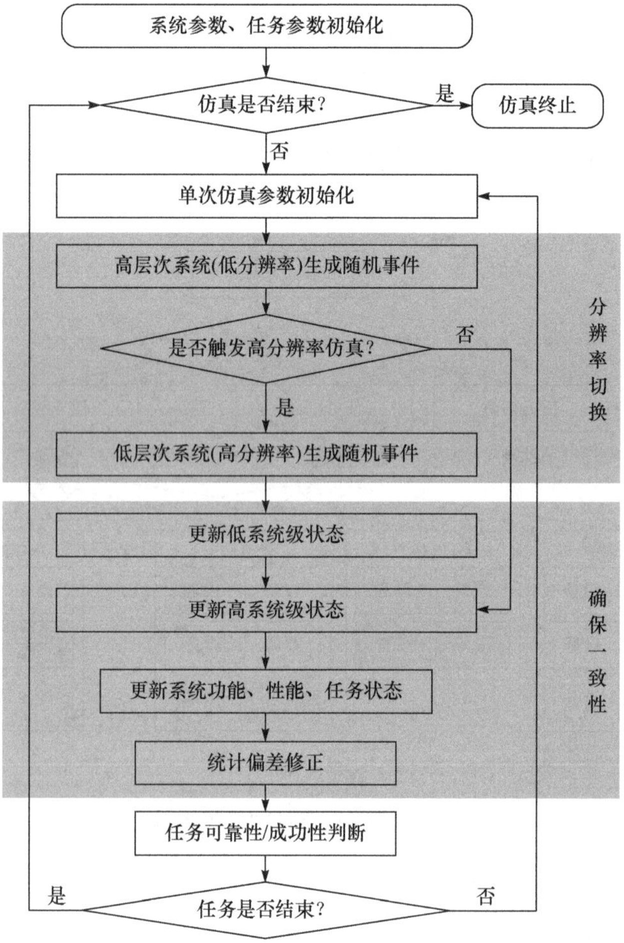

图 6.6　多分辨率条件下的层次融合仿真框架

6.3　加速仿真抽样方法

不采取任何加速抽样机制和方差减小方法的直接仿真，是在系统状态的原始空间中进行抽样。通过构建新的系统状态转移概率密度函数 $\tilde{q}(k'\to k)\cdot\tilde{f}(k'\to k)$，可以获得针对特定问题和计算需求的仿真抽样样本。具体而言，一方面，要针对多分辨率建模与仿真的特定问题，即多分辨率模型中需要在不同系统层次实现抽样，处理在不同系统分辨率或者不同系统层次的转换和模型一致性问题；另一方面，要处理动态系统中普遍面临的提高小概率随机事件抽样效率、减小抽样方差等计算需求。前一个问题是专门针对多分辨率建模与仿真的，也是本书的核心主题。后一个问题虽是动态系统分析中基于仿真方法的普遍问题，但多分辨率问题的引入，使得已有的加速抽样技术需做出相应的设计和调整。

随着新的系统状态转移概率密度函数的构建和引入，原有的系统状态转移空间重新构造，进而影响了随机事件的发生概率。因此，为了保持估计结果的无偏性，在每一次随机游走的抽样过程中应计算状态转移权重，即

$$w_0 = 1 \tag{6.43}$$

$$w_k \leftarrow w_{k'} \cdot l_{k'} = w_{k'} \cdot \frac{q(k' \to k) \cdot f(k' \to k)}{\tilde{q}(k' \to k) \cdot \tilde{f}(k' \to k)} \tag{6.44}$$

6.3.1　处理多分辨率转换的融合仿真抽样方法

如果仅拥有分系统和部分设备的状态转移分布信息，那么不能直接使用设备级的状态转移信息，而应先在分系统级进行状态转移抽样。分系统级与设备级的状态转移分布并不一致，造成了不同系统层次数据信息不完整、不一致的问题。若仿真仅运行在分系统级，则不能利用分系统中设备的可靠性、维修性信息，尤其是来自关键设备的信息。但如果直接从已知的部分关键设备进行仿真抽样，那么又难免以局部设备代替整个分系统。因此，需要建立一种逐层触发随机事件的分辨率解聚机制，以实现分辨率的切换。“解聚”是将低分辨率的高层次系统仿真分解转换为高分辨率的低层次系统仿真。仿真运行在不同的系统层次，随机事件的主体来自不同的系统级别，但应保持分系统和设备之间所属关系及计算尺度的一致性。对于所属关系，分系统级仿真生成分系统的随机事件，设备级仿真则在分系统级随机事件基础上，以轮盘赌方式，随机确定状态转移的设备及其转移状态。对于计算尺度，分系统级随机事件与设备级随机事件的概率分布参数不同，计算尺度上的不一致需要仿真统计结果做出相应的修正。

这里实现分辨率切换的主要方法是将分系统级状态转移分布作为建议抽样分布进行重要性抽样(importance sampling)，获得分系统级的状态转移抽样后，触发设备级的随机事件及对应的设备状态。最后通过重要性抽样原理，修正抽样统计值。执行重要性抽样起到的作用是，融合分系统级和设备级之间的数据信息，并增加状态转移概率较低区域的抽样效率。

重要性抽样是一种应用广泛的抽样技术，通过抽样密度函数之间的变换，实现间接模拟。设示性函数 $I_F(x)$ 为故障样本统计量，有

$$I_F(x) = \begin{cases} 1, & x \in F \\ 0, & x \notin F \end{cases} \tag{6.45}$$

式中，x 为状态向量；F 为故障失效区域，通常由性能函数或极限状态函数加以界定。当 $x \in F$ 时，示性函数 $I_F(x)$ 为 1，否则为 0。

设 $f_X(x)$ 和 $g_X(x)$ 是相差较大的两个概率密度函数。前者是统计指标对应的概率密度函数，但在样本取值域中概率密度低，较难实现抽样，容易造成估值方差较大。后者是建议抽样的概率密度函数，在样本取值域中相对容易实现抽样，用以提高故障样本发生的概率。

故障概率 $P(F)$ 可以表示为一个多维积分，即

$$P(F)=\int I_F(x) f_X(x) \mathrm{d}x \tag{6.46}$$

用建议抽样密度函数 $g_X(x)$ 代替原有的抽样密度函数 $f_X(x)$，同时保证积分的不变性，则有

$$P(F)=\int\left(\frac{I_F(x) f_X(x)}{g_X(x)}\right) g_X(x) \mathrm{d}x=E_g\left(\frac{I_F(x) f_X(x)}{g_X(x)}\right) \tag{6.47}$$

通过仿真实现抽样，计算该积分的估计值为

$$\hat{P}(F)=\frac{1}{N} \sum_{k=1}^{N} \frac{I_F\left(x^k\right) f_X\left(x^k\right)}{g_X\left(x^k\right)} \tag{6.48}$$

式中，N 为样本数。从理论上讲，当 $g_X(x)$ 选取合适时，能够使较多样本 x^k 集中在故障失效区域 F 内，使仿真估计量的方差减小，仿真效率显著提高。

设分系统 A_i 的状态转移速率为 $\tilde{\lambda}^i$，表示分系统产生故障类随机事件的发生速率。假设分系统级故障类随机事件的间隔时间服从指数分布，则可通过 $\tilde{\lambda}^i$ 生成随机数，从而产生分系统级的故障类随机事件。在系统研制早期，系统需求和完整的系统构成尚未完全确定的情况下，$\tilde{\lambda}^i$ 通常来自历史数据、目标值、经验值或相似系统。由 $\tilde{\lambda}^i$ 生成的故障类随机事件一部分来自分系统中已明确的关键设备，另一部分来自非关键的其他设备，设已明确的关键设备故障占比系数为 α_i，其中 i 为分系统编号。

设分系统 A_i 所属设备 j 由状态 k' 转移到状态 k 的转移速率为 $\lambda_{kk'}^{ij}$。在已知部分设备信息的情况下，分系统状态转移速率 $\tilde{\lambda}^i$ 与其所属设备状态转移速率之和 λ^i 通常并不相等，即

$$\tilde{\lambda}^i \neq \lambda^i=\sum_{j \in A_i} \sum_{k \in O_{k'}} \lambda_{kk'}^{ij} \tag{6.49}$$

分系统级生成随机事件，并以轮盘赌方式确定该随机事件对应的分系统 A_{i+1}，即

$$\frac{\sum_{n=1}^{i}\tilde{\lambda}^n}{\sum_{n=1}^{n_A}\tilde{\lambda}^n} \leqslant \zeta_1 \leqslant \frac{\sum_{n=1}^{i+1}\tilde{\lambda}^n}{\sum_{n=1}^{n_A}\tilde{\lambda}^n} \tag{6.50}$$

式中，ζ_1 为[0,1]均匀分布的随机数；n_A 为分系统个数。

如果分系统级确定了 A_i 发生随机事件，那么对分系统 A_i 的各设备生成随机事件，并以轮盘赌方式确定随机事件对应的设备 $j+1$ 及转移到达的状态 $k+1$，即

$$\frac{\sum_{n=1}^{j}\sum_{m=1,m\in O_{k'}}^{k}\lambda_{m,k'}^{i,n}}{\sum_{n=1}^{n_{A_i}}\sum_{m\in O_{k'}}\lambda_{m,k'}^{i,n}} \leqslant \zeta_2 \leqslant \frac{\sum_{n=1}^{j+1}\sum_{m=1,m\in O_{k'}}^{k+1}\lambda_{m,k'}^{i,n}}{\sum_{n=1}^{n_{A_i}}\sum_{m\in O_{k'}}\lambda_{m,k'}^{i,n}} \tag{6.51}$$

式中，ζ_2 为[0,1]均匀分布的随机数；n_{A_i} 为分系统 A_i 的设备数；$O_{k'}$ 表示状态 k' 的可达状态集。

由于 $\tilde{\lambda}^i \neq \lambda^i$，分系统级和设备级的抽样概率密度不同。应根据重要性抽样原理，参照式(6.44)，修正仿真抽样计数，即

$$w_n \leftarrow w_n \cdot l_{\mathrm{IS}} = w_n \cdot \frac{q_h(k\,|\,k',t)\cdot f_h(t\,|\,k',t')}{q_g(k\,|\,k',t)\cdot f_g(t\,|\,k',t')} \tag{6.52}$$

式中，w_n 为第 n 次仿真的抽样计数，其初始值为 1；l_{IS} 为重要性抽样产生的修正因子；$q_h(k\,|\,k',t)\cdot f_h(t\,|\,k',t')$ 和 $q_g(k\,|\,k',t)\cdot f_g(t\,|\,k',t')$ 分别为设备级和分系统级的转移核函数。

对于转移核函数的 $q(k\,|\,k',t)$ 部分，当发生故障类转移时($k\in\Lambda_{k'}$)，则有

$$\begin{aligned}\frac{q_h(k\,|\,k',t)}{q_g(k\,|\,k',t)} &= \frac{q\left((i,j,k')\to(i^*,j^*,k^*)\right)}{q(i\to i^*)\cdot q\left((i^*,j,k')\to(i^*,j^*,k^*)\right)}\\ &= \frac{\dfrac{\lambda_{k^*k'}^{i^*j^*}}{\sum_{i\in A}\left(\dfrac{1}{\alpha_i}\sum_{j\in A_i}\sum_{k\in O_{k'}}\lambda_{kk'}^{ij}\right)+\sum_{i\in A}\sum_{j\in A_i}\sum_{k\in O_{k'}}\mu_{kk'}^{ij}}}{\dfrac{\tilde{\lambda}^{i^*}}{\sum_{i\in A}\tilde{\lambda}^i+\sum_{i\in A}\sum_{j\in A_i}\sum_{k\in O_{k'}}\mu_{kk'}^{ij}}\cdot\dfrac{\lambda_{k^*k'}^{i^*j^*}}{\dfrac{1}{\alpha_{i^*}}\sum_{j\in A_{i^*}}\sum_{k\in O_{k'}}\lambda_{kk'}^{i^*j}}}\end{aligned} \tag{6.53}$$

式中，(i,j,k) 表示分系统 i 的第 j 台设备的状态 k；i^*、j^*、k^* 表示被随机抽中的分

系统、设备、状态编号。式(6.53)的分子表示直接抽样获得状态$\left(i^*, j^*, k^*\right)$的概率，分母第一因式表示在分系统级抽样为分系统$i^*$的概率，分母第二因式表示分系统$i^*$所有设备中(设备级)抽样获得状态$\left(i^*, j^*, k^*\right)$的概率。后面对应分式的含义与之相同，不再赘述。化简式(6.53)可得

$$\frac{q_h\left(k \mid k', t\right)}{q_g\left(k \mid k', t\right)}=\frac{\left(\sum_{i\in A}\tilde{\lambda}^i+\sum_{i\in A}\sum_{j\in A_i}\sum_{k\in O_{k'}}\mu_{kk'}^{ij}\right)\cdot\sum_{j\in A_{i^*}}\sum_{k\in O_{k'}}\lambda_{kk'}^{i^*j}}{\alpha_{i^*}\cdot\tilde{\lambda}^{i^*}\cdot\left(\sum_{i\in A}\sum_{j\in A_i}\sum_{k\in O_{k'}}\frac{\lambda_{kk'}^{ij}}{\alpha_i}+\sum_{i\in A}\sum_{j\in A_i}\sum_{k\in O_{k'}}\mu_{kk'}^{ij}\right)} \tag{6.54}$$

当发生修复类转移时($k\in\Psi_{k'}$)，则有

$$\begin{aligned}\frac{q_h\left(k \mid k', t\right)}{q_g\left(k \mid k', t\right)}&=\frac{\dfrac{\mu_{k^*k'}^{i^*j^*}}{\sum_{i\in A}\left(\dfrac{1}{\alpha_i}\sum_{j\in A_i}\sum_{k\in O_{k'}}\lambda_{kk'}^{ij}\right)+\sum_{i\in A}\sum_{j\in A_i}\sum_{k\in O_{k'}}\mu_{kk'}^{ij}}}{\dfrac{\mu_{k^*k'}^{i^*j^*}}{\sum_{i\in A}\tilde{\lambda}^i+\sum_{i\in A}\sum_{j\in A_i}\sum_{k\in O_{k'}}\mu_{kk'}^{ij}}}\\&=\frac{\sum_{i\in A}\tilde{\lambda}^i+\sum_{i\in A}\sum_{j\in A_i}\sum_{k\in O_{k'}}\mu_{kk'}^{ij}}{\sum_{i\in A}\sum_{j\in A_i}\sum_{k\in O_{k'}}\dfrac{\lambda_{kk'}^{ij}}{\alpha_i}+\sum_{i\in A}\sum_{j\in A_i}\sum_{k\in O_{k'}}\mu_{kk'}^{ij}}\end{aligned} \tag{6.55}$$

当不存在故障类设备时，即所有修复率$\mu_{kk'}^{ij}$均为 0，式(6.54)可简化为

$$\frac{q_h\left(k \mid k', t\right)}{q_g\left(k \mid k', t\right)}=\frac{\dfrac{\lambda_{k^*k'}^{i^*j^*}}{\sum_{i\in A}\left(\dfrac{1}{\alpha_i}\sum_{j\in A_i}\sum_{k\in O_{k'}}\lambda_{kk'}^{ij}\right)}}{\dfrac{\tilde{\lambda}^{i^*}}{\sum_{i\in A}\tilde{\lambda}^i}\cdot\dfrac{\lambda_{k^*k'}^{i^*j^*}}{\dfrac{1}{\alpha_{i^*}}\sum_{j\in A_{i^*}}\sum_{k\in O_{k'}}\lambda_{kk'}^{i^*j}}}=\frac{\sum_{i\in A}\tilde{\lambda}^i\cdot\sum_{j\in A_{i^*}}\sum_{k\in O_{k'}}\lambda_{kk'}^{i^*j}}{\alpha_{i^*}\cdot\tilde{\lambda}^{i^*}\cdot\sum_{i\in A}\sum_{j\in A_i}\sum_{k\in O_{k'}}\dfrac{\lambda_{kk'}^{ij}}{\alpha_i}} \tag{6.56}$$

对于转移核函数的$f\left(t \mid k', t'\right)$部分，则有

$$\frac{f_h\left(t \mid k', t'\right)}{f_g\left(t \mid k', t'\right)}=\frac{h\left(\sum_{i\in A}\sum_{j\in A_i}\sum_{k\in O_{k'}}\dfrac{\lambda_{kk'}^{ij}}{\alpha_i}+\sum_{i\in A}\sum_{j\in A_i}\sum_{k\in O_{k'}}\mu_{kk'}^{ij}\right)}{g\left(\sum_{i\in A}\tilde{\lambda}^i+\sum_{i\in A}\sum_{j\in A_i}\sum_{k\in O_{k'}}\mu_{kk'}^{ij}\right)} \tag{6.57}$$

式中，h 和 g 分别为设备级和分系统级状态转移时间分布的概率密度函数。当不存在故障类设备时，式(6.57)可简化为

$$\frac{f_h\left(t\mid k',t'\right)}{f_g\left(t\mid k',t'\right)}=\frac{h\left(\sum_{i\in A}\sum_{j\in A_i}\sum_{k\in O_{k'}}\frac{\lambda_{kk'}^{ij}}{\alpha_i}\right)}{g\left(\sum_{i\in A}\tilde{\lambda}^i\right)} \tag{6.58}$$

当 h 和 g 均为指数分布时，由式(6.58)可以得到

$$\frac{f_h\left(t\mid k',t'\right)}{f_g\left(t\mid k',t'\right)}=\frac{\sum_{i\in A}\sum_{j\in A_i}\sum_{k\in O_{k'}}\frac{\lambda_{kk'}^{ij}}{\alpha_i}}{\sum_{i\in A}\tilde{\lambda}^i}\cdot\exp\left[-\left(\sum_{i\in A}\sum_{j\in A_i}\sum_{k\in O_{k'}}\frac{\lambda_{kk'}^{ij}}{\alpha_i}-\sum_{i\in A}\tilde{\lambda}^i\right)\cdot\Delta t\right] \tag{6.59}$$

式中，Δt 为仿真当前时刻与随机事件发生的间隔时间，即 $\Delta t=t-t'$。

当状态转移服从威布尔分布时，转移核函数的 $f\left(t\mid k',t'\right)$ 部分更为复杂。根据式(6.17)，可以得到

$$\begin{aligned}\frac{f_h\left(t\mid k',t'\right)}{f_g\left(t\mid k',t'\right)}&=\frac{\dfrac{\mathrm{d}f(t\mid k',t')}{\mathrm{d}t}}{\dfrac{\mathrm{d}\tilde{f}(t\mid k',t')}{\mathrm{d}t}}\\&=\frac{\sum_{i\in A}\sum_{j\in A_i}\sum_{k\in O_{k'}}\frac{b_{kk'}^{ij}}{\eta_{kk'}^{ij}}\left(\frac{\Delta t+t_{\mathrm{c}}^{ij}}{\eta_{kk'}^{ij}}\right)^{b_{kk'}^{ij}-1}\exp\left\{\sum_{i\in A}\sum_{j\in A_i}\sum_{k\in O_{k'}}\left[-\left(\frac{\Delta t+t_{\mathrm{c}}^{ij}}{\eta_{kk'}^{ij}}\right)^{b_{kk'}^{ij}}+\left(\frac{t_{\mathrm{c}}^{ij}}{\eta_{kk'}^{ij}}\right)^{b_{kk'}^{ij}}\right]\right\}}{\sum_{i\in A}\sum_{j\in A_i}\sum_{k\in O_{k'}}\frac{\tilde{b}_{kk'}^{ij}}{\tilde{\eta}_{kk'}^{ij}}\left(\frac{\Delta t+t_{\mathrm{c}}^{ij}}{\tilde{\eta}_{kk'}^{ij}}\right)^{\tilde{b}_{kk'}^{ij}-1}\exp\left\{\sum_{i\in A}\sum_{j\in A_i}\sum_{k\in O_{k'}}\left[-\left(\frac{\Delta t+t_{\mathrm{c}}^{ij}}{\tilde{\eta}_{kk'}^{ij}}\right)^{\tilde{b}_{kk'}^{ij}}+\left(\frac{t_{\mathrm{c}}^{ij}}{\tilde{\eta}_{kk'}^{ij}}\right)^{\tilde{b}_{kk'}^{ij}}\right]\right\}}\end{aligned} \tag{6.60}$$

式中，t_{c}^{ij} 为分系统 A_i 所属设备 j 的累计工作时间。

6.3.2　多分辨率条件下的状态受迫转移抽样方法

蒙特卡罗方法是一类统计模型方法，对系统复杂性不敏感，适用于高维问题的计算求解。其对抽样事件稀缺性较为敏感，因而存在计算效率和精度的问题。在关注事件的发生概率较小(如高可靠性、低故障率)，或者相对其他事件发生概率较低(如较短的任务时间、修复率显著高于故障率等)等情况下，直接仿真抽样后的结果可能方差大、精度低、仿真效率不高，需要采取特定抽样方法加以完善。

当任务时间很短、系统或设备可靠性很高，或者两者相差悬殊时，状态转移很可能发生在任务结束时间之后。为了增加任务时间范围内故障类随机事件的抽样概率，Lewis 等提出了受迫转移(forced transition)的抽样方法[26]。

受迫转移的目的是使表示系统状态转移的随机事件发生在规定的时间范围内。设当前时刻为 t'，系统状态为 k'，任务时间为 T。系统状态转移的随机事件发生在$[t', T]$，可理解为随机事件发生在$[t', T]$内的概率为 1，即

$$P(t' + \Delta t < T)=1 \tag{6.61}$$

式中，Δt 为状态转移距当前时刻的间隔时间，则状态转移时刻 $t = t' + \Delta t$，其概率分布函数及概率密度函数分别为

$$\tilde{F}\left(t\middle|k',t'\right) = \frac{F\left(t\middle|k',t'\right)}{1-\exp\left(-\int_{t'}^{T}\gamma_{k'}\left(t''\right)\mathrm{d}t''\right)} \tag{6.62}$$

$$\tilde{f}\left(t\middle|k',t'\right) = \frac{f\left(t\middle|k',t'\right)}{1-\exp\left(-\int_{t'}^{T}\gamma_{k'}\left(t''\right)\mathrm{d}t''\right)} \tag{6.63}$$

式中，$F\left(t\middle|k',t'\right)$ 和 $f\left(t\middle|k',t'\right)$ 分别为状态转移的原有概率分布函数和概率密度函数。如图 6.7 所示，受迫转移将抽样分布压缩到任务时间范围内，迫使故障类随机事件在任务剩余时间内发生，使得任务结束前必然至少获得一次抽样，为在系统可靠性高、任务时间短等情况下获得有效抽样创造了条件。

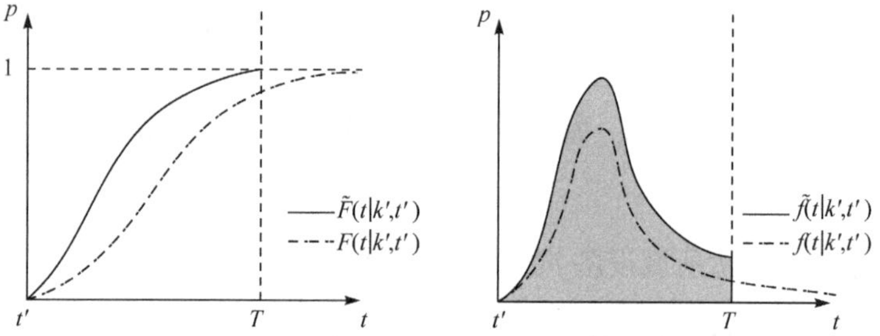

(a) 概率分布函数　　(b) 概率密度函数

图 6.7　受迫转移的状态转移概率分布

受迫转移只改变转移时间的抽样空间，不改变转移状态的抽样空间。按照转移核函数的统一描述方式，新转移核函数的 $q\left(k \mid k',t\right)$ 不变，仅改变 $f\left(t \mid k',t'\right)$，综合起来如式(6.64)和式(6.65)所示：

$$\tilde{q}\left(k \mid k',t\right)=q\left(k \mid k',t\right) \tag{6.64}$$

$$\tilde{f}(t\mid k',t')=\begin{cases}\dfrac{f(t|k',t')}{1-\exp\left[-\int_{t'}^{T}\gamma_{k'}(t'')\mathrm{d}t''\right]}, & t'\leqslant t\leqslant T\\ 0, & 0\leqslant t<t',t>T\end{cases}\tag{6.65}$$

根据式(6.65)，获得随机事件发生时刻的随机数。参照式(6.7)，该随机数应由式(6.66)确定：

$$\int_{t'}^{t}\gamma_{k'}(t'')\mathrm{d}t''=-\ln\left\{1-\xi\left[1-\exp\left(-\int_{t'}^{T}\gamma_{k'}(t'')\mathrm{d}t''\right)\right]\right\},\quad t'\leqslant t\leqslant T\tag{6.66}$$

若转移时刻服从指数分布，则可显式计算得到随机数 t，即

$$t=t'-\frac{1}{\gamma_{k'}(t')}\ln\left[1-\xi\left(1-\exp\left(-\gamma_{k'}(T-t')\right)\right)\right],\quad t'\leqslant t\leqslant T\tag{6.67}$$

受迫转移得到的是系统状态的伪随机游走过程，迫使状态转移时刻发生在任务结束时间之内，客观上强制提升了故障类随机事件的发生概率，从而增加故障类随机事件的抽样实现次数。采取受迫转移后，故障类随机事件发生概率强制提升。为使估计值保持无偏性，需要对仿真抽样计数值进行修正。综合式(6.64)和式(6.65)，可得修正因子为

$$\frac{q(k\mid k',t)\cdot f(t\mid k',t')}{\tilde{q}(k\mid k',t)\cdot\tilde{f}(t\mid k',t')}=\left[1-\exp\left(-\int_{t'}^{T}\gamma_{k'}(t'')\mathrm{d}t''\right)\right]\tag{6.68}$$

因此，采取受迫转移后，应根据式(6.68)修正仿真抽样计数，即

$$w_n\leftarrow w_n\cdot l_{\mathrm{FT}}=w_n\cdot\left[1-\exp\left(-\int_{t'}^{T}\gamma_{k'}(t'')\mathrm{d}t''\right)\right]\tag{6.69}$$

式中，w_n 为第 n 次仿真的抽样计数，其初始值为 1；l_{FT} 为受迫转移对应的修正因子。

在多分辨率条件下，受迫转移生成故障类随机事件首先是由代表高层次系统的低分辨率模型产生，再根据故障占比系数 α_i，依概率选择在低分辨率模型中触发故障事件。在此基础上，触发对应的高分辨率模型。依概率选择在高分辨率模型中触发故障事件，确定事件发生的具体系统单元，并根据式(6.44)计算具体的修正因子，即

$$\frac{q_h(k\mid k',t)}{q_g(k\mid k',t)}=\frac{\dfrac{\lambda_{k^*k'}^{i^*j^*}}{\sum\limits_{i\in A}\left(\dfrac{1}{\alpha_i}\sum\limits_{j\in A_i}\sum\limits_{k\in O_{k'}}\lambda_{kk'}^{ij}\right)}}{\dfrac{\tilde{\lambda}^{i^*}}{\sum\limits_{i\in A}\tilde{\lambda}^{i}}\cdot\dfrac{\lambda_{k^*k'}^{i^*j^*}}{\dfrac{1}{\alpha_{i^*}}\sum\limits_{j\in A_{i^*}}\sum\limits_{k\in O_{k'}}\lambda_{kk'}^{i^*j}}}=\frac{\sum\limits_{i\in A}\tilde{\lambda}^{i}\cdot\sum\limits_{j\in A_{i^*}}\sum\limits_{k\in O_{k'}}\lambda_{kk'}^{i^*j}}{\alpha_{i^*}\cdot\tilde{\lambda}^{i^*}\cdot\sum\limits_{i\in A}\sum\limits_{j\in A_i}\sum\limits_{k\in O_{k'}}\dfrac{\lambda_{kk'}^{ij}}{\alpha_i}}\tag{6.70}$$

$$\frac{f_h\left(t \mid k',t'\right)}{f_g\left(t \mid k',t'\right)}=\frac{h\left(\sum\limits_{i\in A}\sum\limits_{j\in A_i}\sum\limits_{k\in O_{k'}}\frac{\lambda_{kk'}^{ij}}{\alpha_i}\right)}{\dfrac{g\left(\sum\limits_{i\in A}\tilde{\lambda}^i\right)}{1-\exp\left(-\int_{t'}^{T}\sum\limits_{i\in A}\tilde{\lambda}^i\,\mathrm{d}t''\right)}} \tag{6.71}$$

在多分辨率条件下，受迫转移后修正仿真抽样计数为

$$\begin{aligned} w_n &\leftarrow w_n\cdot l_{\mathrm{FT}}=w_n\cdot\frac{q_h\left(k \mid k',t\right)\cdot f_h\left(t \mid k',t'\right)}{q_g\left(k \mid k',t\right)\cdot f_g\left(t \mid k',t'\right)} \\ &=w_n\cdot\left[1-\exp\left(-\int_{t'}^{T}\sum_{i\in A}\tilde{\lambda}^i\,\mathrm{d}t''\right)\right]\cdot\frac{\sum\limits_{i\in A}\tilde{\lambda}^i\cdot\sum\limits_{j\in A_{i^*}}\sum\limits_{k\in O_{k'}}\lambda_{kk'}^{i^*j}}{\alpha_{i^*}\cdot\tilde{\lambda}^{i^*}\cdot\sum\limits_{i\in A}\sum\limits_{j\in A_i}\sum\limits_{k\in O_{k'}}\frac{\lambda_{kk'}^{ij}}{\alpha_i}}\cdot\frac{h\left(\sum\limits_{i\in A}\sum\limits_{j\in A_i}\sum\limits_{k\in O_{k'}}\frac{\lambda_{kk'}^{ij}}{\alpha_i}\right)}{g\left(\sum\limits_{i\in A}\tilde{\lambda}^i\right)} \end{aligned} \tag{6.72}$$

当 h 和 g 均为指数分布时，则有

$$\begin{aligned} \frac{f_h\left(t \mid k',t'\right)}{f_g\left(t \mid k',t'\right)}&=\frac{\sum\limits_{i\in A}\sum\limits_{j\in A_i}\sum\limits_{k\in O_{k'}}\frac{\lambda_{kk'}^{ij}}{\alpha_i}}{\sum\limits_{i\in A}\tilde{\lambda}^i} \\ &\cdot\exp\left[-\left(\sum_{i\in A}\sum_{j\in A_i}\sum_{k\in O_{k'}}\frac{\lambda_{kk'}^{ij}}{\alpha_i}-\sum_{i\in A}\tilde{\lambda}^i\right)\Delta t\right]\cdot\left\{1-\exp\left[-\left(T-t'\right)\sum_{i\in A}\tilde{\lambda}^i\right]\right\} \end{aligned} \tag{6.73}$$

式中，Δt 为仿真当前时刻与随机事件发生的间隔时间，即 $\Delta t=t-t'$。将式(6.73)代入式(6.72)，可以得到更为具体的表达式。当 h 和 g 均为威布尔分布时，可以根据式(6.60)进一步推导获得。

需要指出的是，受迫转移将在当前时刻和任务中止时刻之间生成下一次随机事件。每次任务结束前会一直执行受迫转移，这将增大计算量、降低计算效率。随受迫转移执行次数的增加，修正因子将变得十分微小，从而降低了对仿真统计量的贡献值。因此，设定仿真中每次任务仅执行一次受迫转移，即当所有状态转移超出任务时间且未执行过受迫转移时，执行一次受迫转移。

6.3.3 多分辨率条件下的状态失效偏倚抽样方法

由于故障率通常远小于修复率，蒙特卡罗仿真中随机模拟发生修理事件的可

能性要显著高于其他设备的故障类随机事件。在仿真次数相对有限的条件下，维修过程中发生其他故障的情况可能很难通过仿真抽样实现，从而带来仿真效率和精度方面的问题。与受迫转移用以提高小概率事件抽样的思想相似，Lewis 等还提出了失效偏倚(fault biasing)的抽样方法[26]。

失效偏倚的主要思路是为了在下一次抽样中增大故障类转移的发生概率，对状态转移的抽样空间进行调整，放大故障类转移、减弱修复类转移。失效偏倚仅改变转移状态抽样空间，不改变转移时间抽样空间。按照转移核函数的统一描述方式，新转移核函数的 $f\left(t\,|\,k',t'\right)$ 不变，仅改变 $q\left(k\,|\,k',t\right)$，综合起来如式(6.74)和式(6.75)所示：

$$\tilde{q}\left(s'\to s\right)=\begin{cases}\dfrac{q\left(k\middle|k',t'\right)}{\sum\limits_{k\in\Lambda_{k'}}q\left(k\middle|k',t'\right)}\cdot\beta=\dfrac{\lambda_{kk'}\left(t'\right)}{\sum\limits_{k\in\Lambda_{k'}}\lambda_{kk'}\left(t'\right)}\cdot\beta, & k\in\Lambda_{k'}\\[2ex] \dfrac{q\left(k\middle|k',t'\right)}{\sum\limits_{k\in\Psi_{k'}}q\left(k\middle|k',t'\right)}\cdot\left(1-\beta\right)=\dfrac{\mu_{kk'}\left(t'\right)}{\sum\limits_{k\in\Psi_{k'}}\mu_{kk'}\left(t'\right)}\cdot\left(1-\beta\right), & k\in\Psi_{k'}\end{cases}\tag{6.74}$$

$$\tilde{f}\left(s'\to s\right)=f\left(s'\to s\right)\tag{6.75}$$

式中，Λ 为故障或降级的状态集合；Ψ 为修复的状态集合；β 为失效偏倚系数，用于调节倾向故障类转移及修复类转移之间的相对程度，通常取值范围在 0.5～0.7[14, 15]。β 代表本次抽样中故障类转移占所有状态转移的比例，$1-\beta$ 代表本次抽样中维修类转移占所有状态转移的比例。

当状态驻留时间服从指数分布时，式(6.74)进一步改写为

$$\tilde{q}\left(k\middle|k'\right)=\frac{q\left(k\middle|k'\right)}{\sum\limits_{k''\in\Lambda}q\left(k''\middle|k'\right)}\cdot\beta=\frac{\beta\cdot\lambda_{kk'}}{\sum\limits_{k''\in\Lambda}\lambda_{k''k'}},\quad k\in\Lambda_{k'}\tag{6.76}$$

$$\tilde{q}\left(k\middle|k'\right)=\frac{q\left(k\middle|k'\right)}{\sum\limits_{k''\in\Psi}q\left(k''\middle|k'\right)}\cdot\left(1-\beta\right)=\frac{\left(1-\beta\right)\mu_{kk'}}{\sum\limits_{k''\in\Psi}\mu_{k''k'}},\quad k\in\Psi_{k'}\tag{6.77}$$

转移后状态以轮盘赌的方式生成，其概率分配比例为

$$p_k\sim\frac{\tilde{q}\left(k\middle|k'\right)}{\sum\limits_{k''\in\Lambda,\Psi}\tilde{q}\left(k''\middle|k'\right)}\tag{6.78}$$

获得仿真样本后，同样需要修正样本的统计值。设 l_{FB} 为失效偏倚对应的修正因子。根据式(6.76)～式(6.78)，推理可得

$$w_n \leftarrow w_n \cdot l_{\mathrm{FB}} = \begin{cases} w_n \cdot \dfrac{1}{\beta} \sum\limits_{k'' \in \Lambda} q\left(k'' \middle| k'\right), & k \in \Lambda_{k'} \\ w_n \cdot \dfrac{1}{1-\beta} \sum\limits_{k'' \in \Psi} q\left(k'' \middle| k'\right), & k \in \Psi_{k'} \end{cases} \tag{6.79}$$

设状态 k'转移出自身状态的跃迁速率总和为$\gamma_{k'}$，即

$$\gamma_{k'} = \sum_{k'' \in O_{k'}} \eta_{k''k'} = \sum_{k'' \in \Lambda} \lambda_{k''k'} + \sum_{k'' \in \Psi} \mu_{k''k'} \tag{6.80}$$

式中，η 表示迁出速率(包括故障类转移和修复类转移)。结合式(6.79)和式(6.80)，推理可得

$$w_n \leftarrow w_n \cdot \frac{1}{\beta} \sum_{k'' \in \Lambda} \frac{\lambda_{k''k'}}{\gamma_{k'}} = w_n \cdot \frac{1}{\beta} \cdot \frac{\sum\limits_{k'' \in \Lambda} \lambda_{k''k'}}{\sum\limits_{k'' \in O_{k'}} \eta_{k''k'}} = w_n \cdot \frac{1}{\beta} \cdot \frac{\sum\limits_{k'' \in \Lambda} \lambda_{k''k'}}{\sum\limits_{k'' \in \Lambda} \lambda_{k''k'} + \sum\limits_{k'' \in \Psi} \mu_{k''k'}}, \quad k \in \Lambda_{k'} \tag{6.81}$$

$$w_n \leftarrow w_n \cdot \frac{1}{1-\beta} \cdot \frac{\sum\limits_{k'' \in \Psi} \mu_{k''k'}}{\sum\limits_{k'' \in \Lambda} \lambda_{k''k'} + \sum\limits_{k'' \in \Psi} \mu_{k''k'}}, \quad k \in \Psi_{k'} \tag{6.82}$$

在多分辨率条件下，首先由代表高层次系统的低分辨率模型生成由失效偏倚产生的故障类随机事件,然后将其切换到高分辨率模型的设备级进一步实施计算。失效偏倚根据故障占比系数α_i，依概率选择在低分辨率模型中触发故障类随机事件。在此基础上，触发对应的高分辨率模型，进一步在高分辨率模型中触发故障事件，确定事件发生的具体系统单元，并根据式(6.44)的原理，计算具体的概率修正值。

对于故障类转移($k \in \Lambda_{k'}$)，则有

$$\frac{q_h\left(k \mid k', t\right)}{q_g\left(k \mid k', t\right)} = \frac{\dfrac{\lambda_{k^*k'}^{i^*j^*}}{\sum\limits_{i \in A}\left(\dfrac{1}{\alpha_i} \sum\limits_{j \in A_i} \sum\limits_{k \in O_{k'}} \lambda_{kk'}^{ij}\right) + \sum\limits_{i \in A} \sum\limits_{j \in A_i} \sum\limits_{k \in O_{k'}} \mu_{kk'}^{ij}}}{\dfrac{\beta \cdot \tilde{\lambda}^{i^*}}{\sum\limits_{i \in A} \tilde{\lambda}^i} \cdot \dfrac{\lambda_{k^*k'}^{i^*j^*}}{\dfrac{1}{\alpha_{i^*}} \sum\limits_{j \in A_{i^*}} \sum\limits_{k \in \Lambda_{k'}} \lambda_{kk'}^{i^*j}}}$$
$$= \frac{\sum\limits_{i \in A} \tilde{\lambda}^i \cdot \sum\limits_{j \in A_{i^*}} \sum\limits_{k \in \Lambda_{k'}} \lambda_{kk'}^{i^*j}}{\beta \alpha_{i^*} \cdot \tilde{\lambda}^{i^*} \cdot \sum\limits_{i \in A} \sum\limits_{j \in A_i} \sum\limits_{k \in O_{k'}} \left(\dfrac{\lambda_{kk'}^{ij}}{\alpha_i} + \mu_{kk'}^{ij}\right)} \tag{6.83}$$

对于修复类转移($k \in \Psi_{k'}$)，则有

$$\frac{q_h(k|k',t)}{q_g(k|k',t)}=\frac{\dfrac{\mu_{k^*k'}^{i^*j^*}}{\sum\limits_{i\in A}\left(\dfrac{1}{\alpha_i}\sum\limits_{j\in A_i}\sum\limits_{k\in O_{k'}}\lambda_{kk'}^{ij}\right)+\sum\limits_{i\in A}\sum\limits_{j\in A_i}\sum\limits_{k\in O_{k'}}\mu_{kk'}^{ij}}}{\dfrac{(1-\beta)\mu_{k^*k'}^{i^*j^*}}{\sum\limits_{i\in A}\sum\limits_{j\in A_i}\sum\limits_{k\in O_{k'}}\mu_{kk'}^{ij}}}=\frac{\sum\limits_{i\in A}\sum\limits_{j\in A_i}\sum\limits_{k\in O_{k'}}\mu_{kk'}^{ij}}{(1-\beta)\sum\limits_{i\in A}\sum\limits_{j\in A_i}\sum\limits_{k\in O_{k'}}\left(\dfrac{\lambda_{kk'}^{ij}}{\alpha_i}+\mu_{kk'}^{ij}\right)} \tag{6.84}$$

对于上述两类转移，转移核函数 $f(t|k',t')$ 部分的比值均为

$$\frac{f_h(t|k',t')}{f_g(t|k',t')}=\frac{h\left(\sum\limits_{i\in A}\sum\limits_{j\in A_i}\sum\limits_{k\in O_{k'}}\left(\dfrac{\lambda_{kk'}^{ij}}{\alpha_i}+\mu_{kk'}^{ij}\right)\right)}{g\left(\sum\limits_{i\in A}\tilde{\lambda}^i+\sum\limits_{i\in A}\sum\limits_{j\in A_i}\sum\limits_{k\in \Lambda_{k'}}\mu_{kk'}^{ij}\right)} \tag{6.85}$$

在多分辨率条件下，失效偏倚后修正仿真抽样计数为

$$w_n\leftarrow w_n\cdot l_{\mathrm{FB}}=w_n\cdot\frac{q_h(k|k',t)\cdot f_h(t|k',t')}{q_g(k|k',t)\cdot f_g(t|k',t')}$$

$$=\begin{cases}w_n\cdot\dfrac{\sum\limits_{i\in A}\tilde{\lambda}^i\cdot\sum\limits_{j\in A_{i^*}}\sum\limits_{k\in\Lambda_{k'}}\lambda_{kk'}^{i^*j}}{\beta\alpha_{i^*}\cdot\tilde{\lambda}^{i^*}\cdot\sum\limits_{i\in A}\sum\limits_{j\in A_i}\sum\limits_{k\in O_{k'}}\left(\dfrac{\lambda_{kk'}^{ij}}{\alpha_i}+\mu_{kk'}^{ij}\right)}\cdot\dfrac{h\left(\sum\limits_{i\in A}\sum\limits_{j\in A_i}\sum\limits_{k\in O_{k'}}\left(\dfrac{\lambda_{kk'}^{ij}}{\alpha_i}+\mu_{kk'}^{ij}\right)\right)}{g\left(\sum\limits_{i\in A}\tilde{\lambda}^i+\sum\limits_{i\in A}\sum\limits_{j\in A_i}\sum\limits_{k\in\Lambda_{k'}}\mu_{kk'}^{ij}\right)}, & k\in\Lambda_{k'}\\ w_n\cdot\dfrac{\sum\limits_{i\in A}\sum\limits_{j\in A_i}\sum\limits_{k\in O_{k'}}\mu_{kk'}^{ij}}{(1-\beta)\sum\limits_{i\in A}\sum\limits_{j\in A_i}\sum\limits_{k\in O_{k'}}\left(\dfrac{\lambda_{kk'}^{ij}}{\alpha_i}+\mu_{kk'}^{ij}\right)}\cdot\dfrac{h\left(\sum\limits_{i\in A}\sum\limits_{j\in A_i}\sum\limits_{k\in O_{k'}}\left(\dfrac{\lambda_{kk'}^{ij}}{\alpha_i}+\mu_{kk'}^{ij}\right)\right)}{g\left(\sum\limits_{i\in A}\tilde{\lambda}^i+\sum\limits_{i\in A}\sum\limits_{j\in A_i}\sum\limits_{k\in\Lambda_{k'}}\mu_{kk'}^{ij}\right)}, & k\in\Psi_{k'}\end{cases} \tag{6.86}$$

当 h 和 g 为指数分布或威布尔分布时，可分别依照式(6.73)、式(6.60)进一步推导获得。

6.3.4　基于状态转移事件链的统计指标综合修正

对于系统任务可靠性及成功性问题，设以任务结束时刻的系统可用度和任务

成功性概率为统计指标。由于重要性抽样、受迫转移和失效偏倚的引入，统计抽样是经过修正的。因此，上述统计指标不能直接通过累计系统可用状态的样本量和任务成功的样本量获得，而是应由系统不可用度和任务失败概率的统计值计算得到，即

$$\hat{P}=1-\hat{F} \tag{6.87}$$

式中，$\hat{P}$ 为系统可用度或任务成功概率；$\hat{F}$ 为系统不可用度或任务失败概率。

每一次仿真循环将经历若干次随机事件形成的状态转移事件链。综合 6.3.1 节～6.3.3 节中各修正因子的累积传递影响，用事件链对应的一连串修正因子，综合修正统计值，即

$$\hat{F}=\frac{1}{N}\sum_{1\leqslant n\leqslant N} w_n \cdot L(C_n)=\frac{1}{N}\sum_{1\leqslant n\leqslant N}\left(w_n \prod_{\left(k^t,k^{t+1}\right)\in C_n} l_{k^t,k^{t+1}}^n\right) \tag{6.88}$$

式中，$L(C_n)$ 表示第 n 个样本经历事件链 C_n 包含的修正因子乘积；$l_{k^t,k^{t+1}}^n$ 为第 n 个样本经历事件链 C_n 中状态 k^t 向 k^{t+1} 转移对应的修正因子；t 表示第 t 步转移；N 为仿真次数。根据各修正因子的计算方法，$l_{k^t,k^{t+1}}^n$ 取值为

$$l_{k^t,k^{t+1}}^n=\begin{cases} l_{\mathrm{IS}}, & \mathrm{IS} \\ l_{\mathrm{FT}}, & \mathrm{FT} \\ l_{\mathrm{FB}}, & \mathrm{FB} \end{cases} \tag{6.89}$$

式中，IS、FT、FB 分别表示采用重要性抽样、受迫转移、失效偏倚的抽样方法。

6.4 多分辨率仿真流程及控制机制

多状态系统任务可靠性及成功性的多分辨率仿真流程如图 6.8 所示。该流程是对图 6.6 仿真框架的细化和具体实现。对于仿真控制机制，需说明如下几点。

1. 关于随机事件生成与分辨率转换的仿真控制机制

图 6.8 中包含了需要转换分辨率的仿真步骤，通常需要将低分辨率的分系统级随机事件转换为高分辨率的设备级随机事件。这里与一般仿真方法不同的是，生成当前仿真时刻的下一步随机事件，不是通过蒙特卡罗方法的一次随机模拟加以实现，而需要分别在低分辨率和高分辨率的系统层次各实施一次。首先在分系统级生成某分系统的故障类随机事件，然后通过轮盘赌的方式确定该分系统中某台设备发生的故障类随机事件及其跃迁至何种状态。虽然在不同系统

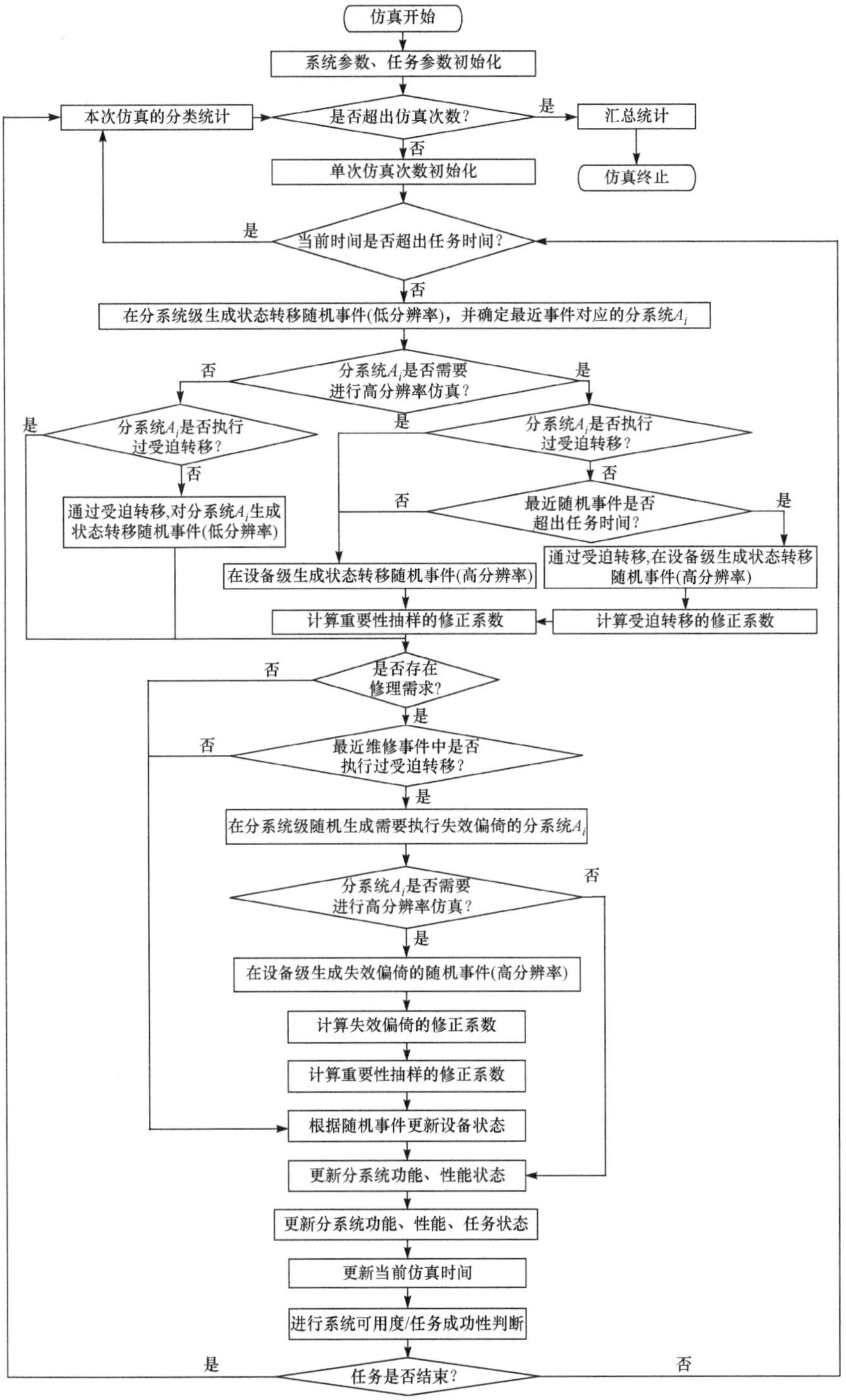

图 6.8　多状态系统任务可靠性的多分辨率仿真流程图

层次各实施了一次随机模拟，但与随机事件对应的分系统和设备关系是匹配的。设备经过修复性随机事件得以恢复后，统一更新各级系统的对应状态，不在分系统级重复生成修复性随机事件。概括起来，首先从高层系统向低层触发故障类随机事件，然后经修复性随机事件后更新各级系统，从而实现仿真在不同系统分辨率之间的反复转换和系统结构所属关系的一致性。

2. 关于受迫转移抽样与失效偏倚抽样的仿真控制机制

图 6.8 中包含了需要执行受迫转移或失效偏倚方法的仿真步骤。当任务时间与故障类状态转移时间相差悬殊时，故障类随机事件难以获得样本。例如，当故障概率为 10^{-5} 时，仿真次数若低于 10^5 次，则获得样本的平均次数低于 1 次。在故障率与修复率悬殊的抽样竞争中，也存在同样的问题。受迫转移与失效偏倚抽样方法是针对上述问题的加速抽样方法，用以提高仿真效率。需要指出的是，这两种方法应在预定的仿真控制机制下实施：

(1) 受迫转移应有执行次数的限制，否则受迫抽样将无限次执行。因为有限的任务时间内，总能够通过受迫转移生成一个介于当前时间和任务结束时间的抽样。

(2) 受迫转移应能根据任务时间自动实施。当任务时间很短，生成的候选随机事件超出任务结束时间时，受迫转移将被自动启用；当任务时间较长时，任务时间内生成的候选随机事件能够方便地获得，直至任务剩余时间较短时，候选随机事件超出任务时限，受迫转移才自动启用。

(3) 受迫转移抽样实施后，才启用失效偏倚抽样。其原因在于，通常关注的是任务结尾时刻的系统可靠性度量(特别在第 7 章算例的应用问题中)，受迫转移会制造临近任务结束时间的故障，从而进一步激发失效偏倚，增加任务结束前获得系统不可用状态的抽样机会。

3. 关于 DMC 与 IMC 的仿真控制机制

设备级采用 IMC，分系统级采用 DMC 或 IMC。理论上采用 DMC 和 IMC 是等价的。高分辨率随机事件需要通过轮盘赌的方式产生，受迫转移和失效偏倚的抽样方法也是建立在 IMC 的基础上的，因此高分辨率随机事件均以 IMC 的方式生成。低分辨率随机事件采用 DMC 或 IMC 均可。

参考文献

[1] Xing L, Dugan J B. Analysis of generalized phased-mission system reliability, performance, and sensitivity[J]. IEEE Transactions on Reliability, 2002, 51(2): 199-211.

[2] Bondavalli A, Chiaradonna S, Giandomenico F D, et al. Dependability modeling and evaluation of multiple-phased systems using DEEM[J]. IEEE Transactions on Reliability, 2004, 53(4): 509-522.

[3] Yong O, Dugan J B. Modular solution of dynamic multi-phase systems[J]. IEEE Transactions on Reliability, 2004, 53(4): 499-508.

[4] 陈光宇, 张小民, 唐小我. 基于分离 BDD 的通用多阶段任务系统可靠性分析[J]. 系统工程理论与实践, 2013, 33(5): 1240-1246.

[5] Xiao F L, Hong D W, Hong Y, et al. Warship reliability evaluation based on dynamic Bayesian networks and numerical simulation[J]. Ocean Engineering, 2017, 136: 129-140.

[6] Lu J M, Wu X Y, Liu Y, et al. Reliability analysis of large phased-mission systems with repairable components based on success-state sampling[J]. Reliability Engineering & System Safety, 2015, 142: 123-133.

[7] Bjorkman K. Solving dynamic flowgraph methodology models using binary decision diagrams[J]. Reliability Engineering & System Safety, 2013, 111: 206-216.

[8] Chew S P, Dunnett S J, Andrews J D. Phased mission modelling of systems with maintenance-free operating periods using simulated Petri nets[J]. Reliability Engineering & System Safety, 2007, 93(7): 980-994.

[9] Faulin J, Juan A A, Martorell S, et al. Simulation Methods for Reliability and Availability of Complex Systems[M]. Berlin: Springer, 2010.

[10] Wu X, Hillston J. Mission reliability of semi-Markov systems under generalized operational time requirements[J]. Reliability Engineering & System Safety, 2015, 140(3): 122-129.

[11] 莫毓昌, 杨孝宗, 崔刚, 等. 一般阶段任务系统的任务可靠性分析[J]. 软件学报, 2007, 18(4): 1068-1076.

[12] Shrestha A, Xing L, Dai Y. Decision diagram based methods and complexity analysis for multi-state systems[J]. IEEE Transactions on Reliability, 2010, 59(1): 145-161.

[13] Ramirezmarquez J E, Coit D W, Tortorella M. A generalized multistate-based path vector approach to multistate two-terminal reliability[J]. IIE Transactions, 2006, 38(6): 477-488.

[14] 尹晓伟, 钱文学, 谢里阳. 系统可靠性的贝叶斯网络评估方法[J]. 航空学报, 2008, 29(6): 1482-1489.

[15] Lisnianski A, Frenkel I, Ding Y. Multi-state System Reliability Analysis and Optimization for Engineers and Industrial Managers[M]. Berlin: Springer, 2010.

[16] Zhou J Y, Xie L Y. Generating function approach to reliability analysis of structural systems[J]. Science in China, 2009, 52(10): 2849-2858.

[17] 周金宇, 谢里阳. 多状态系统共因失效机理与定量分析[J]. 机械工程学报, 2008, 44(10): 77-82.

[18] Zio E. The Monte Carlo Simulation Method for System Reliability and Risk Analysis[M]. Berlin: Springer, 2014.

[19] Zio E, Marella M, Podofillini L. A Monte Carlo simulation approach to the availability assessment of multi-state systems with operational dependencies[J]. Reliability Engineering & System Safety, 2007, 92(7): 871-882.

[20] Juan A A, Monteforte A, Ferrer A, et al. Applications of discrete-event simulation to reliability and availability assessment in civil engineering structures[C]// Simulation Conference, Austin, 2009: 2759-2767.

[21] 原菊梅. 复杂系统可靠性 Petri 网建模及其智能分析方法[M]. 北京: 国防工业出版社, 2011.
[22] Doguc O, Marquez R, Emmanuel J. A generic method for estimating system reliability using Bayesian networks[J]. Reliability Engineering & System Safety, 2017, 94(2): 542-550.
[23] Srinivasa R M, Naikan V N A. A system dynamic model for transient availability modeling of repairable redundant systems[J]. International Journal of Performability Engineering, 2015, 11(3): 203-211.
[24] Ferrario E, Pedroni N, Zio E. Analysis of the robustness and recovery of critical infrastructures by goal tree-success tree: Dynamic master logic diagram, within a multistate system-of-systems framework, in the presence of epistemic uncertainty[J]. ASCE—ASME Journal of Risk and Uncertainty in Engineering Systems Part B: Mechanical Engineering, 2015, 1: 1-14.
[25] 许双伟, 龚时雨, 谭林. 基于 GTST-DMLD 的装备 RMS 综合仿真研究[J]. 计算机仿真, 2008, (4): 76-79.
[26] Lewis E E, Boehm F, Kirsch C, et al. Monte Carlo simulation of complex system mission reliability[C]// 1989 Winter Simulation Conference, Washington, 1989: 497-504.
[27] Dubi A. Monte Carlo Applications in Systems Engineering[M]. Hoboken: John Wiley & Sons Inc, 2000.
[28] 陶勇剑, 董德存, 任鹏. 基于故障树的系统可靠性估计不确定性分析[J]. 同济大学学报(自然科学版), 2010, 38(1): 141-145.
[29] 黄江宁, 郭瑞鹏, 赵舫, 等. 电力系统可靠性评估中的分层均匀抽样法[J]. 电力系统自动化, 2012, 36(20): 19-24.
[30] 金星, 洪延姬. 蒙特卡罗方法在系统可靠性中应用[M]. 北京: 国防工业出版社, 2013.
[31] 金光. 复杂系统可靠性建模与分析[M]. 北京: 国防工业出版社, 2015.
[32] 肖刚, 李天柁. 系统可靠性分析中的蒙特卡罗方法[M]. 北京: 科学出版社, 2003.
[33] 许双伟, 武小悦. 单测控站测控任务可靠性仿真的高效方法[J]. 系统工程理论与实践, 2012, 32(6): 1385-1390.
[34] 肖刚, 吴俊. 剩余分布抽样及其在非马尔科夫可修系统可靠性数字仿真中的应用[J]. 强度与环境, 1997, (3): 58-65.

第 7 章　基于多分辨率仿真的舰船装备系统任务可靠性及成功性评估

第 6 章建立了基于多分辨率仿真的任务可靠性及成功性评估方法，本章以舰船装备系统及航渡任务为案例背景，通过具体算例，验证多分辨率融合仿真及加速仿真抽样的有效性。

7.1　可靠性与任务成功性

可靠性与任务成功性是分析和评估系统保持工作状态及完成指定任务能力的主要研究问题，其中涵盖多个相关概念。在建模与量化分析前，首先对这些高度相关又容易混淆的概念加以辨析。

1. 可靠性及其相关概念

1) 可靠性与可用性

可靠性是指系统在规定条件下和规定时间内完成规定功能的能力，通常用可靠度度量。通常可用系统在某时刻或一段时间内能够完成规定功能的概率度量可靠性，即可靠度。可用性是系统或部件在规定的使用和维修方式下，在给定的时间内完成规定功能的能力[1]。通常，可以用系统在某时刻或一段时间内能够完成规定功能的概率度量可用性，即可用度。

可靠度和可用度均为概率，区别在于后者考虑了维修的影响。换而言之，可用性是在可靠性和维修性条件下完成指定功能的能力。可用度和可靠度都是“系统正常”状态的概率，只是存在修复的跃迁，使得“系统正常”的概率发生了变化。如果是多状态系统，可用度则为多个性能可接受状态的概率之和。针对某时刻的系统可用度为点可用度，或称为瞬态可用度。针对一段时间内的系统可用度则为区间可用度，或称为平均可用度。在稳态条件下，给定时间段内瞬态可用度的均值即稳态可用度。可靠性既可针对可修系统，又可针对不可修系统，利用可靠度度量。可用性是针对可修系统而言的，不可修系统主要考虑可靠性问题。

2) 基本可靠性与任务可靠性

国军标《可靠性维修性保障性术语》(GJB 451A—2005)将基本可靠性定义为“产品在规定条件下，规定时间内，无故障工作的能力”[2]。这里的规定时间是指产品的使用寿命期限，即寿命周期。该定义附加说明指出，基本可靠性反映对维修资源的要求，凡产品在规定时间内，工作时、工作前出现的故障，需要进行维修的，不管对产品性能、完成任务是否有影响、影响多大，均应计入产品的关联故障数。因此，基本可靠性由产品的所有组成单元串联模型计算可靠度[3]。该定义附加说明还指出，确定基本可靠性值时应统计产品的所有寿命单位和所有的关联故障。寿命单位是指对产品使用持续期的时间长度，包括产品从交付之日起，装卸、运输、贮存、待命、运行使用，直至产品退役的整个时间历程。

任务可靠性是指在特定任务剖面内完成指定功能的能力。其中，任务剖面是指系统或产品在完成规定任务这段时间内经历的事件和环境的时间描述。通常用任务剖面内的系统可靠度或可用度加以度量。不同任务剖面的任务可靠性模型不尽相同，而基本可靠性则由产品的所有组成单元串联模型计算可靠度。任务可靠性强调任务剖面内的系统可靠性，考虑范围限定在任务阶段，区别于考虑寿命周期的基本可靠性。除此之外，任务可靠性只考虑影响任务成败的故障，对于不影响任务完成的一般故障，均不计入故障总数。

任务可靠性既可针对可修系统，又可针对不可修系统。在多数研究中，只要计算对象明确而不被混淆，通常不会专门地称其为任务可靠度和任务可用度。除导弹、鱼水雷等武器系统，舰船装备通常为可修系统。可修系统更注重对可用性的考察。舰船装备可能存在多种性能状态，此时可用度应由可接受性能以上各状态的概率之和度量。如无特别说明，本章讨论的系统中各分系统及设备均设定为多状态系统。

2. 任务成功性及其相关概念

任务成功性(mission completion success，MCS)是指执行特定任务时完成该任务的能力，通常用任务成功概率(mission completion success probability，MCSP)度量。国军标《可靠性维修性保障性术语》将其定义为“装备在任务开始时处于可用状态的情况下，在规定的任务剖面中的任一(随机)时刻，能够使用且能完成规定功能的能力”。《美军可靠性设计手册》(MIL-HDBK-338)认为任务成功概率等于规定任务时间内的任务可靠度与任务期间发生故障能及时修好的概率之和[4]。前两个定义从能力的角度加以描述，其核心是系统完成任务的可能性。《美军可靠性设计手册》的定义几乎等同于任务可靠性或可用性。

任务成功性与影响任务完成的故障有关，即严重故障。然而，严重故障的严重程度只是语言词汇上的描述，并非定量化的明确定义。在不产生歧义的情况下，这种严重故障可以理解为导致系统或产品不能完成指定任务的故障。如果系统是多状态系统，情况还要更为复杂。严重故障的考虑范围更大，涉及所有引起系统或产品性能输出状态劣化的各类故障。

任务目标应由任务成功性判定给予系统是否达到任务目标的量化评判。具体而言，根据判定依据的量化指标类型，任务成功性判定可分为 5 类：计时类判据、计数类判据、安全性判据、计费类判据和综合类判据。

1) 计时类判据

计时类判据包括执行任务的指定完成时间(或时间区间)、任务的最大(最小)允许执行时间、系统最大停机时间、系统最小累计工作时间等。例如，舰船在任务剖面内是否按时到达指定位置，可采用完成任务的最大许可时间作为任务成功性判据；电力系统某时间段内是否达到供电需求，可采用达到功率要求条件下系统最小累计工作时间作为判据等。

2) 计数类判据

计数类判据依据装备系统在任务期间内的故障次数是否超出允许故障次数进行判定。

3) 安全性判据

安全性判据的阈值来自可靠性和维修性指标，在这类判定中，可用度与成功概率是一致的。

4) 计费类判据

在这类判据中，不论费用是与时间相关还是与次数相关，可用度与成功概率可能不一致。

5) 综合类判据

综合类判据综合以上多个判定标准。例如，不超过允许故障次数，且有明确任务完成时间要求的任务，应综合采用计数和计时判据。

3. 任务可靠性与任务成功性的区别

虽然任务可靠性与任务成功性在名称上已存在差异，但这种差异时常容易混淆。从前面给出两者的定义来看，可靠性定义中完成指定功能和任务成功性中完成指定任务，这两者之间的区别并不严格。特别是《美军可靠性设计手册》对任务成功概率的定义几乎等同于任务剖面中的系统可用度。

大量已有研究通常考虑系统是否正常工作的可靠性问题，与如何达成任务目标尚未联系起来，或者说隐含了只要系统无故障运行即可认为达成任务目标的假设条件。在任务剖面内系统无故障的情况下，不考虑系统性能输出的操作使用层面的问题。因此，在任务可行的情况下，系统无故障即达到规定功能，达到规定功能即可以完成任务，这时的系统可用度即为任务成功概率。

从两者影响因素的构成加以区分，任务成功性的影响因素比可靠性要更为复杂。仅就系统及其使用环境而言，任务成功与否主要取决于系统性能、任务及可靠性等影响因素，如图 7.1 所示。性能因素决定了系统性能高低、输出能力。可靠性等因素则包含可靠性、维修性、保障性等通用质量特性及维修保障能力方面的影响。任务因素包含任务时间、空间等方面的要求，以及系统运用方式、规则等。具体而言，根据时序类型划分，任务包括单阶段任务、多阶段无重叠任务、多阶段有重叠任务等；根据维修条件划分，任务包括运行期间系统可修任务或系统不可修任务等；根据随机性划分，任务包括确定性任务、随机性任务等。即使系统性能、可靠性良好，但任务要求较高、任务类型复杂多样，也可能导致任务失败。

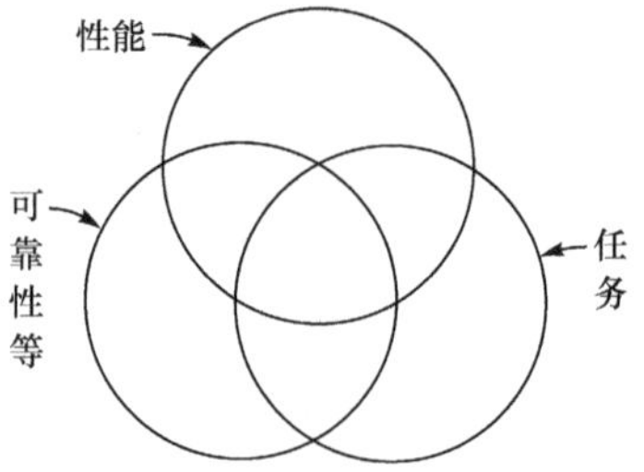

图 7.1　任务成功性的主要影响因素

从两者的定义出发，区分的难点在于“达到规定功能”和“达到任务目标”之间的微妙差异。实际情况下的任务成功性问题将非常复杂。例如，舰船等装备从起始点运动至目标地，若装备无故障，则能在一定航速区间内持续运动。在考虑任务具有可行性的情况下(如应满足航程/任务时间<最大航速)，若系统无故障，则认为能够达成任务目标。但当系统发生故障时，维修导致的系统停机或宕机时间将影响修复后完成剩余任务的可能性。而且，若系统性能输出存在多种状态，则可能达到任务目标，但不一定达到规定功能。因此，当系统状态存在多种性能输出、任务剖面内系统维修的停机时间等因素与任务目标密切相关时，系统可用度与任务成功概率不一定相等，通常任务成功概率应不高于系统可用度。任务目标是否达成应根据任务成功性规则，并结合特定的量化依据给予评判。

7.2　舰船装备任务分析

装备系统的任务可靠性、成功性与复杂多样的任务剖面、运用方式及任务成功性判定规则密切相关，本节具体分析任务剖面构成、不同任务阶段的系统构成、故障对系统执行任务的影响类型、任务成功性判定规则等。

1. 任务剖面

水面舰船一般要执行多个不同任务，如可用于编队指挥、对空防御，也可以用于对海及反潜作战；舰船上的各个子系统也可以用于完成不同的任务，如舰上的指挥系统既可用于对空作战，也可以用于对海作战。预期要完成的各阶段任务构成任务剖面。任务剖面是对某项特定任务从开始到结束时间范围内发生的事件和环境的描述。任务剖面通常可以分为航渡阶段、待机阶段、作战阶段、撤离阶段、返航阶段等，如图 7.2 所示。其中，航渡阶段和作战阶段是最为典型的任务阶段。

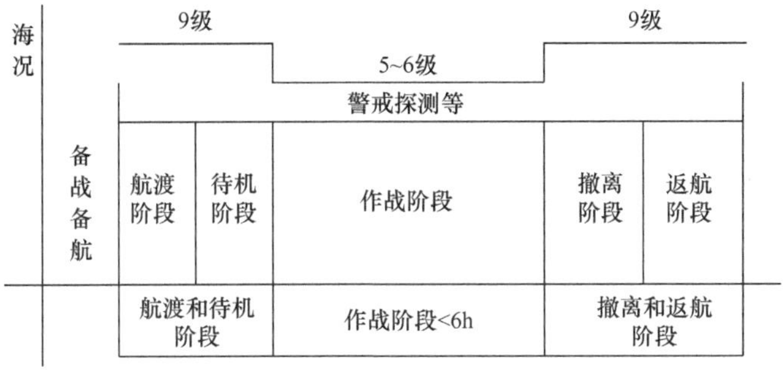

图 7.2　舰船典型任务剖面

2. 不同任务阶段的系统构成

舰船装备包括平台系统和作战系统两大类。前者主要包括动力、电力、船体、通信导航及船舶保障分系统等，其中动力、电力分系统是关键部分；后者主要包括各类执行作战功能的任务系统，如各类导弹、舰炮、鱼水雷分系统等。为了提高完成任务的成功概率，实际的工程系统在包含功能必需的系统和设备的同时，在条件允许的情况下往往还会配置若干冗余部分作为备份。

从任务的角度，不同的分析剖面内涉及不同的系统。舰船进入作战阶段之前，在巡航、待机等阶段，动力、电力等系统并不需要全功率运行，大多数情况下只要满足舰船的正常航行即可。例如，动力分系统在进入作战阶段之前，即使部分设备发生故障，系统也可以在非作战阶段进行修复。其他系统类似，在巡航状态下满足舰船航行的基本要求即可。此时，由于性能输出的要求往往不需要达到最高值，系统构成之间的关联为并联等冗余储备关系。舰船进入作战阶段之后，作战使命要求舰船各系统在高使用强度的情况下仍能正常运行。此时，舰船各系统之间及各系统内部之间的结构更多地趋向于串联关系，其中一个重要系统发生故障即能导致作战任务失败。

从系统的角度，对于某个特定系统的某项功能，其基本可靠性框图是确定的。而任务可靠性框图，则应依据不同的任务背景具体确定。换而言之，同一系统在不同的作战背景下，也有可能具有不同的任务可靠性框图。甚至在同一任务的不同阶段，系统的任务可靠性框图也可能不同。图 7.3 列举了不同任务阶段舰船装备系统的任务可靠性框图。

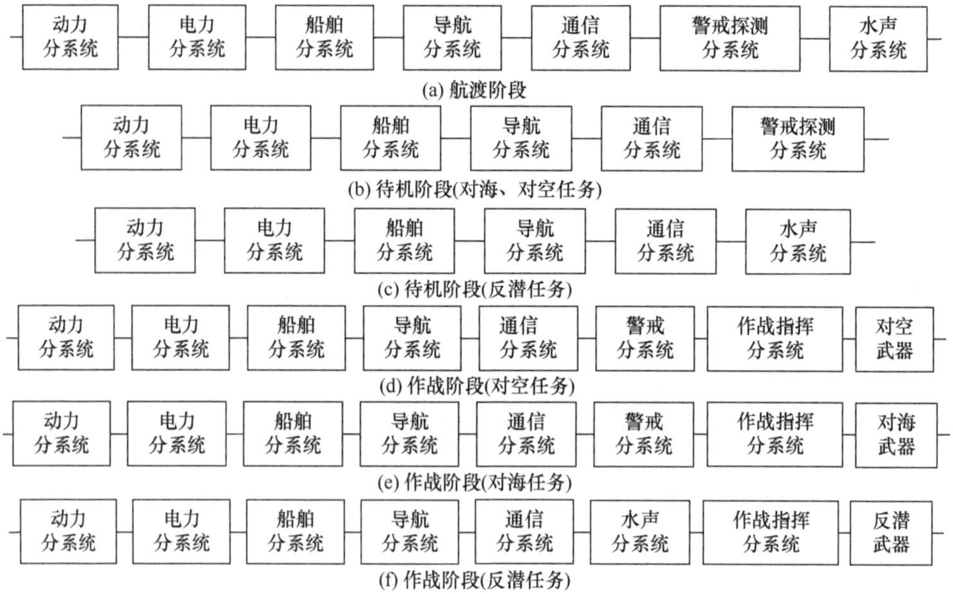

图 7.3　不同任务阶段舰船装备系统的任务可靠性框图

3. 故障性质及其对任务的影响

根据故障对任务成败的影响，舰船装备的分系统及设备可分为重要和非重要两类，非重要的分系统和设备发生故障不影响系统任务的完成。在不同任务阶段中，分系统、设备又具有不同的修理特性，如在大部分任务时间段(航渡、待机、撤离、返航等阶段)各分系统、设备是可修的，而一般情况下作战阶段是不可修的时间段。

根据故障的影响程度及可修复性，舰船的故障可划分为两类：一类是致命故障，即对舰船完成作战任务有直接影响的故障，如动力分系统故障停机。此类故障不可修复或任务期间不具备修理条件。一旦出现此类故障，则可认为任务失败。另一类是一般故障或非致命故障，此类故障会导致分系统或设备停机、性能降低或丧失部分功能，但不直接影响任务执行或修复后仍可继续执行任务，如管路漏水、漏油、阀门失效等。一般故障主要考虑平均故障时间(mean time between failure, MTBF)，致命故障则应考虑平均致命故障间隔时间(mean time between critical failure，MTBCF)。MTBCF 可能为 MTBF 的数倍或数十倍。

以航渡阶段为例，本章假设舰船航渡任务中系统故障及修理活动满足下列条件：

(1) 对于具备维修条件的分系统及设备，在任务过程中可修复。

(2) 关键系统一旦出现故障，将停止使用并进行修理，修理完成后继续执行原有任务。

(3) 修理活动不会对任务带来系统进一步劣化的影响(不会导致任务失败，如无法修复)，但会对任务完成带来不利影响。例如，修复后舰船必须以较高航速航行，以弥补修理期间舰船因停航或降速航行延误的航程，在适当的松弛时间条件下，舰船仍然能在预定时间到达作战海域(预定的执行任务区域)。

4. 任务成功性判定

舰船在执行任务的不同阶段，参与执行任务的系统不同，判断各阶段任务成功与否的准则也因任务的不同而异，对舰船系统及其使用、维修的要求也各不相同。只有在不同的阶段内，按照规定的要求完成其阶段任务，才能保证整个任务的顺利完成。以航渡阶段为例，该阶段的任务目标如下。

目标①：按照规定时间抵达目标地点或区域。舰船既不可提前到达，也不可超过规定时间到达。提前到达可能暴露己方兵力及作战意图，超过规定时间到达则会贻误战机。

目标②：在航渡任务结束时系统仍处于可用状态。例如，动力、电力分系统设备、舰炮等，动力分系统设备发生故障将对作战阶段产生直接的影响，应将此类系统的设备视为作战必需的设备，若这些设备发生故障，则对作战阶段产生不利影响。

目标①是完成任务时间和空间上的要求，与系统的运用方式和性能输出有关。目标②是对系统可靠性的要求。由于这里的系统是可修系统，其概率度量即系统可用度。当且仅当两项目标均满足时，方可判定任务成功。可以预见任务成功概率应不高于系统可用度。

根据上述任务目标的实现情况，可将任务失败的类型分为三类，如表 7.1 所示。

表 7.1　任务成功性分类

类型	任务成功性	目标①-任务结束时刻舰船位置	目标②-任务结束时刻舰船状态
到达目标区	任务成功	到达目标区域	总体可用，各分系统、设备完好
到达目标区	任务成功	到达目标区域	总体可用，某分系统或设备处于降级、一般故障或致命故障
致命故障	任务失败	未到达目标区域	由于致命故障导致的舰船总体不可用，宕机
维修超时	任务失败	是否到达不确定	由于一般故障导致的舰船总体不可用，宕机
航速超限	任务失败	未到达目标区域	舰船总体可用

任务失败类型的定义如下。

任务失败类型① —— 航速超限：经历系统降级或故障维修，舰船在剩余航程中即使以最大航速航行也不能完成任务。

任务失败类型② —— 维修超时：任务结束时刻，由故障维修导致舰船总体处于宕机、不可用的状态。

任务失败类型③ —— 致命故障：由设备致命故障导致舰船总体宕机而无法完成剩余任务。

实际情况下的任务成功性问题较为复杂，任务目标是否达成应结合任务成功性判定规则，根据特定的量化依据给予评判。航渡过程中，由故障及修理导致的停航或降速航行对航渡过程的影响如图 7.4 所示。经过 Δt_1 的停航修理和 Δt_2 的降速航行，后续航行过程需要以更高的航速才能完成航渡任务。

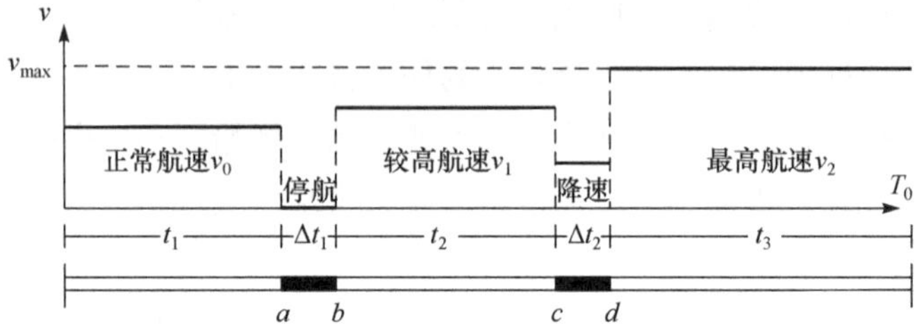

图 7.4 停航或降速航行对航渡过程的影响

在仿真中，利用式(7.1)设定任务总航程 S_0：

$$S_0 = \vartheta \cdot v_{\max} T_0 \tag{7.1}$$

式中，$v_{\max}$ 为满功率最大航速；ϑ 为航程松弛系数($0 < \vartheta \leqslant 1$)。

可通过剩余航程平均速度与某一随机事件对应的时间间隔乘积计算此段时间内已行驶的航程，设剩余航程平均航速为 v_{p}，有

$$v_{\mathrm{p}} = \frac{S_0 - S_t}{T_0 - t} \tag{7.2}$$

式中，S_t 为当前累计航程；T_0 为任务总时间；t 为当前时刻。

结合实际情况，舰船通常具有特定的经济巡航航速。航速与动力分系统功率输出情况和航速规则有关，当剩余航程平均航速 v_{p} 低于经济巡航航速 v_{eco} 时，则以 v_{eco} 航速航行，即

$$v = \begin{cases} v_{\mathrm{eco}}, & v_{\mathrm{p}} < v_{\mathrm{eco}} \\ v_{\mathrm{p}}, & v_{\mathrm{eco}} \leqslant v_{\mathrm{p}} < \theta \cdot v_{\max} \\ \theta \cdot v_{\max}, & v_{\mathrm{p}} \geqslant \theta \cdot v_{\max} \end{cases} \tag{7.3}$$

式中，θ 为功率输出系数($0 \leqslant \theta \leqslant 1$)。需要指出的是，在仿真中当动力分系统功率输出降级时，可能暂时出现 $v_{\mathrm{p}} > v_{\max}$ 的情况，即无法按时完成剩余航程。当修理完成后，功率输出恢复完好状态，若 $v_{\mathrm{eco}} < v_{\mathrm{p}} < v_{\max}$，则可按时完成剩余航程。因此，

当需要在任务过程中采用 100% 功率输出时，若 v_p 大于 v_{max}，则任务失败(航速超限)，反之则任务成功。当任务结束仍无法恢复到 100%功率输出时，按 v_p 是否大于 $\theta \cdot v_{max}$ 判定：若 v_p 大于 $\theta \cdot v_{max}$，则任务失败，反之则任务成功。

7.3　舰船装备任务系统分析

对于舰船等具有多种功能、构成复杂的大型工程系统，通常需要结合任务剖面探讨任务可靠性、可用性的问题，也就是说这种分析往往是面向任务的。对于任务成功性，不言而喻也必然是面向任务的。分析和评估任务可靠性、成功性问题时，研究对象通常不是完整的系统，而应探讨任务剖面内所涉及的系统组成及其功能结构关系。因此，明确舰船装备系统的结构组成、任务过程和分析剖面后，应进一步开展系统研究对象的辨识工作，决定哪些系统组成部分对实现目标任务具有功能支撑、故障关联等作用，即便发生故障仍不影响任务完成及其他系统组成的部分，则不必纳入后续的建模和计算之中。

开展系统可靠性分析与设计对象识别时，需要对系统构成进行分解。分解的详细程度依据可靠性设计目标、计算复杂程度等因素而定。按照多分辨率建模的思想，系统构成的分解程度决定了模型的分辨率。选择合适的分辨率，将有助于识别特定分析剖面下存在关联影响的系统构成,用以作为可靠性设计优化的对象。下面按照确立关联、综合关联、聚类分析、多分辨率差异分析的基本技术思路，探讨任务可靠性及成功性评估中的系统辨识方法。

1. 系统及其构成之间的关联

建立系统构成的 DSM，根据关联强度设置关联值。关联强度主要考虑连接关联影响(串联、并联、冗余、旁联等)、信息关联影响(信号输入、输出、入度、出度等)、空间关联影响(空间约束、形状约束等)、能耗关联影响(能耗约束、能耗占比、功率输入输出等)。工程上，一般由式(7.4)综合各类关联影响值，确定系统构成之间关联影响的 DSM。

$$D_{ij} = a \cdot C_{ij} + b \cdot I_{ij} + c \cdot S_{ij} + e \cdot E_{ij} \tag{7.4}$$

式中，D_{ij} 为 DSM 中各系统构成之间的关联强度；i、j 为 DSM 中对应的行和列；C_{ij}、I_{ij}、S_{ij}、E_{ij} 分别为连接、信息、空间、能耗方面的关联强度(也可视问题具体实际，增补其他类型的关联强度)；a、b、c、e 为相关关联强度的权重系数。设关联强度权重系数均取 0.25，表 7.2 给出了 DSM 的示例，缺省元素均为 0。

表 7.2　描述系统构成之间关联的 DSM

设备编号		S01-01	S01-02	S02-01	S02-02	S03-01	S03-02	S04-01	S04-02	…
DSM	S01-01	■		1.57						
	S01-02		■							
	S02-01	0.68		■					2.12	
	S02-02			2.41	■		0.51			
	S03-01		1.45			■				
	S03-02				1.42	0.83	■	1.25	0.77	
	S04-01		0.27	0.59		2.14		■		
	S04-02		2.34					2.36	■	
	⋮									…

2. 任务与系统构成之间的关联

任务与系统构成之间存在多种关联。从可靠性角度，这种关联主要描述系统故障或多状态性能输出对任务成功的影响程度或依赖关系。舰船装备故障按其性质可以分为两大类：致命故障、一般故障。致命故障是对舰船完成任务有直接影响的故障，引发设备整体功能丧失的均属于致命故障，如动力分系统停车、电力分系统掉电、声呐无显示信号等。一般故障是使系统、设备的功能降低，性能输出水平下降的故障，需要维修但不会直接影响舰船作战任务完成，如管路漏水、漏油、部件磨损、更换零部件等。

通过建立系统构成与任务之间的 DMM，可识别任务与系统构成之间的关联，相关关联强度由任务与系统构成之间的关联影响系数确定。表 7.3 给出了一个 DMM 的示例，表中致命故障和一般故障对某任务的关联影响系数分别取 1.0 和 0.5，缺省元素均为 0。

表 7.3　描述任务与系统构成之间关联的 DMM

设备编号		S01-01	S01-02	S02-01	S02-02	S03-01	S03-02	S04-01	S04-02	…
DMM	任务 01-航渡	0.5			0.5	0.5		1.0	1.0	
	任务 02-待机		0.5	1.0			1.0		0.5	
	任务 03-编队指挥	0.5		0.5			0.5	1.0		
	任务 04-对海作战		1.0					0.5		
	任务 05-对空防御	1.0			1.0					
	任务 06-反潜作战					0.5		0.5	1.0	
	⋮									⋱

3. 综合关联影响

联立前述 DSM 和 DMM。由 DMM 按系统构成汇总得到任务影响乘数，再将其分别乘以 DSM 中对应的关联影响值，用以综合关联影响。综合关联影响后的 DSM 如表 7.4 所示，缺省元素均为 0。

表 7.4　综合关联影响后的 DSM

设备编号		S01-01	S01-02	S02-01	S02-02	S03-01	S03-02	S04-01	S04-02	…
DSM	S01-01	■		2.36						
	S01-02		■							
	S02-01	1.36		■					5.30	
	S02-02			3.62	■		0.77			
	S03-01		2.18			■				
	S03-02				2.13	0.83	■	3.75	1.93	
	S04-01		0.41	0.89		2.14		■		
	S04-02		3.51					7.08	■	
	⋮									⋱
任务综合影响乘数		2.0	1.5	1.5	1.5	1.0	1.5	3.0	2.5	
DMM	任务 01-航渡	0.5			0.5	0.5		1.0	1.0	
	任务 02-待机		0.5	1.0			1.0		0.5	
	任务 03-编队指挥	0.5		0.5			0.5	1.0		
	任务 04-对海作战		1.0					0.5		
	任务 05-对空防御	1.0			1.0					
	任务 06-反潜作战					0.5		0.5	1.0	
	⋮									⋱

综合关联影响后的 DSM，还可以通过图像色彩形式表现，如图 7.5 所示。图中节点表示行、列对应各设备之间存在关联影响，节点越大、颜色越深表示关联影响程度越大。关联影响程度越高的设备，越应作为联系紧密的整体。

4. 聚类分析

对综合关联影响后的 DSM，采用聚类算法获得不同分组。聚类算法将系统构成划分为若干分组，每个分组对应一个方阵。这些方阵沿对角线分布，涵盖矩阵中表示关联影响大小的数值。聚类算法将使方阵涵盖的关联影响最大化，使聚类内部元素的关联强度提高，聚类之间的关联强度降低。

采用聚类算法[5]得到的分组如图 7.6 所示，每个方框对应一个分组。每个分组通常包含某个系统的主要设备，同时由于考虑了关联影响，组内还可能包括其他系统的设备。这些分组将作为下一步可靠性分析和优化的研究对象。

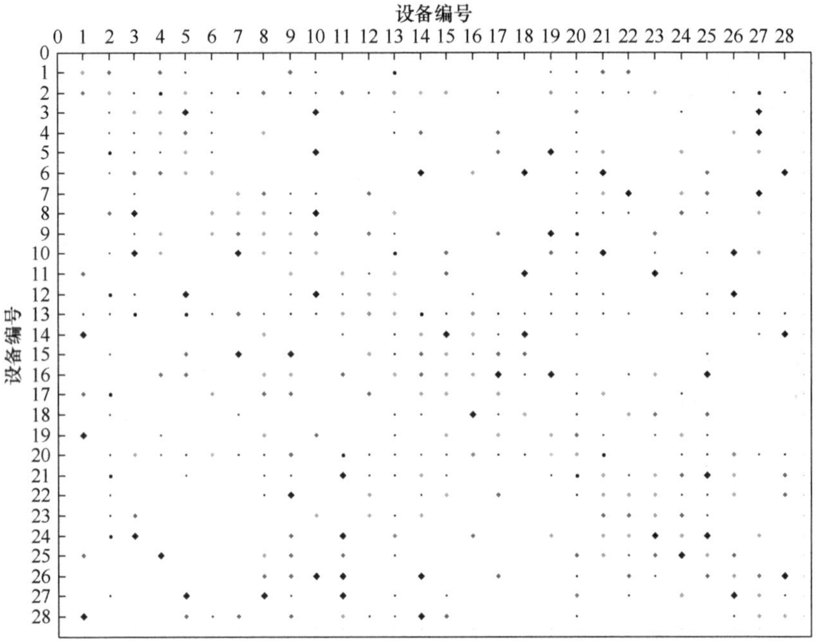

图 7.5 图像色彩形式表现的综合关联影响 DSM

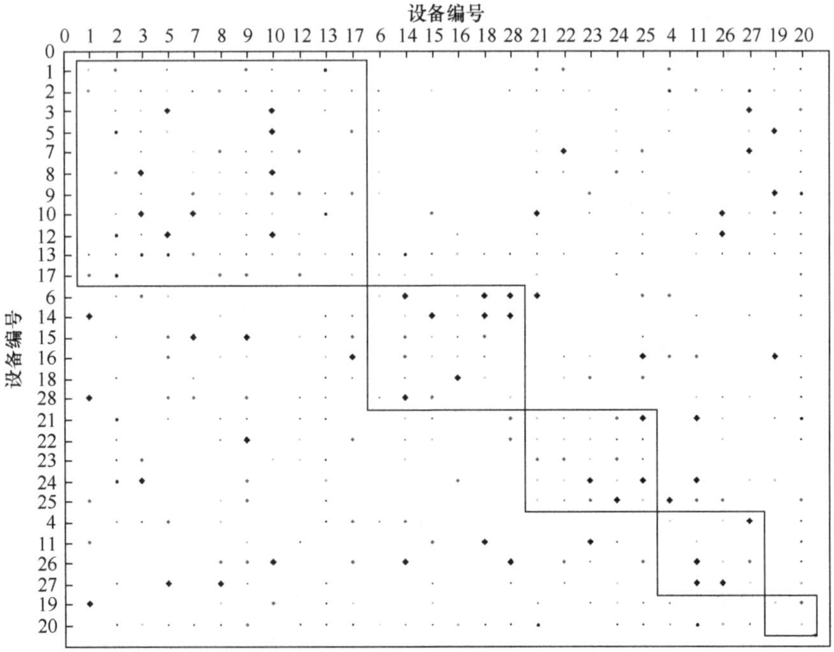

图 7.6 DSM 聚类分组

5. 不同分辨率的差异比较

设任务剖面涉及 8 个系统，每个系统由若干子系统或设备构成。根据系统构成分解程度不同，不同分辨率下的系统构成如表 7.5 所示。表 7.5 灰色区域中，不同分辨率的系统构成不同。例如，系统 S01 中的子系统 S01-02 在高分辨率模型中细分为设备 S01-02、S01-03、S01-04、S01-05。

表 7.5　不同分辨率下的系统构成

系统编号	分辨率	设备/子系统编号
S01	低	S01-01; S01-02
	高	S01-01; S01-02; S01-03; S01-04; S01-05
S02	低	S02-01; S02-02; S02-03; S02-04
	高	S02-01; S02-02; S02-03; S02-04
S03	低	S03-01; S03-02; S03-03; S03-04
	高	S03-01; S03-02; S03-03; S03-04
S04	低	S04-01; S04-02; S04-03
	高	S04-01; S04-02; S04-03; S04-04; S04-05; S04-06; S04-07
S05	低	S05-01; S05-02; S05-03; S05-04; S05-05
	高	S05-01; S05-02; S05-03; S05-04; S05-05
S06	低	S06-01; S06-02
	高	S06-01; S06-02; S06-03; S06-04; S06-05; S06-06
S07	低	S07-01; S07-02; S07-03; S07-04; S07-05
	高	S07-01; S07-02; S07-03; S07-04; S07-05
S08	低	S08-01; S08-02; S08-03
	高	S08-01; S08-02; S08-03

图 7.7 给出了不同分辨率下综合关联影响后的 DSM，图 7.7(a)表示低分辨率系统构成，图 7.7(b)表示高分辨率系统构成。表 7.6 列出了不同分辨率下聚类分析的分组情况。图 7.8 在 DSM 中展示了不同分辨率下的聚类分组。

由表 7.6 和图 7.8 可知：一方面，随着分辨率的提升，分组数量增多，系统构成之间关联强度的识别更趋细化。分辨率提升后分组内保留了部分设备，也排除了另一部分关联影响弱的设备，为进一步的分析降低了计算复杂性。另一方面，分辨率提升后，系统构成的细化使得关联紧密的分组结构产生局部变化。例如，低分辨率分组 L01 包含构成复杂的 S01-02、S04-03，该分组的系统构成规模较大，给后续分析工作增加了复杂性和难度。又如，系统 S04 分辨率提高后，系统 S03、S05、S07 中与其关联紧密的设备纳入 S04 的同一分组，为涉及系统 S04 的可靠性分析中考虑其他相关系统、设备的关联影响提供了参考。

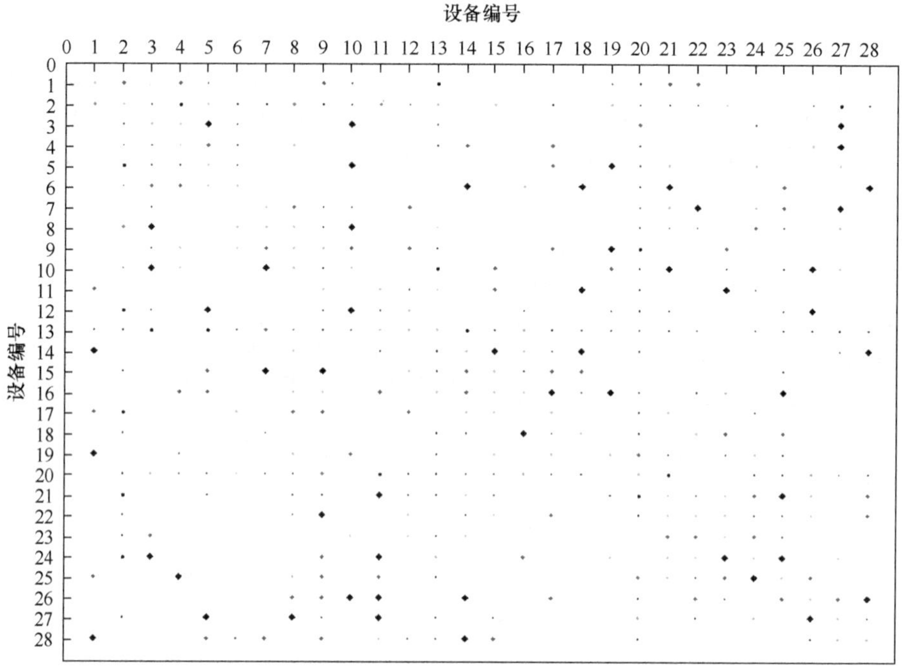

(a) 低分辨率DSM

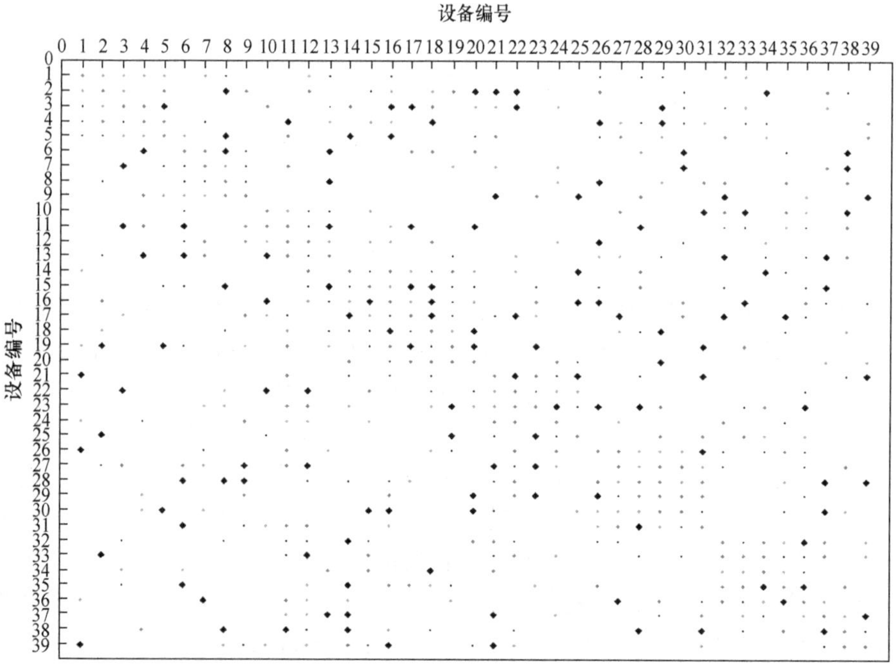

(b) 高分辨率DSM

图 7.7　不同分辨率综合关联影响后的 DSM 对比

表 7.6　不同分辨率下的聚类分组对比

分辨率	分组编号	设备编号
低分辨率模型	L-01	S01-01(01); S01-02(02); S02-01(03); S02-03(05); S03-01(07); S03-02(08); S03-03(09); S03-04(10); S04-02(12); S04-03(13); S05-04(17)
	L-02	S02-04(06); S05-01(14); S05-02(15); S05-03(16); S05-05(18); S08-03(28)
	L-03	S07-01(21); S07-02(22); S07-03(23); S07-04(24); S07-05(25)
	L-04	S02-02(04); S04-01(11); S08-01(26); S08-02(27)
	L-05	S06-01(19); S06-02(20)
高分辨率模型	H-01	S01-04(04); S02-01(06); S02-02(07); S02-03(08); S03-01(10); S03-02(11); S03-04(13); S06-06(31); S08-01(37); S08-02(38)
	H-02	S03-03(12); S04-01(14); S04-02(15); S04-03(16); S04-04(17); S04-05(18); S05-04(24); S07-02(33)
	H-03	S01-01(01); S01-02(02); S01-03(03); S01-05(05); S05-02(22)
	H-04	S07-01(32); S07-03(34); S07-04(35); S07-05(36)
	H-05	S02-04(09); S06-02(27); S06-03(28)
	H-06	S04-06(19); S05-03(23); S05-05(25)
	H-07	S06-01(26); S06-05(30)
	H-08	S05-01(21); S08-03(39)
	H-09	S04-07(20); S06-04(29)

注：括号中数字表示全部设备的总编号。

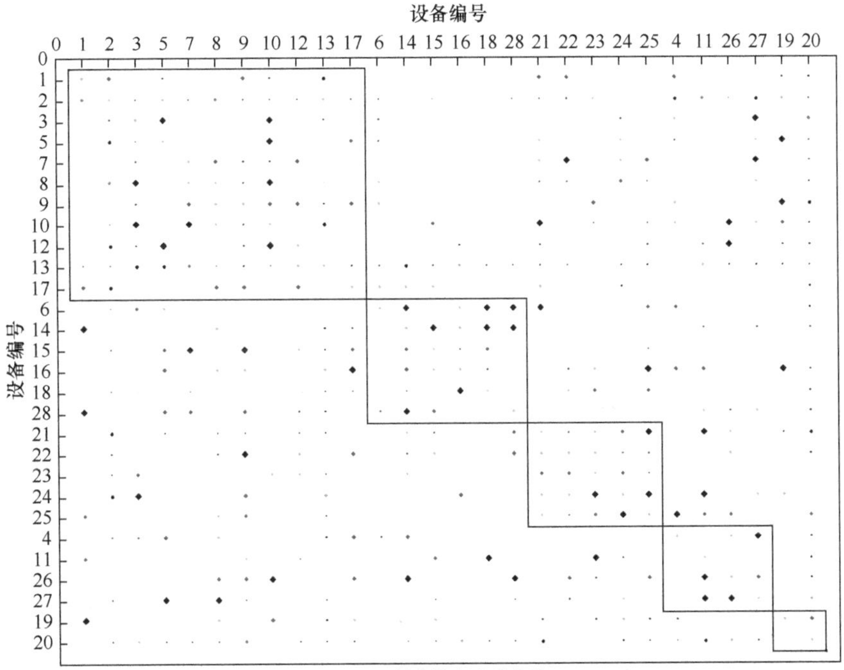

(a) 低分辨率聚类分组

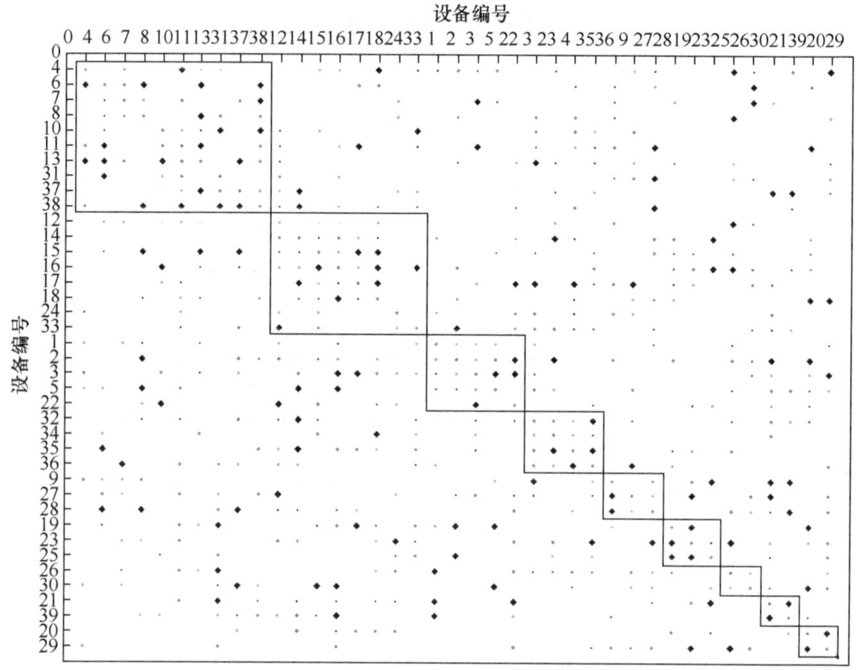

(b) 高分辨率聚类分组

图 7.8　不同分辨率下聚类分组对比

7.4　仿真算例及分析

舰船系统是一个多功能的系统平台，系统设备的功能组合及其性能输出具有复杂的多状态特征。本节以舰船航渡任务为背景，展示基于多分辨率仿真的舰船任务可靠性及任务成功性评估效果，验证方法的有效性，并通过灵敏性分析研究系统局部对整体的影响。

7.4.1　算例说明及参数设置

1.任务及系统基本假设条件

任务及系统基本假设条件如下：

(1) 状态转移具有马尔可夫无后效性。

(2) 在基本算例中，系统故障、降级等退化性跃迁的状态驻留时间服从指数分布。

(3) 在基本算例中，系统修理等恢复性跃迁的状态驻留时间服从指数分布。

(4) 维修为完全维修(修旧如新)，修理后状态均返回完好状态。

2. 系统参数设置

舰船在执行任务过程中包含多个任务剖面，主要有航渡阶段任务和作战阶段任务。不同任务剖面内发挥功能作用的系统可能有不同的类型、数量和功能结构。本书应用算例中仅以航渡阶段的舰船平台系统为研究对象。其他系统及其多阶段任务的相应计算也同样适用。

假设在航渡阶段能够导致舰船总体宕机的分系统为动力分系统和电力分系统，其中能够导致分系统故障停机进而导致舰船总体宕机的设备为柴油机和柴油发电机组，如图 7.9 所示。

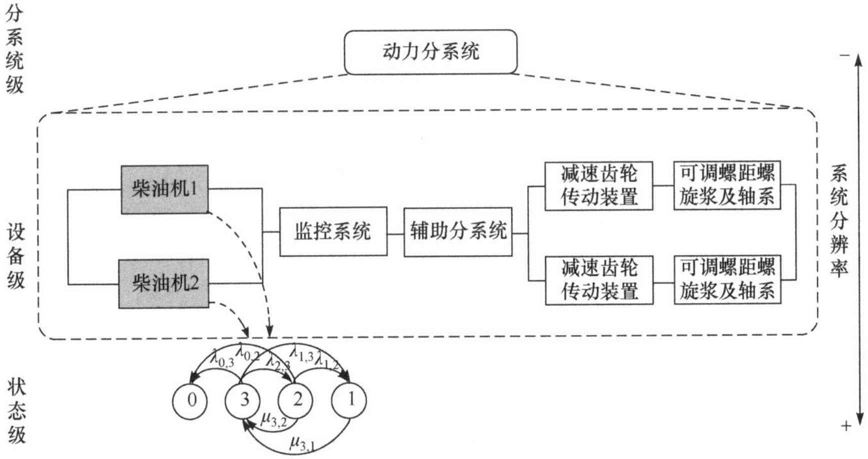

(a) 柴油机

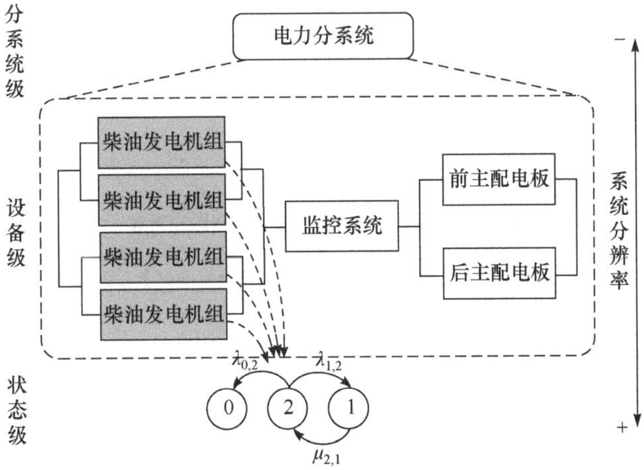

(b) 柴油发电机组

图 7.9　航渡阶段舰船装备系统结构图

动力分系统中柴油机的四种状态及其对应编号分别为完好-3、降级-2、一般故障-1、致命故障-0，状态转移如图 7.10(a)所示。电力分系统中柴油发电机组的三种状态及其对应编号分别为完好-2、一般故障-1、致命故障-0，状态转移如图 7.10(b)所示。图中，λ和μ分别为对应状态之间的故障率和修复率，致命故障为无法修复或任务时间内不具有维修条件的故障。

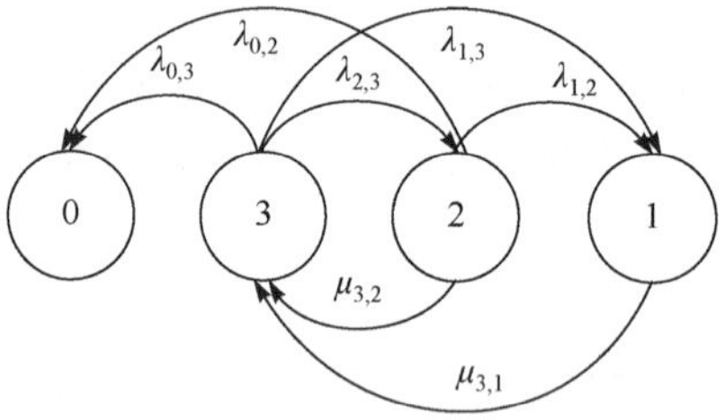

(a) 柴油机

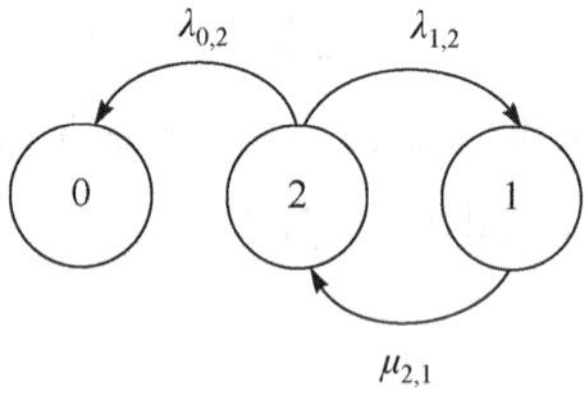

(b) 柴油发电机组

图 7.10 设备状态转移及相关参数

在分系统级，设动力分系统平均故障间隔时间 MTBF_D=300h，电力分系统平均故障间隔时间 MTBF_E=400h。在设备级，柴油机、柴油发电机组各状态间故障率及修复率分别为

$$\begin{cases}\lambda_{2,3}^{\text{D}_i}=6.25\times10^{-4}\text{h}^{-1}, & \lambda_{1,3}^{\text{D}_i}=5.00\times10^{-4}\text{h}^{-1}, \quad \lambda_{0,3}^{\text{D}_i}=2.50\times10^{-5}\text{h}^{-1}, \quad i=1,2\\ \lambda_{1,2}^{\text{D}_i}=1.00\times10^{-3}\text{h}^{-1}, & \lambda_{0,2}^{\text{D}_i}=5.56\times10^{-5}\text{h}^{-1}, \qquad\qquad\qquad\qquad i=1,2\\ \mu_{3,1}^{\text{D}_i}=5.00\times10^{-2}\text{h}^{-1}, & \mu_{3,2}^{\text{D}_i}=8.33\times10^{-2}\text{h}^{-1}, \qquad\qquad\qquad\qquad i=1,2\end{cases} \tag{7.5}$$

$$\begin{cases}\lambda_{1,2}^{\text{E}_i}=4.00\times10^{-4}\text{h}^{-1}, \quad \lambda_{0,2}^{\text{E}_i}=2.00\times10^{-5}\text{h}^{-1}, \quad i=1,2,3,4\\ \mu_{2,1}^{\text{E}_i}=8.33\times10^{-2}\text{h}^{-1}, \qquad\qquad\qquad\qquad\qquad i=1,2,3,4\end{cases} \tag{7.6}$$

舰船航速与动力分系统的功率输出率相关，其功率输出情况由各柴油机工作状态及功能结构决定，如表 7.7 所示。设功率输出系数为θ，相应功率输出条件下的最大速度为

$$v'_{\max}=\theta\cdot v_{\max} \tag{7.7}$$

表 7.7 动力分系统及柴油机状态列表

1 号柴油机状态	2 号柴油机状态	动力分系统功率输出系数θ/%	动力分系统状态	1 号柴油机状态	2 号柴油机状态	动力分系统功率输出系数θ/%	动力分系统状态
3	3	100.0	完好	2	1	0.0	宕机
3	2	80.0	降级 I	1	2	0.0	宕机
2	3	80.0	降级 I	1	1	0.0	宕机
3	1	60.0	降级 II	0	—	0.0	宕机
1	3	60.0	降级 II	—	0	0.0	宕机
2	2	0.0	宕机				

3. 任务参数及仿真参数设置

设经济航速 $v_{eco} = 20\text{kn}$、满功率最大航速 $v_{max} = 35\text{kn}$，航程松弛系数θ=0.9。任务时间取值范围为[1h, 720h]。仿真次数 $N_{sim}=10^3 \sim 10^4$，关键设备在动力和电力分系统故障占比系数$\alpha = [\alpha_D \quad \alpha_E] = [0.9 \quad 0.9]$，失效偏倚系数$\beta = 0.7$。

7.4.2 仿真结果分析

以多分辨率模型和单一固定分辨率模型作对比仿真试验。单一固定分辨率模型中，动力分系统仅含柴油机，电力分系统仅含柴油发电机组，抽样方法仅为直接仿真。由于本算例中系统功能及动态行为较为复杂，采用解析方法不易得到结果，这里采用单一固定分辨率模型作为主要参照值。

1. 基于多分辨率仿真的可用度估值与可用度理论值的比较

多分辨率模型在多个系统层次上运行，纳入计算的低层次设备只是其所属分系统的一部分。为了验证多分辨率建模及仿真结果，直接将多分辨率模型的结果与理论值进行比较，通常不具有可比性。因此，需将多分辨率模型通过参数设置，使其成为可以理论计算的系统模型。当动力和电力分系统故障占比系数$\alpha = [\alpha_D \quad \alpha_E] = [1.0 \quad 1.0]$时，可视为动力和电力分系统中仅考虑柴油机和柴油发电机组。此时，虽然任务成功性估值仍难以采用解析方法获得，但是采用基于马尔可夫方法的多状态系统可靠性计算方法可以得到系统可用度的理论值。通过比较基于多分辨率仿真的可用度估值与可用度理论值，可以验证多分辨率仿真方法的有效性，如图 7.11 所示。其中，理论值来自基于马尔可夫方法的多状态系统可靠性计算，具体过程及数据详见附录。由图 7.11 可以看到，基于多分辨率模型的仿真结果与理论值基本吻合，在一定程度上反映了方法的有效性和准确性。

2. 不同分辨率仿真结果的指标值比较

不同分辨率条件下，系统可用度及任务成功概率各指标的仿真结果如表 7.8 所示。表中缩写符号分别表示：SA-系统可用度；MS-任务成功概率；OS-航速超限概率；UM-维修超时概率；FF-致命故障概率。需要指出的是，OS、UM、FF 三项概率值不是考察系统可用度时的概率占比，而是考察任务成功性时的各类任务失败概率(例如，航速超限情况下，任务已判定失败，但系统仍为可用状态)，应满足下列关系式：

$$\text{MS} + \text{OS} + \text{UM} + \text{FF} = 1 \tag{7.8}$$

$$\text{SA} \geqslant \text{MS} \tag{7.9}$$

$$\text{MS} + \text{OS} \geqslant \text{SA} \tag{7.10}$$

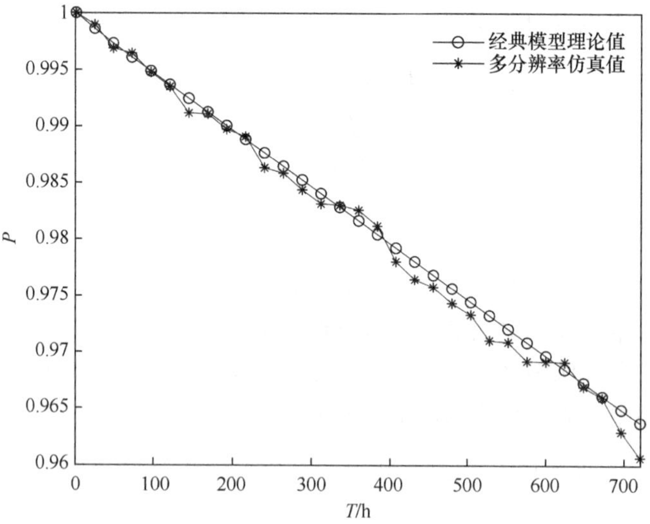

图 7.11　基于多分辨率模型的可用度估值与理论值的比较

表 7.8　不同模型仿真结果

模型	任务时间/h	仿真次数	SA	MS	OS	UM	FF
多分辨率	12.00	10000	0.99795	0.99195	0.00600	0.00022	0.00184
多分辨率	120.00	10000	0.99091	0.92076	0.07018	0.00085	0.00821
多分辨率	720.00	10000	0.96873	0.86577	0.10305	0.00178	0.02939
多分辨率	12.00	1000	0.99860	0.99345	0.00515	0.00020	0.00120
多分辨率	120.00	1000	0.99134	0.93139	0.06001	0.00151	0.00709
多分辨率	720.00	1000	0.96866	0.87714	0.09161	0.00141	0.02983
单一固定分辨率	12.00	10000	0.9998	0.9957	0.0041	**0.0000**	**0.0002**
单一固定分辨率	120.00	10000	0.9943	0.9347	0.0596	**0.0003**	0.0054
单一固定分辨率	720.00	10000	0.9653	0.8688	0.0965	**0.0007**	0.0340
单一固定分辨率	12.00	1000	1.000	0.987	0.013	**0.000**	**0.000**
单一固定分辨率	120.00	1000	0.997	0.947	0.050	**0.000**	0.003
单一固定分辨率	720.00	1000	0.958	0.864	0.094	**0.000**	0.042

还需说明的是，多分辨率模型中包含提高仿真效率的抽样方法，计算精确位数可以达到任意小数位，表 7.8 中仅保留了 5 位小数；由于固定分辨率模型不带附加抽样方法，当仿真次数为 10^3 和 10^4 时，计算数值精确位数分别仅能达到 10^{-3} 和 10^{-4}。

从结果比较来看，对于系统可用度和任务成功概率指标，多分辨率模型的结果相对较低，固定分辨率模型的估计相对较高；可用度和成功性往往属于风险厌恶型指标，因此在评估方法无误的情况下，较低的估值更具有参考性。反之同理，对于致命故障、维修超时、航速超限等概率指标，多分辨率结果相对更高，固定分辨率估计相对较低；这些故障类、任务失败概率也属于风险厌恶型指标，因此较高的估值更具有参考性。当任务时间较短时，固定分辨率模型中致命故障、维修超时等风险事件无法获得抽样或抽样很低(表 7.8 中粗体数据所示)；当任务时间较长时，固定分辨率模型中维修超时等风险事件无法获得抽样或抽样很低(表 7.8 中粗体数据所示)。多分辨率模型中，仿真 10^3 次与 10^4 次结果已十分接近，说明仿真收敛速度较快。

3. 不同分辨率仿真结果的收敛情况比较

设置不同的任务时间，多分辨率和固定分辨率条件下，系统可用度及任务成功性各指标的收敛情况如图 7.12～图 7.17 所示。图中，第一个子图上方曲线对应系统可用度 SA，下方曲线对应任务成功概率 MS。

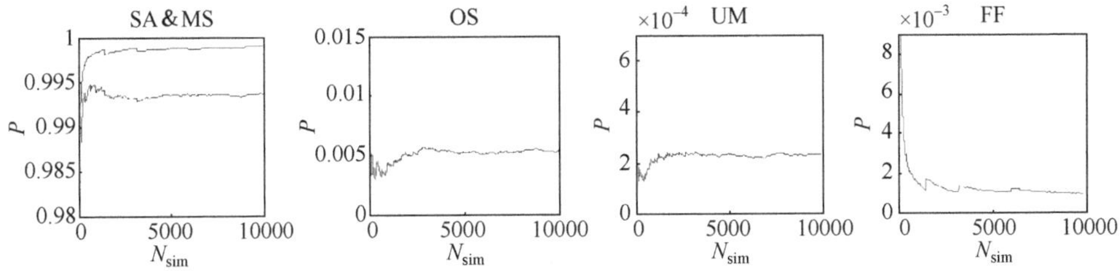

图 7.12　多分辨率模型仿真结果(T=12h)

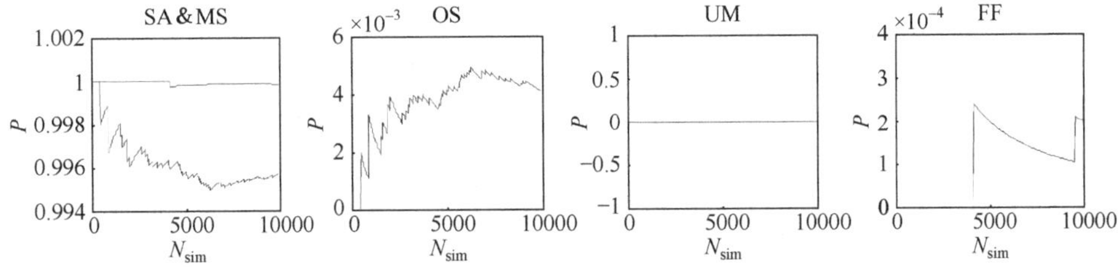

图 7.13　单一固定分辨率模型仿真结果(T=12h)

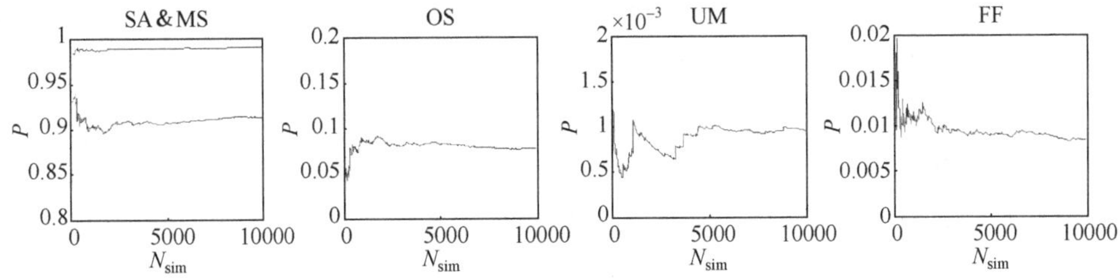

图 7.14　多分辨率模型仿真结果(T=120h)

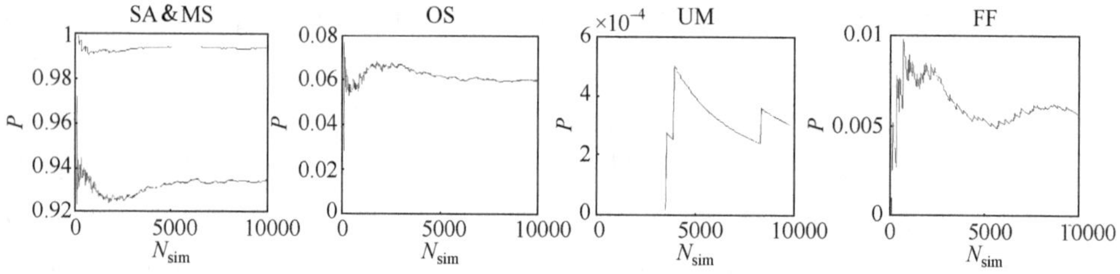

图 7.15 单一固定分辨率模型仿真结果(T=120h)

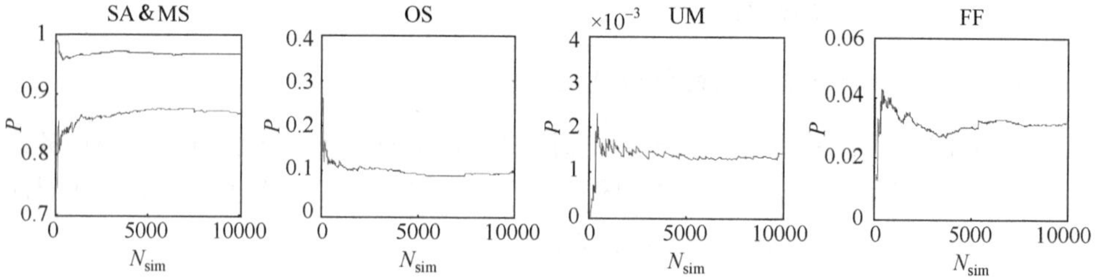

图 7.16 多分辨率模型仿真结果(T=720h)

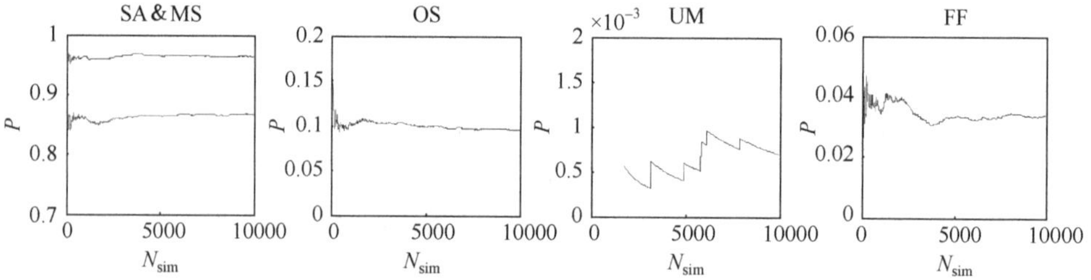

图 7.17 单一固定分辨率模型仿真结果(T=720h)

在收敛稳定值方面，对于系统可用度和任务成功概率指标，多分辨率收敛稳定值相对较低，固定分辨率收敛稳定值相对较高；对于致命故障、维修超时、航速超限等概率指标，多分辨率收敛稳定值相对更高，固定分辨率收敛稳定值相对较低。这与表 7.8 对比结果是一致的。

在收敛稳定性方面，多分辨率模型多数情况在仿真 5000 次前达到平稳值，单一固定分辨率多数情况未达到平稳值或者抽样数很低。其中，单一固定分辨率模型在任务时间很短时，MS 和 OS 未达到平稳值，且 UM 和 FF 抽样率低；任务时间较长时，UM 抽样率低。

值得注意的是，在任务时间较长情况下，上述加速抽样方法对维修超时等指标仍有显著效果。尽管受迫转移和失效偏倚在较大任务时间范围的仿真中抽样效率提高有限[6]，但从仿真算例结果来看，当任务时间较长时，能否提高仿真效率还因具体问题和统计指标而异，不能一概而论。当统计指标抽样率较低时，即便任务时间较长，上述抽样方法仍有助于提高仿真效率。实际上，当任务时间较长、维修时间较短时，恰好在任务结束时刻系统总体不可用的概率很低，因此成为一种小概率事件，而这正是上述加速抽样方法的优势所在。

4. 故障影响分析

1) 不同故障率的比较

将所有设备故障率分别降低至 90%和 80%，不改变其他仿真参数情况下，多分辨率模型仿真次数 10^4 的系统可用度及任务成功概率变化曲线如图 7.18 所示。随着故障率降低，系统可用度及任务成功概率均有所提升。相比而言，任务成功概率受故障率影响的程度显著高于系统可用度。

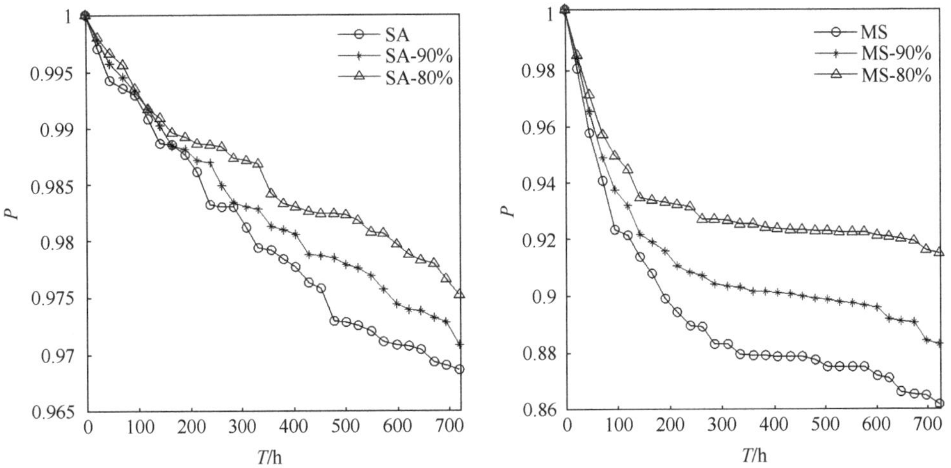

(a) 系统可用度　(b) 任务成功概率

图 7.18　多分辨率模型中不同故障率的仿真结果比较

2) 不同分系统故障率的比较

分别将动力分系统设备和电力分系统设备的故障率降至 80%，不改变其他仿真参数情况下，多分辨率模型仿真 10^4 次的系统可用度及任务成功概率变化曲线如图 7.19 所示(图中 D 和 E 分别表示动力分系统和电力分系统)。在当前系统构成和仿真参数设置情况下，动力分系统设备故障率对系统可用度及任务成功概率的影响更为显著，说明系统设计优化的重点应侧重于动力分系统。提高系统单元可靠性、降低系统单元的故障率水平，能够有效提高系统可用度及任务成功概率，但在工程实际中还受成本和其他技术条件的限制。

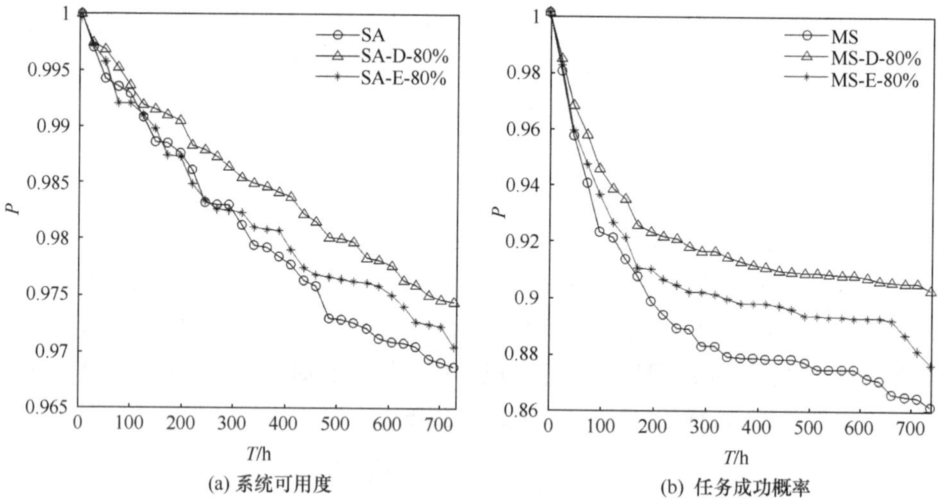

图 7.19　多分辨率模型中不同设备故障率的仿真结果比较

3) 不同故障分布类型的比较

上述计算基于状态转移时间服从指数分布，即故障率恒定，与时间无关。该假设条件使得系统状态转移具有时间齐次性(time homogeneity)。在仿真抽样的实现过程中，可以依次独立地生成随机事件，指数分布的随机数生成也十分便利，不需要考虑状态转移时间的剩余分布及随机数的时间相关问题。当状态转移时间与当前状态到达时间相关且服从非指数分布时，即故障率与时间相关、随时间变化，则系统状态转移并不具备时间齐次性。在仿真抽样的实现过程中，需要在当前状态概率的剩余分布中进行抽样。当故障率函数和状态概率分布函数关于时间 t 的反函数不能显式表达时，随机事件的抽样实现起来将较为困难。

为了与状态转移时间服从指数分布的仿真结果进行比较，假设状态转移时间服从威布尔分布。威布尔分布是一种时间相关的故障分布类型，适用于描述舰船系统等机电混合装备的故障规律。为使仿真结果之间具有可比性，一是将设备级故障类随机事件的状态转移分布设为威布尔分布，设备级修复类随机事件的状态转移分布、分系统级故障类时间的状态转移分布保持不变；二是使采用威布尔分布后的状态转移时间均值与更改前保持一致，折算后系统及设备状态转移分布的参数如表 7.9 所示。图 7.20 给出了不同设备从完好状态转移至一般故障的概率分布密度函数示例，其中 D 和 E 分别表示动力分系统和电力分系统，wbl 和 exp 分别表示状态转移时间服从威布尔分布和指数分布。

表 7.9　设备状态转移分布的参数设置

设备	降级 $\lambda_{\cdot,2}$		一般故障 $\lambda_{\cdot,1}$		致命故障 $\lambda_{\cdot,0}$	
	η/h	b	η/h	b	η/h	b
柴油机	1772.37	1.50	2215.46	1.50	44309.29	1.50
柴油发电机组	—	—	2706.87	1.30	54137.35	1.30

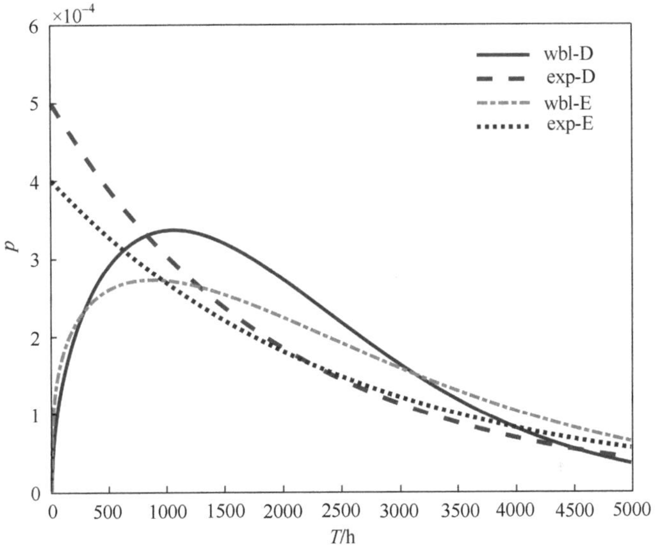

图 7.20　不同分布类型的一般故障概率分布密度

当状态转移服从威布尔分布时，对于复杂多状态系统的可靠性分析，特别是任务成功性的概率估计，采用解析方法通常难以建模和计算求解。为了展现多分辨率方法的有效性，将直接仿真与多分辨率仿真结果进行对比。设动力和电力分系统故障占比系数$\alpha = [\alpha_D \quad \alpha_E] = [1.0 \quad 1.0]$，即在动力和电力分系统中仅考虑柴油机和发电机组。仿真结果比较如图 7.21 所示，其中 DS 和 MS 分别表示直接仿真和多分辨率仿真。

威布尔分布与指数分布的仿真结果对比如图 7.22 所示。可以看到，相比于指数分布，威布尔分布在任务早期阶段中故障概率密度较低，系统可用度和任务成功概率差异显著。采用故障间隔时间均值相等的威布尔分布时，系统可用度和任务成功概率显著高于指数分布。一方面，在实际应用环境中，系统不断劣化、故障率逐步升高是较为常见的现象，采用威布尔分布等分布类型得到的计算结果，在这类实际应用条件下具有参考价值。另一方面，在高分辨率模型中状态转移时间的分布类型对评估结果可能存在较大影响,因此需要慎重选择合适的分布类型。需要指出的是，多分辨率融合仿真方法在不同系统层次生成随机事件，在分系统级采用的建议分布类型及其参数的选取则较为灵活，只要符合重要性抽样原则即可。具体而言，多分辨率融合仿真会通过重要性抽样修正抽样计数，因此分系统级采用指数分布或威布尔分布均可。不过鉴于仿真实现的简便考虑，建议分系统级仍采用指数分布。

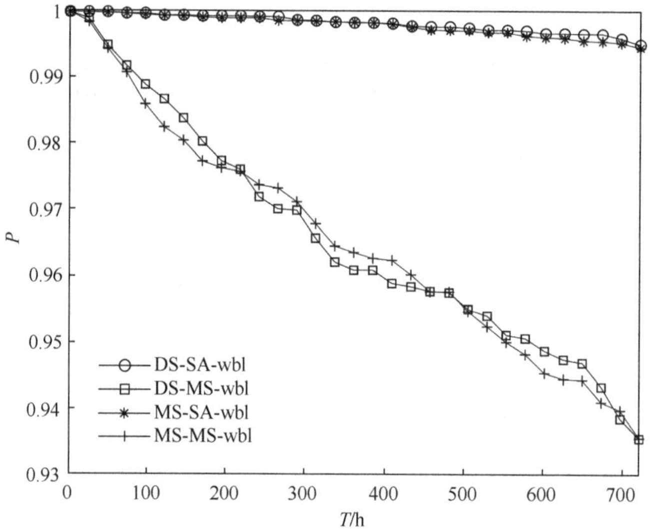

图 7.21　状态转移服从威布尔分布的直接仿真与多分辨率仿真结果比较

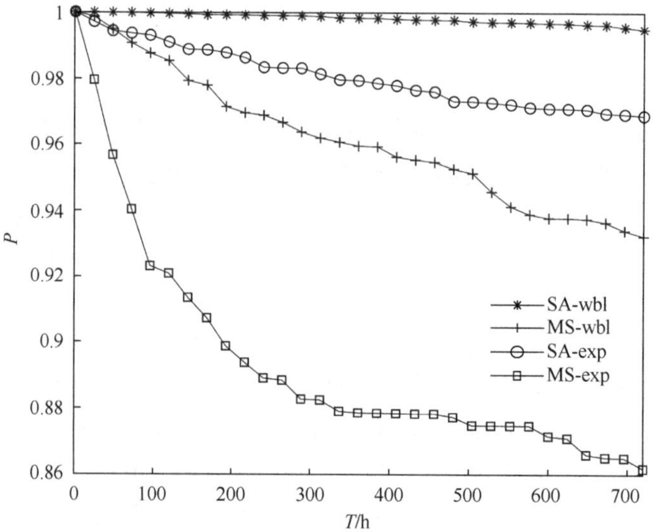

图 7.22　不同状态转移时间分布的仿真结果比较

5. 维修影响分析

在实际情况下，维修时间通常服从非指数分布，如正态分布。将维修时间分布由指数分布改为正态分布，保持维修时间均值不变，均方差均设为 2h，其他仿真参数不变。仿真结果如图 7.23 所示，图中 normal 和 exp 分别表示维修时间服从正态分布和指数分布的结果。从结果看差异不显著，说明在平均维修时间不变的情况下，维修时间分布对系统可用度及任务成功概率影响较小。对于维修时间分布为非指数分布的半马尔可夫模型，可用指数分布近似计算。

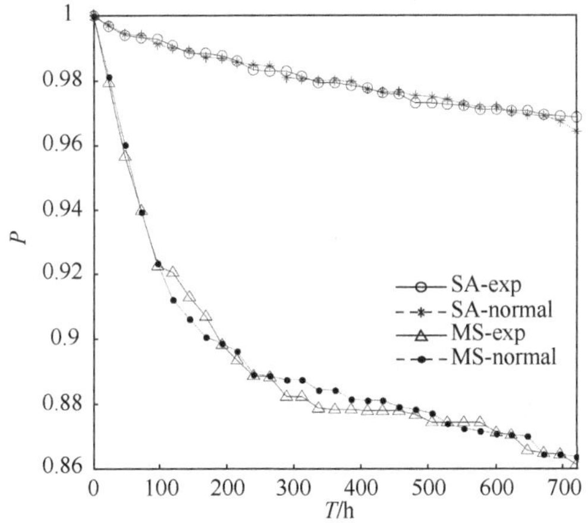

图 7.23　不同维修时间分布的仿真结果比较

在维修时间服从指数分布的情况下，将平均维修时间分别降至 80%、50%和 20%(尽管现实中往往很难降至 20%～50%，这里主要为了展现参数改变后的理论值差异)，不改变其他仿真参数的情况下，多分辨率模型仿真 10^4 次的系统可用度及任务成功概率变化曲线如图 7.24 所示。修复率的提升有助于提高系统可用度及任务成功概率。修复率提高到一定程度后，尤其是对于时间较长的任务，随着时间的增长，致命故障的暴露程度增加，反而造成系统可用度的显著降低，如图 7.24(a)中维修时间降至 20%对应的曲线所示。

提高修复率可以提高系统可用度及任务成功概率，但其不能无限提高。修复率可以改进可修系统单元的可用状态概率，但修复的系统仍受致命故障(吸收态)的影响，尤其是在任务较长情况下，致命故障暴露程度增加，抑制了系统可用度的进一步提升。

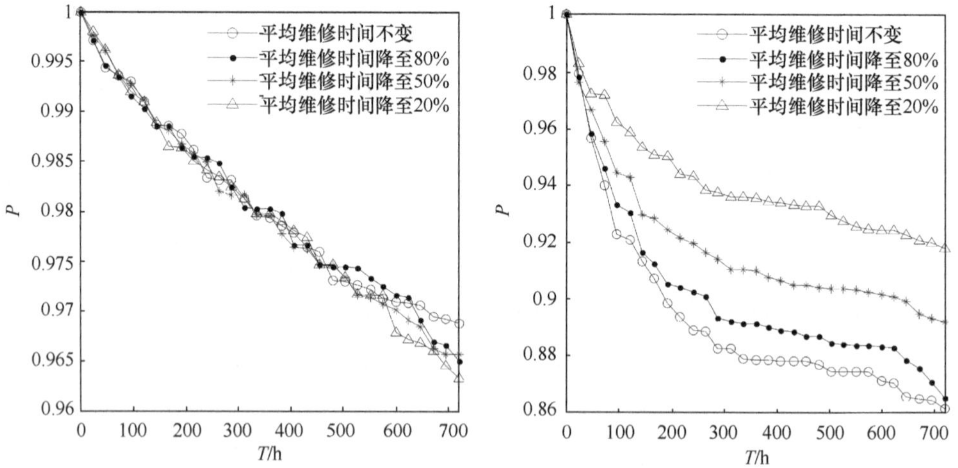

(a) 不同修复率(系统可用度)　　(b) 不同修复率(任务成功概率)

图 7.24　不同修复率的仿真结果比较

7.4.3　算例小结

多分辨率仿真能够很好地处理在不同系统层次具有不完整、不确定信息条件下任务可靠性及成功性预估的问题。通过不同层次仿真的触发控制机制及重要性抽样对样本统计值的修正，实现了不同系统层次仿真数据的融合。

在多分辨率条件下，同时加入受迫转移、失效偏倚等加速抽样方法，能够有效提高小概率事件的抽样效率，进而提高仿真的总体效率。特别是在任务时间较短的情况下，对不可用度、任务失败的各类统计指标获得有效抽样，受迫转移、失效偏倚等抽样方法效果显著。在任务时间较长的情况下，采用受迫转移、失效偏倚等加速抽样方法对于小概率事件的统计指标而言，也能获得较好的抽样效率和估计精度。

由于分辨率的切换由不同系统层次生成的随机数驱动，这些来自不同系统层次、代表不同状态的随机数都是通过公式的代入计算直接获得。随机数在一次生成过程中不存在解方程、求积分或代码上的循环迭代计算，而另一随机机制由轮盘赌产生，其他计算主要涉及系统工作流程、状态及任务判断。可以预见计算量总体上不会随系统规模增长产生显著的维数灾难。不论是本算例的系统规模，还是探讨更大的系统规模，方法都应具有适应性和可行性。此外，任务时间呈特定概率分布、多阶段任务剖面、动态变化的系统功能结构、更为复杂的故障机理(如竞争性故障、级联故障、故障或退化间隔时间分布与累计工作时间相关等情况)，这些复杂因素可在进一步研究中加以考虑。

参 考 文 献

[1] Charles E E. An Introduction to Reliability and Maintainability Engineering[M]. Long Grove: Waveland Press, 2005.

[2] 中国人民解放军总装备部. GJB 451A—2005. 可靠性维修性保障性术语[S]. 北京：中国人民解放军总装备部, 2005.

[3] 李良巧. 可靠性工程师手册[M]. 北京：中国人民大学出版社, 2012.

[4] US Department of Defense. MIL-HDBK-338. Electronic reliability design handbook[S]. Washington: US Department of Defense, 1998.

[5] Thebeau R E. Knowledge management of system interfaces and interactions for product development processes[D]. Massachusetts: Massachusetts Institute of Technology, 2001.

[6] Shahabuddin P. Fast transient simulation of Markovian models of highly dependable systems[J]. Performance Evaluation, 1994, 20: 267-286.

第8章 结 束 语

8.1 研 究 结 论

本书研究的主要工作可归纳为以下方面。

1.基于设计结构矩阵理论建立复杂系统多分辨率建模的一般方法

1) 方法论层面

以 DSM 为基础性的描述工具，给出复杂系统多分辨率建模的界定、内涵及核心要素，以“多视角、多属性、多粒度”的模型分辨率，构建系统结构、过程模型及模型的集成，提供了多分辨率建模的一般步骤和通用性的建模技术。

2) 建模技术层面

着重研究了基于 DSM 的关联推理和分辨率变换方法，描述、转化和跟踪系统结构、过程关联关系，给出了随系统演化过程对系统模型更新和模型分辨率变换的实现方法。

3) 应用研究层面

多分辨率建模是一种通用性方法，分析结果取决于研究对象的具体问题。本书建立的基于 DSM 的多分辨率建模方法具有便捷、有效的系统建模和分析能力，可适用于复杂装备系统涉及的众多系统分析、风险分析问题。

2. 采用多分辨率建模方法研究复杂装备系统涉及的各类风险评估问题

多分辨率建模方法主要表现为一种建模思想，运用该方法很大程度上取决于研究对象的具体问题。本书将提出的多分辨率建模方法应用于复杂装备系统涉及的各类风险评估，既检验了该方法的有效性，也对进度、费用、技术、保障性等风险评估问题，从新的技术途径加以考察和研究。

1) 对于费用与进度风险

多分辨率建模对复杂系统结构、过程的描述和分析能力较强，较好地处理了系统模型与风险度量之间的关系，降低了主观性因素的影响和对经验性因素的依赖，为复杂系统风险管理涉及的进度、费用提供更为合理、可信的估计，有助于理解复杂系统设计流程，识别高风险任务、优化改进流程、降低系统复杂性。

2) 对于技术风险

技术风险是复杂装备系统全寿命管理最为核心的风险类型，进度风险、费用风险往往只是技术风险的一种直观外化的表现。对于不易量化评估的技术风险，通过关联关系推理将系统组成的技术成熟度与系统过程建立内在联系，采用系统过程建模仿真的间接途径评估技术风险。

3) 对于保障性风险

系统可靠度、可用度与风险事件的概率和影响有直接联系。本书提供了基于多分辨率建模的分析剖面和研究对象的识别方法，重点对基于仿真方法的系统可靠性及任务成功性评估进行了深入研究，建立了多分辨率融合仿真及加速抽样的数值计算方法，为包括可靠性及任务成功性评估在内的复杂装备系统分析提供了新的思路和技术途径。

3. 基于多分辨率建模的分析数据研究风险网络及风险演化机理

复杂装备系统结构及过程呈现网络化特征，通过风险演化机理研究深化了对风险源及复杂性源头的辨识和理解。基于网络结构的静态分析和基于仿真的动态分析，为观察复杂系统内在关联关系、识别风险演化关键节点、评估风险网络节点重要性创造了可能。基于复杂网络模型的静态分析评估了系统网络中来自结构性的节点重要度，基于贝叶斯网络的动态分析则通过更为复杂的系统过程动态仿真数据提炼风险网络，以统计意义下超出风险阈值的可能性评估节点重要度，降低了构建风险传播网络的主观性。

研究表明，节点在网络中的重要性及对风险传播的影响力由网络结构性因素和系统动态性因素共同作用，风险演化关键节点需要结合网络结构特征和风险传播动态特性共同确定。另外，一些具体的现象也值得关注。例如，在复杂装备系统研制中，静态分析中介数中心度高的节点应重点关注，且静态分析中的部分非关键节点在动态分析中表现为关键节点，反映出复杂系统的涌现性特征。这些应重点关注和具体考察的关键节点和风险传播链路，为风险控制提供了有价值的参考和借鉴。通过降低关键节点的风险水平、控制风险链路中的传播影响，可实现缓解和控制风险的目的。

8.2 研究展望

多分辨率建模方法更多是通过以方法论为导向的形式，给不同领域的研究者和实践者带来启发。本书提供和展现的也仅仅是很有限的一部分，具有作者所在研究领域和具体问题的专门背景和应用特点。在具体的技术细节方面存在许多值得改进的地方，研究的扩展方面也有很多可以深究的地方。例如，提出方法在优化问题中的进一步研究，考虑更一般化的假设条件和更复杂的系统设定等。但考虑到这些问题本质上都较为琐碎，不同的应用背景下意义有限，与其在此讨论每个章节内容中有待改进和拓展的细节问题，不如在更大的研究和应用背景下探讨多分辨率建模方法的潜力与发展。

1. 丰富和增强系统模型的表达和分析能力

为了更好地描述和分析复杂系统结构、过程和系统行为，对其建模和计算的需求永无止境。本书基于多分辨率建模的通用建模和评估方法，采用了 DSM 及其衍生矩阵的基本描述构架，实现具有“系统观察多视角、结构描述网络化、演化过程动态分析、多分辨率模型综合集成”特点的表达和分析能力。好的模型并不一定是“放之四海皆准”的模型，只有具备开放的适用性和便利的扩展性，才能成为研究和实践领域有生命力的工具。在基于 DSM 基本描述架构的基础上，嵌入、集成如动态故障树、Petri 网、系统动力学、多智能体等建模方法，形成更为灵活有效的建模体系。

2. 从认识和分析复杂性到控制和利用复杂性

复杂性给认识、设计、建造、使用和管理系统带来的各种风险是不言而喻的，但带来风险的同时，也使系统具有先进性和高性能的潜力。复杂性是构成风险来源的核心要素，对性能、费用、进度、质量等方面的影响不可忽视，有效合理地分析、评估和控制复杂性，对系统设计、建造乃至整个全寿命管理都将产生深远影响。对于复杂系统，复杂性度量、评估和管理在本质上也是风险分析和管理希望达到的深层目标。采用多分辨率建模方法处理描述精细程度差异化的各阶段模型，在层次化、网络化的结构和过程模型基础上度量和评估复杂性，有助于深入了解、预测和控制复杂性影响的实体、过程及信息，实现从描述、评估复杂性，到管理、控制复杂性。

3. 实现模型驱动与数据驱动的有机结合

当系统规模增大、层次增多、系统组成之间的关联多样化时，系统建模的多分辨率特征和需求是难以避免的。可以说，多分辨率是复杂系统的核心本质之一。理论研究和工程实践中有很多模型虽没有显性地谈及多分辨率，但本质上不同程度地涉及多分辨率问题。在诸多理论研究和工程实践领域中，基于模型、数据和知识的技术途径往往是相辅相成的。不论是系统解构导向的模型驱动，还是统计归纳导向的数据驱动，多分辨率为两者的有机结合提供了一个新的实现思路和应用场景。模型可以改变数据的分辨率特征，数据也可以直接支持不同分辨率的模型发挥作用。例如，模型对海量初始数据的提炼、综合或特征归集，大数据方法对系统不同层次模型所需参数估计的支持等。这些有机结合在数字孪生(digital twin)[1,2]等新兴领域有着极为迫切的需求。通过多分辨率、多尺度的方法对系统数据进行多层次的解析，挖掘和提炼深层的关联关系、逻辑关系和主要特征，为预测系统未来状态、系统特定目标成功性等问题创造了契机。

4. 融入成为系统生命周期管理体系的重要环节

不论是装备系统的全寿命管理，还是工业系统或民用产品的产品生命周期管理[3](product lifecycle management，PLM)，以系统全寿命周期为出发点、以系统动态演化为关注点，几乎成为系统分析和管理的实践哲学。这使我们又回到本书开始，多分辨率建模的研究初衷——源自系统全寿命需求及动态演化的不确定性。PLM各阶段会收集和存储不同粒度的数据，有效运用多分辨率方法将促进多分辨率条件下的建模、仿真与优化技术无缝集成到产品全寿命周期的各个阶段。多分辨率建模不应仅停留在理论研究中，应嵌入系统生命周期管理的工业实践中，发挥更大、更切实际的作用。

参 考 文 献

[1] 庄存波, 刘检华, 熊辉, 等. 产品数字孪生体的内涵、体系结构及其发展趋势[J]. 计算机集成制造系统, 2017, 23(4): 753-768.

[2] Grieves M. Virtually Perfect: Driving Innovative and Lean Products Through Product Lifecycle Management[M]. Cocoa: Space Coast Press, 2011.

[3] Niemann J, Tichkiewitch S, Westkamper E, et al. Design of Sustainable Product Life Cycles[M]. Berlin: Springer, 2009.

附录　基于马尔可夫方法的多状态系统可靠性计算

这里采用可靠性计算中经典的马尔可夫方法分析舰船系统任务可靠性，用于对比第 7 章基于多分辨率仿真的舰船系统可靠性计算结果。这里分析仅包含动力分系统的柴油机和电力分系统的柴油发电机组，对应于多分辨率条件下设备故障占比系数 α=1.0 的极限情况。虽然采用经典方法的结果不完全等同于多分辨率条件下的分析结果，但可作为基准的参考值。图 7.11 的经典模型理论值由本附录方法计算获得。

1. 主要步骤

首先，在各分系统级采用经典的马尔可夫方法，通过求解马尔可夫状态方程组获得分系统在各状态的概率；然后，由通用生成函数综合各系统状态概率，得到系统总体各状态的概率；最后，指定任务时间及可用状态，即可获得对应任务时刻的系统可用度。

2. 通用生成函数

由于涉及的舰船系统为多状态系统，这里采用多状态系统可靠性分析中广泛使用的通用生成函数。通用生成函数作为一类生成序列模型，将复杂多状态系统的可靠性分析问题，转化为系统各组成部分的可靠性分析问题。然后通过引入 z 变换函数、通用生成算子等方式加以综合计算。该方法具有通用性强、计算便捷等优点，适用于可解析化求解的多状态系统可靠性分析。这里仅对本附录计算所需的内容做简要介绍。

假设对于具备 k_i 种状态性能的组件单元 i，相关状态性能 $G_i(t)$作为随机变量，服从下列概率分布：

$$\Pr\left\{G_i\left(t\right)=g_{ij}\right\}=p_{ij}\left(t\right),\qquad j=1,2,\cdots,k_i \tag{1}$$

式中，g_{ij} 为单元 i 第 j 状态的性能取值；$p_{ij}\left(t\right)$ 为 t 时刻单元 i 处于第 j 状态的概率值。定义单元 i 的 z 变换函数为

$$\psi_{G_i(t)}\left(z\right)=\sum_{j=1}^{k_i}p_{ij}\left(t\right)\cdot z^{g_{ij}(t)} \tag{2}$$

该函数是为了便于计算而构造的一类生成序列表达式，目的在于将 p_{ij} 及对应的状态 g_{ij} 在同一表达式中加以区分，并非按照乘法和加法直接运算。

将上述 z 变换函数定义拓展至由 n 个组件单元构成的多状态系统。假设 n 个组件单元的状态性能分布相互独立，则多状态系统的 z 变换函数为

$$\psi_{G(t)}(z)=\sum_{j_1=1}^{k_1}\sum_{j_2=1}^{k_2}\cdots\sum_{j_n=1}^{k_n}p_{1j_1}(t)p_{2j_2}(t)\cdots p_{nj_n}(t)\cdot z^{f\left(g_{1j_1}(t),g_{2j_2}(t),\cdots,g_{nj_n}(t)\right)} \tag{3}$$

式中，f 为反映组件单元与系统性能关联的结构函数；g_{ij_i} 为第 i 组件单元位于第 j_i 状态的状态性能值，其中 $i=1,2,\cdots,n$，$j_i=1,2,\cdots,k_i$；k_i 为第 i 组件单元的状态数；$p_{ij_i}(t)$ 为 t 时刻第 i 组件单元位于第 j_i 状态的概率值。

对于串联系统，系统的状态性能取决于各组成单元中的最低状态性能单元，其结构函数为

$$f_G\left(G_1(t),G_2(t),\cdots,G_n(t)\right)=\min\left\{G_1(t),G_2(t),\cdots,G_n(t)\right\} \tag{4}$$

对于并联系统，如果各组成单元相互独立且允许同时工作，系统状态性能取决于各组成单元状态性能总和，那么结构函数为

$$f_G\left(G_1(t),G_2(t),\cdots,G_n(t)\right)=\sum_{i=1}^{n}G_i(t) \tag{5}$$

同样对于并联系统，如果系统状态性能取决于最大状态性能单元，那么结构函数为

$$f_G\left(G_1(t),G_2(t),\cdots,G_n(t)\right)=\max\left\{G_1(t),G_2(t),\cdots,G_n(t)\right\} \tag{6}$$

不论系统是串联、并联或其他更复杂的组合构型，系统通用生成函数 $\psi_{G(t)}(z)$ 的一般表达式为

$$\begin{aligned}\psi_{G(t)}(z)&=\Omega_f\left(\psi_{G_1(t)}(z),\psi_{G_2(t)}(z),\cdots,\psi_{G_n(t)}(z)\right)\\&=\sum_{j_1=1}^{k_1}\sum_{j_2=1}^{k_2}\cdots\sum_{j_n=1}^{k_n}p_{1j_1}(t)p_{2j_2}(t)\cdots p_{nj_n}(t)\cdot z^{f_G\left(g_{1j_1}(t),g_{2j_2}(t),\cdots,g_{nj_n}(t)\right)}\end{aligned} \tag{7}$$

式中，$\psi_{G_i(t)}(z)(i=1,2,\cdots,n)$ 为组成单元 i 的通用生成函数；Ω_f 为通用生成算子。在具体问题中，应采用对应的结构函数。

3. 计算流程

假设在航渡阶段能够导致舰船总体宕机的分系统为动力分系统和电力分系统，其中能够导致分系统故障进而导致舰船总体宕机的设备为柴油机和柴油发电机组。该状态转移图与图 7.10 一致。

1) 动力分系统

动力分系统中柴油机的四种状态及其对应编号分别为完好-3、降级-2、一般故障-1、致命故障-0，状态转移如附图 1 所示。图中，λ和μ分别为对应状态之间的故障率和修复率，致命故障为无法修复或任务时间内不具有维修条件的故障。

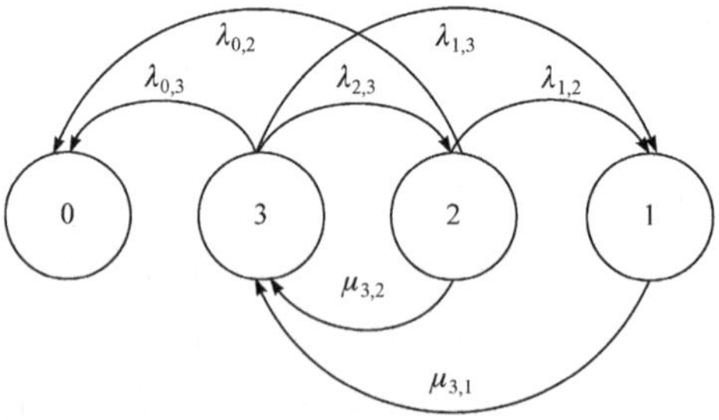

附图 1　柴油机状态转移及参数

根据状态转移关系，可以得到描述柴油机各状态概率的微分方程组：

$$\begin{cases}\dfrac{\mathrm{d}p_3(t)}{\mathrm{d}t}=\mu_{3,2}p_2(t)+\mu_{3,1}p_1(t)-\left(\lambda_{2,3}+\lambda_{1,3}+\lambda_{0,3}\right)p_3(t)\\ \dfrac{\mathrm{d}p_2(t)}{\mathrm{d}t}=\lambda_{2,3}p_3(t)-\left(\lambda_{1,2}+\lambda_{0,2}+\mu_{3,2}\right)p_2(t)\\ \dfrac{\mathrm{d}p_1(t)}{\mathrm{d}t}=\lambda_{1,3}p_3(t)+\lambda_{1,2}p_2(t)-\mu_{3,1}p_1(t)\\ \dfrac{\mathrm{d}p_0(t)}{\mathrm{d}t}=\lambda_{0,3}p_3(t)+\lambda_{0,2}p_2(t)\end{cases} \tag{8}$$

求解式(8)的微分方程组，可以得到不同时刻柴油机各状态的概率值，如附图 2 所示。

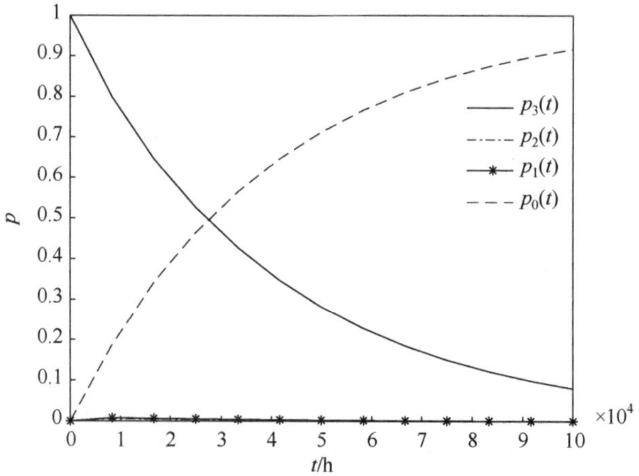

附图 2　柴油机状态概率

设柴油机性能状态输出向量为

$$G^{D_i}=\left[G_0^{D_i}\quad G_1^{D_i}\quad G_2^{D_i}\quad G_3^{D_i}\right]=[0.0\quad 0.6\quad 0.8\quad 1.0] \tag{9}$$

式中，D 表示动力分系统；D_i 为第 i 台柴油机。动力分系统性能输出结构函数由其性能输出状态表确定，如附表 1 所示。该状态表与表 7.7 一致，其等同于系统单元与系统间性能关联的结构函数 f。

附表 1　动力分系统及柴油机状态列表

1 号柴油机状态	2 号柴油机状态	动力分系统功率输出系数θ/%	动力分系统状态	1 号柴油机状态	2 号柴油机状态	动力分系统功率输出系数θ/%	动力分系统状态
3	3	100.0	完好	2	1	0.0	宕机
3	2	80.0	降级 I	1	2	0.0	宕机
2	3	80.0	降级 I	1	1	0.0	宕机
3	1	60.0	降级 II	0	—	0.0	宕机
1	3	60.0	降级 II	—	0	0.0	宕机
2	2	0.0	宕机				

利用通用生成函数进行计算，可以得到不同时刻动力分系统各状态的概率值，如附图 3 所示。

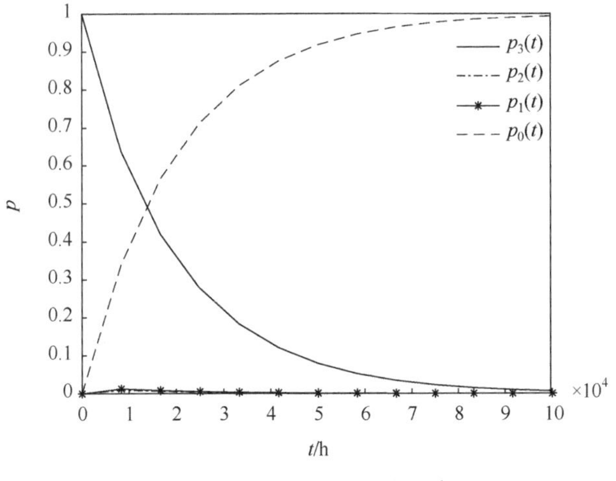

附图 3　动力分系统状态概率

2) 电力分系统

电力分系统中发电机组的三种状态及其对应编号分别为完好-2、一般故障-1、致命故障-0，状态转移如附图 4 所示。图中，λ和μ分别为对应状态之间的故障率和修复率，致命故障为无法修复或任务时间内不具有维修条件的故障。

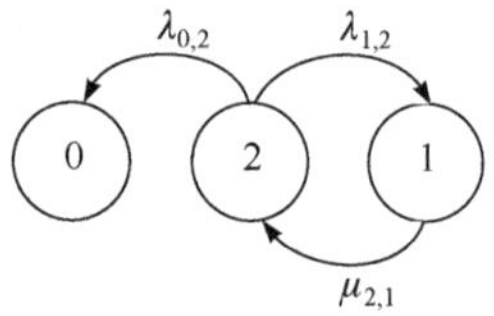

附图 4　发电机状态转移及参数

根据状态转移关系，可以得到描述发电机各状态概率的微分方程组为：

$$\begin{cases} \dfrac{\mathrm{d}p_2(t)}{\mathrm{d}t} = \mu_{2,1} p_3(t) - (\lambda_{1,2} + \lambda_{0,2}) p_2(t) \\ \dfrac{\mathrm{d}p_1(t)}{\mathrm{d}t} = \lambda_{1,2} p_2(t) - \mu_{2,1} p_1(t) \\ \dfrac{\mathrm{d}p_0(t)}{\mathrm{d}t} = \lambda_{0,2} p_2(t) \end{cases} \tag{10}$$

求解式(10)的微分方程组，可以得到不同时刻发电机各状态的概率值，如附图 5 所示。

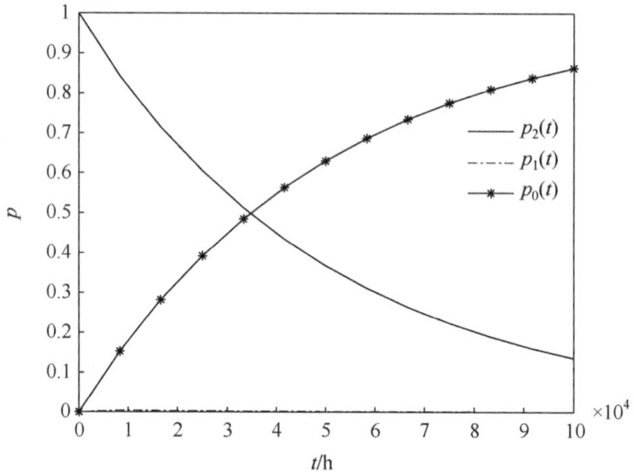

附图 5　发电机状态概率

设发电机性能输出向量为

$$G^{\mathrm{E}_i} = \left[G_0^{\mathrm{E}_i} \quad G_1^{\mathrm{E}_i} \right] = [0.0 \quad 1.0] \tag{11}$$

式中，E 表示电力分系统；E_i为第 i 台发电机。

电力分系统性能输出结构函数为

$$G^{\mathrm{E}} = \min\left\{ \max\left(G^{\mathrm{E}_1}, G^{\mathrm{E}_2}\right), \max\left(G^{\mathrm{E}_3}, G^{\mathrm{E}_4}\right) \right\} \tag{12}$$

利用通用生成函数进行计算，可以得到不同时刻电力分系统各状态的概率值，如附图 6 所示。

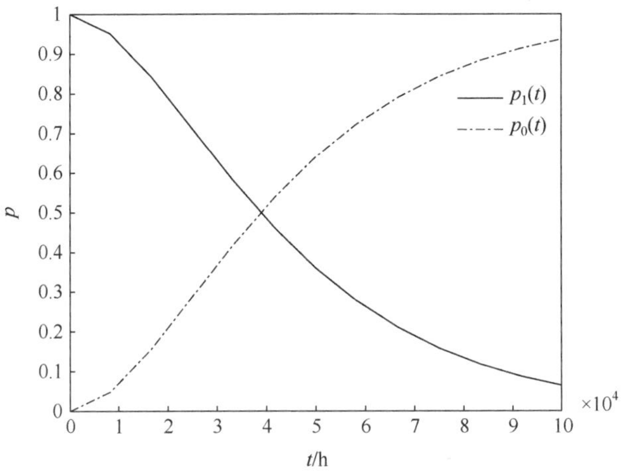

附图 6　电力分系统状态概率

3) 舰船总体

设系统总体性能输出结构函数为

$$G^{Z}=\min\left\{G^{D},G^{E}\right\} \tag{13}$$

利用通用生成函数进行计算，可以得到系统各状态的概率值，如附图 7 所示。由于致命故障是系统状态转移中的吸收态，当时间趋于无穷大时，系统最终将处于致命故障状态。因此，计算系统各状态的稳态概率没有意义，而应计算任务时间范围内的状态概率及瞬态可用度。附表 2 列举了系统状态概率及瞬态可用度的部分数据，其中 $A_S(t)$表示瞬态可用度。

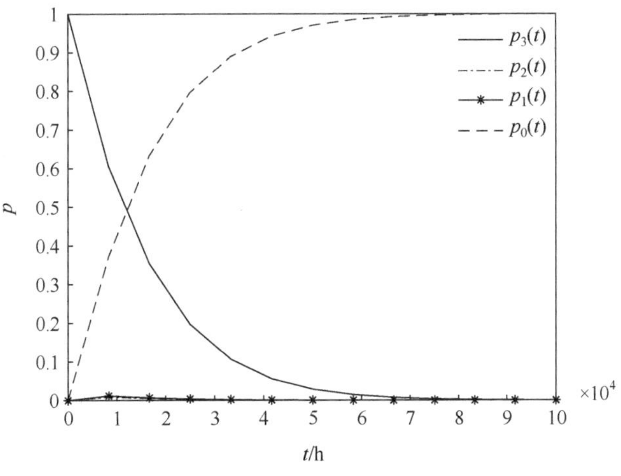

附图 7　系统总体的状态概率

附表 2　系统状态概率及瞬态可用度

时刻 $t/(10^2\text{h})$	$p_3(t)$	$p_2(t)$	$p_1(t)$	$p_0(t)$	$A_S(t)$
0	1.000000	0.000000	0.000000	0.000000	1.000000
1	0.961034	0.014242	0.019387	0.005337	0.994663
2	0.956100	0.014171	0.019414	0.010316	0.989684
3	0.951301	0.014100	0.019318	0.015285	0.984715
4	0.946517	0.014025	0.019220	0.020244	0.979756
5	0.941735	0.013958	0.019123	0.025195	0.974805
6	0.936973	0.013880	0.019027	0.030136	0.969864
7	0.932208	0.013816	0.018930	0.035069	0.964931
8	0.927473	0.013732	0.018834	0.039994	0.960006
9	0.922722	0.013675	0.018737	0.044910	0.955090
10	0.917997	0.013604	0.018641	0.049816	0.950184